正說

大清十二帝

太祖皇帝努爾哈赤天命 太

帝皇太極 天聰 世祖皇帝福

順治 聖祖皇帝玄燁

皇帝胤禛 雍

乾隆 仁宗皇帝顒

宗皇帝旻寧 道光 文宗皇帝

咸豐 穆宗皇帝載淳 同治

目錄

第六章 乾隆　早年建功盛世　晚年驕奢轉衰 153

前言

在封建社會，一個王朝的家天下隨著腐朽沒落而被另一個家族取代成為了歷史的規律，「千秋萬代，世世相襲」的家天下願景，只是歲月長河中的一個笑話。大明王朝僅延續二百餘年，取而代之的是白山黑水的一個滿族家族。大清帝國的歷史由此拉開了帷幕。

清朝統治者為滿族愛新覺羅氏。明萬曆四十四年（一六一六年），努爾哈赤建國稱汗，國號大金，史稱後金，定都赫圖阿拉（今遼寧省新賓縣境內），後遷遼陽、瀋陽。一六三六年，皇太極稱帝，改國號為大清。一六四四年，李自成率領的農民軍攻陷北京，明崇禎皇帝自殺，李自成在北京建立了大順政權。清軍說降吳三桂，在他的帶領下入關打敗李自成農民軍，隨後多爾袞迎順治帝入關，遷都北京。兩百多年後，辛亥革命爆發，清帝溥儀於一九一二年退位，清朝滅亡。清代自入關後，共歷十帝，統治中國近三百年。

清朝是中國歷史上的最後一個封建王朝，它創造了很多輝煌成績，它在統治的前中期封建統治制度趨於完善，國力得到了發展，使中國成為當時世界上數一數二的超級大國。在文化領域產生了王夫之、黃宗羲、顧炎武及戴震等傑出思想家，曹雪芹、吳敬梓、孔尚任及石濤等著名文學藝術家，史學碩果累累，考據學派名家輩出，並出現了《四庫全書》等官修大型叢書。科技領域也出現了無數成果，其中建築成就相當突出。但是清王朝也給中華民族帶來了抹之不去的傷痛，在它統治的後期，政治腐敗、外敵入侵，八國聯軍橫行於中華大地，一個個喪權辱國的條約給炎黃子孫們留下了永遠的辛酸和屈辱。

清朝，一個輝煌與屈辱並存的王朝，一個處在歷史轉折時期的帝國，它最終沒能把握住歷史的機遇，倒在了歷史的洪流中。這個愛新覺羅家族統治的時代，見證了中華民族的榮辱與衰，清朝近三百年的歷史是一個跌宕起伏的時代，從輝煌的巔峰到腐朽的谷底，大起大落。

《正說大清十二帝》，以愛新覺羅家族的興衰為綱，細說一個家天下的是非成敗，分析歷史的必然與偶然，讓讀者領略變遷幕後的故事。

第一章 努爾哈赤　萬世人極首奠基業

努爾哈赤，明嘉靖三十八年（一五五九年）出生在建州左衛蘇克素護河部赫圖阿拉城（遼寧省新賓縣）的一個滿族奴隸主家庭。明萬曆十一年（一五八三年），努爾哈赤不屈奮起，以父、祖「十三副遺甲」起兵，「自中稱王」。他率領八旗子弟轉戰於白山黑水之間，臨大敵不懼，受重創不餒，以勇悍立威而受部眾擁戴，歷時三十多年統一了女真各部，推動了女真社會的發展和滿族共同體的形成。萬曆四十四年（一六一六年），在赫圖阿拉建元稱汗，國號大金（史稱後金）。努爾哈赤兵勢漸強，勢力日增，萬曆四十六年（一六一八年）以「七大恨」祭天，誓師征明，開始了建立清王朝的艱苦創業。與明將袁崇煥在寧遠交戰大敗而回並受傷，於天命十一年（一六二六年）八月死去，終年六十八歲，葬於瀋陽城東，稱之「福陵」，廟號「太祖」。

01 利益高於一切，聯姻拉攏

努爾哈赤出身於一個奴隸主家庭，其家族的勢力並不足以支撐他在權力鬥爭中贏得優勢，只有爭取或者拉攏到更多的人才能增加自己的實力和勢力，而在那樣一個時代，拉攏人的一個流行方法就是聯姻，婚姻可以讓兩個家族迅速走到一起，彼此支持、相互聲援。至於婚姻本身的幸福與否，在利益面前常常是被忽略的。

努爾哈赤一生娶了十六個妻子。除了第一個妻子佟佳氏，其餘十五個妻子都與戰爭、政治有關——或者是戰利品、或者是貢品、或者是政治交易品。努爾哈赤締結的婚姻中，最值得記述的是與海西女真葉赫部的兩樁婚姻。

萬曆十六年（一五八八年），努爾哈赤三十歲。這一年他娶了兩個妻子。該年四月，海西女真哈達部貝勒的兒子歹商送其妹阿敏赴努爾哈赤處完婚。

這是明朝的主意。哈達部忠順明朝，明朝為了支援哈達部以牽制努爾哈赤，力促這段姻緣，一方面使哈達部與努爾哈赤聯姻結勢；一方面通過哈達部加強對努爾哈赤的控制。努爾哈赤深知明朝用意，但他正處在統一建州女真的關鍵時刻，更欲藉此將觸角伸向海西女真，於是做出從命明朝的姿態親至哈達迎親。努爾哈赤想獲得的是哈達的勢力與明朝的滿意而不是新娘。後來這位哈達那拉氏只被封為側妃，沒有為努爾哈赤生下一男半女。

該年九月，海西女真葉赫部貝勒納林布祿送其妹孟古哲哲赴努爾哈赤處完婚。

早在努爾哈赤從李成梁麾下逃到葉赫時，葉赫貝勒楊吉砮即看中了膽略過人、相貌非凡的努爾哈赤。為在女真各部相互殘殺的混戰中尋求可靠的幫手，楊吉砮執意要將自己的女兒許配給努爾哈赤，他對努爾哈赤說：「我有二女，待次女長成，幸與君結秦晉之好，為君持巾櫛，乃我平生之願。」

努爾哈赤與楊吉砮處境相似。楊吉砮的提親正中努爾哈赤下懷，但楊吉砮次女只有兩歲，須「待長締姻」。他急不可待，道：「何不即將大女許我？」

楊吉砮道：「我非難捨大女。君非常人，恐大女福薄配不上君。小女姿色端麗無雙，德言儀功婉娩繩矩，既有奇相，且識見不凡，安可妄與人？今妙選鳳卜，乃天作之合啊！」

努爾哈赤大喜，當即過聘定親。這是努爾哈赤聘定的第一女。

努爾哈赤在基本統一建州各部後，作為遠交近攻策略的步驟之一，迎娶了葉赫那拉氏孟古哲哲。孟古哲哲時年十四歲，努爾哈赤此時已是擁有六妻五子二女的大家長，但葉赫那拉氏以她的美貌、聰慧、善良贏得了努爾哈赤的心，成為努爾哈赤最心愛的妻子。她神情端莊、清心玉映、待人寬厚真摯，從不為逢迎所喜、從不為誹謗所怒、從不接近小人、從不干預朝政，只是全心全意地侍奉努爾哈赤，與努爾哈赤朝夕相伴了十五年，為努爾哈赤生養了他「愛如心肝」之子——皇太極。努爾哈赤敬之如賓、愛之彌深，除卻軍國大事，一時一刻也不願離開她。但葉赫嫁女卻只是為了緩兵和牽制，從骨子裡他們已視努爾哈赤為仇敵。

萬曆十九年（一五九一年），海西女真葉赫部來使，直接要求努爾哈赤將部分土地劃分給他們，但遭到拒絕。努爾哈赤和海西女真葉赫部的矛盾進一步激化，努爾哈赤清醒地知道他和葉赫成為了不共戴天的仇敵。十年前，正是葉赫部首領納林布祿糾集九部聯軍前來犯境討伐，企圖一舉吃掉他。失敗後，又不斷地聯合反對力量阻礙他的統一大業，甚至挑釁地將立誓許配給他的女子改嫁蒙古。在走向統一的道路上，葉赫無疑是一塊不得不搬掉的攔路石。

萬曆二十一年，即皇太極出生的第二年，歷史上有名的古勒山大戰爆發。以海西女真葉赫部首領布寨、納林布祿為首的九部聯軍遭到慘敗，努爾哈赤之妻孟古哲哲的哥哥布寨在戰場上被殺，戰後葉赫請求歸還布寨之屍遭努爾哈赤殘忍地「割其半歸之」，孟古哲哲的另一個哥哥納林布祿受到巨大的刺激與恥辱。努爾哈赤此役共斬敵四千，獲馬三千、甲一千，威名大震，從此兵鋒所向勢不可當。

萬曆二十五年，海西女真以葉赫部為首的扈倫四部（**葉赫、烏拉、哈達、輝發**）懾於努爾哈赤之威，遣使建州欲與努爾哈赤聯姻盟好。來使道：「我等不道，兵敗名辱，自今以後願復締前好，重以婚媾。」

葉赫部布寨三子布揚古情願將妹妹（**孟古哲哲的堂侄女**）送給努爾哈赤為妻；而布寨、納林布祿之弟金台石（孟古哲哲另一位哥哥）情願將女兒許給努爾哈赤次子代善為妻。

努爾哈赤十分重視這件婚事，因為這件婚事表明海西女真的扈倫四部承認了努爾哈赤稱雄女真的地位。他鄭重地以鞍馬、甲冑等物作為聘禮送往葉赫，並殺牛宰白馬與四部歃血會盟。葉赫部布揚古許給努爾哈赤的這個妹妹，便是名揚遐邇的葉赫美女東哥。在努爾哈赤之前，東哥已兩許於人。

萬曆十九年，海西女真哈達部貝勒歹商慕東哥豔名，首先向葉赫提親。東哥的父親葉赫部貝勒布寨和她的叔叔納林布祿應允了這樁婚事，讓歹商前來迎娶。但這是在扈倫四部紛爭的背景之下，歹商不知這是一場騙局，東哥也沒有料到父親和叔叔將自己作為了釣餌。歹商在迎親途中被葉赫伏兵亂箭射死，葉赫部貝勒布寨和納林布祿從此坐穩了海西女真扈倫四部的頭把交椅。

萬曆二十一年古勒山大戰之前，扈倫四部會盟與努爾哈赤抗衡。其間，烏拉部貝勒滿泰向葉赫提親，欲為其弟布占泰聘娶東哥。東哥之父布寨為鞏固四部聯盟接受了烏拉部的聘禮，許諾了這門婚事。東哥的婚姻第二次又成為政治工具。

當年九月，布占泰以葉赫女婿的身分率三千烏拉兵參加了九部聯軍。不料他在古勒山一戰中當了俘虜，被留居建州三年，萬曆二十四年七月方返回烏拉。未及迎娶，東哥的兄布揚古於萬曆二十五年又將東哥許給了努爾哈赤，不但接受了努爾哈赤所下聘禮而且與之盟誓。

事不過三，這已是東哥第三次政治婚約、第三次要被當作商品出賣，只是不久葉赫部便撕毀了與努爾哈赤訂立的婚約，布揚古以殺死努爾哈赤為條件向扈倫各部公開為東哥徵婚。

葉赫部悔婚引起了建州女真上下的憤恨，努爾哈赤卻不置可否，既不退婚也不強娶。他不是貪戀女色之人，明瞭政治婚姻的個中奧妙。至於葉赫美女東哥，有政治婚姻認識的努爾哈赤彷彿料到了她的結局，為「紅顏禍水」的說法不經意地做了一個注腳，道：「此女之生，非同一般者，乃為亡國而生也。」此句沉重而不祥的斷言，後來確實不幸被言中了。

努爾哈赤本人同樣老於此道。起兵之初，他將妹妹嫁給自己最忠誠的追隨者嘉木湖寨主噶哈善。後來又將族妹、女兒、孫女分別嫁給額亦都、費英東等開國元勳，用婚姻建構起堅實的整體關係。

萬曆二十七年五月，海西女真葉赫部進攻哈達部。哈達部貝勒孟格布祿將三個兒子送到建州為質，求努爾哈赤出兵相助，努爾哈赤遂派大軍馳援。

葉赫部聞訊立即派人送信給孟格布祿，說只要孟格布祿執殺建州援軍便與之重修前好，甚至允諾嫁給孟格布祿「所求之女」。孟格布祿「所求之女」不是別人，正是東哥。孟格布祿意外地發現天上掉下了一個餡餅，自己將不費吹灰之力得到無數女真男人朝思暮想、明搶暗爭、可望而不可即的尤物！他頓時滿口答應，約葉赫貝勒到開原密謀行事。

孟格布祿的背信棄義正中努爾哈赤下懷，因為他正籌畫進攻哈達部，而孟格布祿恰於此時提供了進攻的口實——東哥，是他努爾哈赤下聘定約的女人。九月，努爾哈赤親率大軍進抵哈達城下，經過六晝夜血戰攻克哈達。

海西女真的輝發部貝勒拜音達里，是殺了自己七個叔父自立為首領的。族人部眾為避禍紛紛逃離，並投靠葉赫部。拜音達里將本部七名寨主之子送到建州為質，求努爾哈赤出兵向葉赫索要逃眾。

努爾哈赤隨即出兵。葉赫聞訊立即派人送信給拜音達里，說只要拜音達里撤回赴建州的人質，葉赫便送還輝發部逃眾。拜音達里信以為真，不但撤回赴建州的人質，還將自己的兒子送到葉赫為質。葉赫卻不履行諾言，拒不歸還輝發部逃眾，拜音達里只得老著臉再求努爾哈赤。

努爾哈赤為分裂扈倫四部，二次應允出兵，且拿起婚姻法寶將已許配部將常書的女兒改聘拜音達里。葉赫部則又抬出了東哥，以將東哥嫁給拜音達里為誘餌，換取拜音達里對努爾哈赤的背棄。又一個神魂顛倒的東哥崇拜者。拜音達里不惜重蹈哈達部貝勒孟格布祿的覆轍，私自撕毀了與努爾哈赤女兒的婚約，一面藉故推遲婚期，一面加緊布防準備迎戰努爾哈赤。

悔婚、奪愛，努爾哈赤立刻抓住了進攻口實。萬曆三十五年九月，努爾哈赤派人假扮商賈混入輝發城內，然後裡應外合一舉攻入城中。拜音達里死於戰火，輝發滅亡。

烏拉成為努爾哈赤的下一個目標。努爾哈赤與海西女真烏拉部的關係十分微妙，除了烏拉部首領布占泰與努爾哈赤先後聘得同一位葉赫美女東哥外，雙方的交往均嫻熟地運用了婚姻武器。

布占泰於古勒山大戰被俘、囚居建州三年間，努爾哈赤將弟弟舒爾哈齊之女、自己的親侄女額實泰許給布占泰。這是建州與烏拉的第一個婚約。布占泰回烏拉兩年後，率三百人赴建州迎娶額實泰，使這一婚約變成了事實。

萬曆二十四年七月，布占泰回到烏拉，承襲被殺之兄滿泰成為貝勒。十二月，他親送妹妹滹奈給舒爾哈齊為妻（舒爾哈齊既為他的岳父，又為他的妹夫），以示厚結建州及感念努爾哈赤不殺之恩。這是建州與烏拉的第二個婚約。

無怪當年東哥美女識英雄，布占泰是個有抱負、有能力的女真男人。烏拉部在他的治理下實力與日俱增，幾年後躍居女真強部，海西女真部眾紛紛歸附，並開始號令毗鄰的東海女真。布占泰對建州、蒙古、葉赫列強則均予以「厚結」，小心翼翼地保持不偏不倚的態度。

在此期間，布占泰與努爾哈赤兩次聯姻。布占泰將其兄滿泰的女兒、自己的親侄女阿巴亥嫁予努爾哈赤，又求得努爾哈赤同意再娶舒爾哈齊的另一個女兒額恩哲，與努爾哈赤的建州女真四結婚姻。

萬曆三十五年五月，東海女真瓦爾喀部蜚優城眾欲背叛烏拉、投靠建州。努爾哈赤派出弟弟舒爾哈齊、長子褚英、次子代善及費英東等率三千軍隊接應歸順的五百戶蜚優城眾時，布占泰派一萬大軍阻截，雙方在圖們江畔烏碣岩發生大戰。三千建州軍以雷霆萬鈞之勢擊潰一萬烏拉兵，「斬三千級，獲馬五千匹，甲三千副」，打開了通往東海女真的大門。

布占泰膽戰心寒地縮了回去，為重修舊好再次求婚建州，並發誓：如得努爾哈赤之女為妻，將永遠依賴建州而生。努爾哈赤眼都不眨就立刻將親生女兒穆庫什嫁給了他。

兩部締結了第五次婚姻。葉赫部沒有理由不感到恐慌，他們又打出了東哥這張王牌，表示要與布占泰重續前緣。當葉赫部將東哥的嫁妝送到烏拉後，布占泰對建州三妻由疏遠變為憎惡，甚至一改往昔的溫順轉為狂暴，像對待一般犯錯之人那樣，用骲頭箭（去掉箭頭的箭）射擊額恩哲的後背。

努爾哈赤又獲得了進攻烏拉的口實。萬曆四十年，努爾哈赤親率三萬大軍征討烏拉。大軍疾行八天進入烏拉境內，沿烏拉河（今松花江）連下六城，在駐馬河邊與烏拉軍隔河對峙。三天後，又攻下烏拉六座城寨，毀城焚糧。烏拉遭到沉重打擊，布占泰三派使者去講和，努爾哈赤都不接見。最後布占泰親率六名大將乘獨木舟渡烏拉河妥協，請求努爾哈赤回師，但不久後布占泰又背叛了自己的諾言，萬曆四十年正月，努爾哈赤再次舉兵往征。烏拉滅亡，布占泰敗投葉赫。令人扼腕歎息的是，葉赫貝勒、東哥之兄布揚古以布占泰失國無用沒有將東哥嫁給他。布占泰寄人籬下，最終鬱鬱而亡。

萬曆四十三年，葉赫貝勒布揚古將三十三歲、待嫁二十餘年、此時人稱「葉赫老女」的東哥，嫁給了蒙古喀爾喀部首領莽古爾岱。一年後，「葉赫老女」東哥病死在蒙古荒原。然而以葉赫那拉氏孟古哲哲和東哥之仇為口實，努爾哈赤發起了與海西女真葉赫部的決戰。萬曆四十七年正月，努爾哈赤以「不克平葉赫，吾不返國」的誓言，率傾國之師征討統一大業的最後一個頑抗者葉赫。數月後，葉赫滅亡，努爾哈赤終於統一了女真各部。

中國兩千年的封建歷史中，女人總是政治鬥爭的犧牲品，不論是出塞的昭君，還是和親的文成，在她們的內心恐怕多少都包含著不情願的，但她們的命運卻不是她們自己所能決定的。

恩格斯曾說過，婚姻是一種政治的行為，是一種藉新的聯姻來擴大自己勢力的機會；起決定作用的是家世的利益，而絕不是個人的意願。當政治集團的根本利益發生衝突時，他們是不會顧及婚姻關係的，他們寧可犧牲個人的婚姻也要維護利益，因而造成了許多婚姻悲劇。當然聯姻有時確實能起到良好的作用，拉攏自己想拉攏的人，於是在歷史上政治聯姻屢見不鮮。

02 為權力囚死胞弟

一個山頭只能有一隻老虎，一個家族只能有一個領導人。權力只有集中在一個人手中，顯示出它的本色，才能讓人不顧一切地追求。面對最高權力，為了家族的利益，手足、父子之間的情分都變得不重要了。

努爾哈赤要將建州內部權力高度集中在自己手中，這就與那些手握兵權的兄弟和重臣發生了矛盾。努爾哈赤的弟弟舒爾哈齊，兒子褚英、代善……一個一個走上前臺，充當了一場又一場家庭悲劇和政治陰謀的主角。

努爾哈赤的非凡，在於他淡化了親人，表現出了「非人」。努爾哈赤的第一個對手，是他的胞弟舒爾哈齊。舒爾哈齊比努爾哈赤小四歲，兩兄弟從小相依為命，是努爾哈赤拉著舒爾哈齊的小手度過了苦難的童年。努爾哈赤起兵後，二十歲的舒爾哈齊始終是他最得力的助手和衝鋒陷陣的勇將，史載「自幼隨征，無處不到」。

舒爾哈齊身高體胖，白白淨淨的四方大臉給人一種自然的親和感。努爾哈赤則體態魁偉無一絲贅肉，長臉鐵面，不怒而威，使人常生敬畏之情。兩兄弟外貌、氣質多有不同，但卻同樣勇猛、善戰、堅忍不拔，特別是有著相同的雄心大志。

努爾哈赤統一建州後，在費阿拉城「暗自稱王」，舒爾哈齊作為努爾哈赤的佐貳，稱「船將」。對外，他與努爾哈赤並為建州女真「頭目」。明朝官書稱「都督努爾哈赤」「都督舒爾哈齊」。朝鮮人稱「老乙可赤（**努爾哈赤**）」「小乙可赤（**舒爾哈齊**）」，或「奴酋」「小酋」。

舒爾哈齊與努爾哈赤居室的規模陳設幾乎相同，服色飾物一如其兄——都是貂皮帽、貂皮巾、金腰帶、貂皮緣飾的五彩龍紋衣，接見、宴賞外人的禮儀也完全相同，唯一的區別是「老乙可赤屠牛設宴」，「小乙可赤屠豬設宴」。史載，舒爾哈齊係努爾哈赤唯一同母弟，故凡國人、賢良僚友、敕書、奴僕，以及諸物皆同享之。

萬曆二十三年，舒爾哈齊第一次代表建州女真赴京朝貢。當時他麾下有精兵五千、能臣宿將四十，他本人因戰功卓著頗得眾心，勢力已經可與努爾哈赤抗衡。

舒爾哈齊的鋒芒外露，已發展到為努爾哈赤不能容忍的程度，他藉機冷落、有意貶低舒爾哈齊的事情開始發生，舒爾哈齊家「凡百器不及其兄遠矣」。努爾哈赤的猜忌和無端削奪，刺傷了舒爾哈齊對兄長的親情，也助長了他日益膨脹的權力欲。萬曆二十四年，努爾哈赤設宴招待朝鮮使臣，舒爾哈齊當即提出他「亦當接待」。如此才有了「兩都督府」的分別宴請。宴後，舒爾哈齊對朝鮮使臣正言道：「日後你國遣使送禮，卻不可高下我兄弟。」

萬曆二十七年，努爾哈赤討伐哈達貝勒孟格布祿。舒爾哈齊率先鋒二千先抵達哈達城下，見哈達城上城下軍容整肅，不免為城中有備是否出擊心生躊躇。正在此時，努爾哈赤率大軍趕到，見舒爾哈齊陳兵城下一矢未發，頓時勃然大怒。從未對弟弟疾言厲色過的他，竟當眾質問舒爾哈齊：「汝此來，難道是因為城中無備嗎？」並呵斥道：「汝兵向後，給我閃開！」

而後，努爾哈赤親自揮軍攻城，血戰六晝夜，哈達城終被攻破。努爾哈赤付出了慘重的代價，不僅犧牲了上千建州勇士，還永遠失去了胞弟的心。他對弟弟舒爾哈齊的羞辱、貶斥並非無端，難免有借題發揮之嫌，舒爾哈齊只是忍而未發。

後來又發生了一件雪上加霜的事。萬曆三十三年（一六〇五年）二月，舒爾哈齊之妻病故。由於明朝總兵李成梁的兒子李如柏納舒爾哈齊之女為妾，李成梁與舒爾哈齊是兒女親家，李成梁命守備佟某置辦二十桌酒席，外帶牲畜前往弔祭。

舒爾哈齊與李成梁的交往，本是努爾哈赤對明兩面政策的組成部分，然而在兄弟二人嫌隙日深的情況下，卻成為了對努爾哈赤潛在的威脅。況且努爾哈赤深知李成梁慣用「以夷制夷」策略，依他對舒爾哈齊的眷顧是否說明他的離間術已經成功，舒爾哈齊之心已向明傾斜了呢？

萬曆三十四年十二月，舒爾哈齊第三次代表建州女真進京朝貢，明廷以「建州等衛夷人都督指揮」的名義向他如例頒賞。或許正是那個時候，一個借明自立、分裂自立的危險念頭開始在舒爾哈齊的腦海中出現。

萬曆三十五年，在接應東海女真瓦爾喀部蜚優城部眾歸附一役中，舒爾哈齊充任統兵主帥，同行將帥還有努爾哈赤長子褚英、次子代善，及大臣費英東等。舒爾哈齊在行軍途中突然藉口大纛（軍旗）發光不是吉兆提議班師回軍，經努爾哈赤之子褚英、代善力爭，隊伍才得以繼續前進。到達烏碣岩，舒爾哈齊領五百人滯留山下，而他的兩名心腹驍將常書、納齊布率百人逗留不前，只有褚英、代善率領不足烏拉四分之一的兵力拼死奮戰。烏碣岩大戰是努爾哈赤統一大業的關鍵性戰役，驍勇無敵的舒爾哈齊怎麼了？

舒爾哈齊與烏拉有三次政治聯姻，這層緊密關係構成他退縮不戰的原因。努爾哈赤對舒爾哈齊有意對抗心如明鏡。他一面諷刺地賜給舒爾哈齊「達爾漢巴圖魯」的勇號，一面以不為力戰之罪宣布將常書、納齊布正法。

舒爾哈齊氣急敗壞，宣稱：「誅二臣與殺我同！」努爾哈赤眼中閃過不易覺察的輕蔑，改罰常書金百兩、奪納齊布所屬部眾人口，並以「臨陣退縮，時有怨言」為由，自此「不遣舒爾哈齊將兵」。這才是努爾哈赤要達到的真正目的：先將事情推到極致——要對方的命，而後讓對方為保命不惜接受一切條件。

軍權被削，舒爾哈齊滿腹怨氣無從宣洩，從軍國大政到人財小事，繼續不斷與努爾哈赤口角相爭，甚至努爾哈赤命各部出役築城，他卻命屬下不赴工，要自築一城。努爾哈赤不予理睬，僅冷冷拋給舒爾哈齊一句話：「弟所得家業及屬人僚友，非我等之父所遺留之屬人僚友，乃為兄所賜耳。」一方喋喋不休，近乎無理取鬧；一方不予理睬，儘管道理在手。

眾人心中好惡的天平日漸傾向努爾哈赤。舒爾哈齊愈益憋悶哀怨，浩歎道：「此生有何可戀？不如一死！」他對三個兒子阿爾通阿、阿敏、扎薩克圖說明原委，道：「吾豈能為衣食所得而受制於人？」

長子阿爾通阿、三子扎薩克圖立即回應。他們在明朝軍事重鎮——鐵嶺東南八十里遠的黑扯木伐木造房擬為將來據點。因為黑扯木地近明朝邊關，東接烏拉，北鄰葉赫，不僅可得到明朝就近庇護，還可藉助努爾哈赤之敵烏拉和葉赫的聲勢，更可得到三次聯姻的烏拉的援助。正當舒爾哈齊秘密籌劃分裂自立的關鍵時刻，努爾哈赤突然命他以建州首領的身分入京朝貢。努爾哈赤這一決定無疑是調虎離山，舒爾哈齊儘管心中一百個不願意但無法推託，遂率領一百四十人的朝貢隊伍第四次進京。這一次，明朝以他為建州右衛的代表。建州右衛首領的頭銜已經久違，此次再現是明朝欲扶植舒爾哈齊、削弱努爾哈赤勢力的明顯暗示，這恰與舒爾哈齊欲在黑扯木自立的想法不謀而合。

萬曆三十七年初，舒爾哈齊回到建州。他有恃無恐地與三子密謀投靠明朝、葉赫，隨即移居黑扯木。二月，努爾哈赤得知消息，怒責舒爾哈齊並勸其歸來，但舒爾哈齊不聽。三月十三日，努爾哈赤斷然剝奪了舒爾哈齊全部家產，殺死舒爾哈齊兩個兒子阿爾通阿和扎薩克圖，並將與此事有關的舒爾哈齊部將武爾坤吊在樹上活活燒死。至此仍餘怒未息，欲加刃於舒爾哈齊二子、四大貝勒之一的阿敏。代善、皇太極等諸兄弟極力諫止，阿敏方免於一死，但也受到被剝奪所屬人口之半的懲戒。建州女真血濺蕭牆，明朝邊軍卻置若罔聞。

或許是憚懼努爾哈赤的精兵，或許是靜觀龍虎之鬥欲得鷸蚌相爭之利，總之明朝邊軍沒有像舒爾哈齊所希望的那樣出手干涉。舒爾哈齊只有歸來向努爾哈赤請安謝罪，道：「兄汗優養恩深，弟卻妄想赴別處居住，實乃大謬大錯了。」努爾哈赤並不多言，大度地賜還舒爾哈齊被沒收的全部家產。

在他人眼中，努爾哈赤是顧念手足之情的。但在舒爾哈齊看來，努爾哈赤卻是故作姿態，他認為自己沒有理由感恩，反而應該牢記哥哥對待親弟弟的刻薄寡恩。努爾哈赤何嘗感覺不到這些！

舒爾哈齊完了。他不再是弟弟而是一個無用、有害、又再無必要與之周旋的敵人。努爾哈赤佯稱新宅落成邀舒爾哈齊赴宴，然後將其幽禁。又以舒爾哈齊之命召來他的兩名心腹驍將常書、納齊布，在二人步入房門之時被潛伏甲士攔腰斬殺之。舒爾哈齊鐵索鋃鐺，被囚禁在暗無天日的禁所，囚室門窗皆被磚石密封，僅留「通飲食、出便溺」兩個洞口，生不如死。兩年後，（**萬曆三十九年**）八月十九日，舒爾哈齊憂憤而亡，時年四十八歲。

努爾哈赤大權在握，於明萬曆四十四年順利登上了後金天命汗的寶座。五十八歲的努爾哈赤以吞吐天地的雄才大略、橫掃千軍的赫赫戰功及統一女真的光輝功績贏得了此時的殊榮，而他光輝燦爛的寶座染有其胞弟——舒爾哈齊的鮮血。

努爾哈赤建國稱汗前後，在集權與反集權血腥鬥爭中登場的角色和對手，除了弟弟，還有他的兒子和家人。歷史總是有著驚人的相似，權力的爭奪總是伴隨著殺戮和血腥，總是伴隨著骨肉相殘。

03 建八旗，實行專權統治

大權集中，小權下放，這樣既能保證權力不會被人竊走，也可以吸引更多的人來維護自己的利益。在家族統治的時代，集權是不二的選擇。

八旗制度起源於牛錄制——女真人原有行師出獵的牛錄組織。史載，女真傳統凡遇行師出獵，人不論多少，照依族寨而行。滿洲人出獵開圍的時候，各出箭一枝，十人中立一總領，屬九人而行，各照方向，不許錯亂。此總領呼為「牛錄額（厄）真」（「牛錄額真」為滿語音譯，「牛錄」意為「大箭」；「額真」意為「主子」）。

萬曆二十九年（一六〇一年），努爾哈赤以女真傳統的牛錄為基礎，按軍事編制創建了後金耕戰合一的社會軍事組織，初置四旗——黃旗、白旗、紅旗、藍旗。萬曆四十三年十一月，又增置鑲黃、鑲白、鑲紅、鑲藍四旗，合為八旗，正式在女真傳統牛錄制的基礎上建立了八旗制度。

努爾哈赤之子皇太極即位後，將降附的蒙古、漢人分編八旗蒙古與八旗漢軍，以原八旗為滿洲八旗。入關後八旗依防地分為京師八旗與駐防八旗。順治年間多爾袞被治罪後，他所轄的正白旗收歸皇帝自領，加上皇帝原所自領的正黃、鑲黃兩旗，合稱「上三旗」，其他為「下五旗」。努爾哈赤創建了滿洲八旗，皇太極又發展了蒙古八旗和漢軍八旗，一共有二十四旗。以後又將達斡爾、鄂倫春等少數民族編入「布特哈八旗」，也就是打勝八旗。但是，這些都通稱「八旗」。

努爾哈赤創建的八旗制度實行牛錄（**漢名佐領**）、甲喇（**漢名參領**）、固山（**漢名旗**）三級管理體制。以三百人為一牛錄，每牛錄設牛錄額真（**漢名佐領**）一人為統率官員；五牛錄為一甲喇，每甲喇設甲喇額真（**漢名參領**）一人為統率官員；五甲喇為一固山，每固山即每旗設固山額真（**漢名都統**）一人、副職梅勒額真二人為統率官員。每旗七千五百人，八旗共六萬人。後金人的奴僕亦編入八旗包衣（**滿語音譯，意為「奴僕」**），每旗設五甲喇（**參領**），下轄有牛錄（**佐領**）、渾托和（**漢名管領**）若干，分隸於內務府（**上三旗包衣**）和各王府（**下五旗包衣**）。

八旗制度下，以地緣為主、血緣為輔組成的牛錄，是基層單位。牛錄額真下，設二名代子為副職，再置四名章京、四名撥什庫，並把三百人組成的牛錄分編成四個塔坦（**村或部落**），由一章京、一撥什庫管理一個塔坦的各種事務。八旗制度是「以旗統人，以旗統兵」「出則備戰，入則務農」，兵民一體的社會組織形式，是將後金「一國之眾」，即女真族全體成員及少數蒙古人、漢人和大量奴隸盡行編入，予以嚴格控制、管理。政治、經濟、軍事合一的社會組織形式是後金統治的基礎。

努爾哈赤作為後金國汗八旗的最高統帥，擁有八旗的一切。旗主的權力、爵位、財產、屬人均為努爾哈赤所賜，隨時可被努爾哈赤剝奪或重新分配。他將八旗視為私產賜予子侄，使之充任和碩貝勒、旗主貝勒（滿語「和碩」為「一方」之意。相當長的時間裡，和碩貝勒是旗主貝勒、固山貝勒的同義語，絕大多數和碩貝勒充任一旗之主的旗主貝勒），即八和碩貝勒。各旗旗主是後金國汗努爾哈赤之下最為顯赫的人物，掌握著本旗軍政大權及旗下全體旗人（全體旗人均為本旗旗主屬人，雙方是主奴關係）。而且努爾哈赤還親領兩黃旗，次子代善領兩紅旗，五子莽古爾泰領正藍旗，八子皇太極領鑲白旗，長孫杜度領正白旗，侄阿敏領正藍旗。從某種意義上說，八旗軍正是一支愛新覺羅家族的武裝力量。努爾哈赤對八旗軍的絕對控制使其得以掌握後金最高權力，實行專權統治的重要前提。

八旗軍不僅出兵作戰、負責贍養旗下屬人，還承擔著後金的各種勞役以及各項財政支出。後金國各種收入及一切俘獲（包括人、畜）都按八旗統一分配。八旗實力基本相當，承擔國家部分職能，具有相對的獨立性，這是八和碩貝勒據以參與政務並擁有發言權的主要資本。

努爾哈赤之子、侄、孫中大部分不是旗主，只是一般的貝勒。他們分別隸屬於其父兄所掌旗，受制於父兄，僅領有少量的牛錄。時間久了，他們與其父兄旗主之間不可避免地產生矛盾。可是這些貝勒參與議政，並時常率軍出征具有一定實力，因而又成為牽制本旗旗主的力量。

八旗制度的建立，將分散的幾十萬人嚴密地編制起來。分則弱，合則強，宋朝便有女真「兵若滿萬，則不可敵」的說法。現在，一二十萬的女真統一編制，每牛錄僉甲一百或一百五十，可挑選精兵數萬，加上糧草充足、器械精良、戰馬十萬，這支武裝力量就成為具有極大威力的強大軍隊。努爾哈赤率領八旗勁旅用兵三十餘年，戰必勝，攻必克，連下明朝重鎮，大破明軍於薩爾滸，俘獲人畜數百萬、轄地數千里，極大地增加了財富、增強了勢力、擴大了統治範圍，對後金國的鞏固和發展起了重要作用。同時也強化了女真族人彼此之間的聯繫，改變了以前女真族人漁獵為生的傳統習俗，八旗人員大體上達到了「耕田食谷為生」的水準。

整個女真社會如同一座大兵營，是努爾哈赤時代的一大特點。他以八旗作為紐帶，把渙散的女真各部落聯合起來，形成了一個組織嚴密、生機勃勃的社會整體，從而加速了滿族共同體的形成。

第二章 皇太極　開疆闢土為入主中原奠基

皇太極（一五九二——一六四三年），清朝開國皇帝。滿洲酋長努爾哈赤的第八子。

二十二歲登後金汗，在位十七年，他完善後金的政治制度，為清王朝統治政權的確立打下了基礎。改國號為清後，尊其父努爾哈赤為太祖。

01 爭權力，巧設計廢太子

權力令人眼紅，甚至不顧一切。在一個掌握權力的家族中，權力的傳承總是伴隨著血雨腥風。家族內部不同利益體之間只有通過鬥爭來平衡，權力與鬥爭總是分不開的。

努爾哈赤有十六個兒子，當時位列四大貝勒的就有三個，即大貝勒代善，三貝勒莽古爾泰，四貝勒皇太極，二貝勒阿敏是努爾哈赤弟弟舒爾哈齊之子。爭奪大位最有希望的就是這四個人，皇太極為了奪得皇位可謂費盡心機。

長子褚英伏誅後，努爾哈赤立第二個兒子代善為嗣子，明確稱之為太子。然而代善的太子之位在後金天命五年被廢黜了，理由是代善是一個才疏學淺、放蕩不羈、狹隘自私、碌碌無為的「尋常庸夫」。傳聞他竟與自己的繼母、汗父努爾哈赤第二個大福晉富察氏有染。

富察氏是努爾哈赤的第二個大福晉，即是與努爾哈赤患難與共、創業建國的袞代皇后。她位高望重，生有兩子，一子莽古爾泰是四大貝勒中的三貝勒，正藍旗主，另一子德格類是十固山執政貝勒之一，然而她卻被努爾哈赤以四罪休棄。四罪是：一、勾引大貝勒代善。二、私藏財物三包、金帛三百。蒙古福晉告曰：「阿濟格阿哥家中二櫃藏有大福晉帛三百匹，大福晉常為此擔憂，欲焚於火、欲投於水，因惜此帛，皆未果。」三、私賜衣帛予二將之妻，其中有給總兵官巴篤理二妻做朝服用的寶石藍色倭緞、給參將蒙阿圖之妻一件綢緞朝服。四、私賜財物與村民。

顯然，其中後三罪不能成為休棄的正當理由。富察氏身為大福晉，收藏不算多的財物、賞賜屬下、周濟村民並不為過。關鍵是與大貝勒代善有曖昧關係的第一罪，唯此一罪能深深傷害努爾哈赤。

而這一罪卻是有首告、有證人，經過調查而定案的。據《滿文老檔》記載，後金天命五年（明泰昌元年，一六二〇年）三月，小福晉德因澤告汗道：「大福晉曾兩次備飯送與代善，代善受而食之。又一次，給皇太極送飯，皇太極受未食。且大福晉一日二三次遣人至大貝勒家，如此往來諒有同謀。大福晉自身，深夜出院亦有二三次矣。」諸貝勒大臣也揭發說：「在汗家宴會、聚集議事時，大福晉用金飾、東珠裝扮自己，眼望大貝勒行走。」努爾哈赤派達爾漢蝦、額爾德尼、雅遜、蒙喀圖調查此事，結論屬實。

大福晉富察氏給大貝勒代善送飯，能說明什麼問題呢？她身為繼母，備飯送子食用，無可指責，且為常例。更何況她同時也給四貝勒皇太極送過飯，更何況努爾哈赤本已將她和諸子託付給了代善。努爾哈赤曾說：「我身歿後，大阿哥需善養諸幼子和大福晉。」

大福晉為努爾哈赤身後，也為自己和自己的子女著想籠絡代善，或僅為與代善搞好關係是人之常情。而吃與未吃，全憑代善、皇太極自言。派人至大貝勒家、深夜出院，都是「諒有同謀」，缺乏與大貝勒私通的真憑實據。

至於在諸貝勒大臣聚會議事時，裝扮已身，「眼望大貝勒行走」，更是說有則有，說無則無。然受命調查的四大臣卻得出了不利於代善的「屬實」結論。

四大臣又是些什麼人呢？仔細考察，四大臣有一個共同之處：均與一人有非同一般的關係，這個人便是後來承繼大統的皇太極。

在這四人中，額爾德尼既是努爾哈赤的重臣，又是皇太極的死黨。他經常私自越旗往皇太極處通報情況，為皇太極爭位出謀劃策。另外三位，達爾漢蝦（即努爾哈赤養子扈爾漢）本與代善有矛盾，代善曾對努爾哈赤說過他的壞話，此時隸屬於皇太極的正白旗。雅遜、蒙喀圖也都是皇太極的旗下之人。

很明顯是一些人暗中聯合起來通過誣陷富察氏打擊代善，陰謀廢掉代善的太子之位。這一次來勢更猛，是與繼母私通的滔天大罪，是欲置之於死地的謀劃（幸因努爾哈赤比較明智而未能得逞）。

幾乎可以肯定地說，這是一場蓄謀已久的倒嗣政變，富察氏和代善成了這場政變的犧牲品。皇太極參與了陰謀，種種跡象表明他是策劃這場陰謀和政變的核心人物。

通過此次倒嗣直接得利的有三個人：一個是小福晉德因澤，她因首告有功，被升為與努爾哈赤同桌共食；一個是側福晉烏拉那拉氏阿巴亥，富察氏被休棄後，她晉升為大妃，成為努爾哈赤的第三個大福晉，子以母貴，她的三個兒子阿濟格、多爾袞、多鐸亦躋身為代替太子執掌國政的八和碩貝勒之列；還有一個，便是四大貝勒之一的皇太極。

褚英被誅後，「四大貝勒各擁重兵，覬覦大位」。其中阿敏為努爾哈赤之侄，非直系，代善和莽古爾泰則成了皇太極的主要對手。二人之中又以代善為尤。

代善是褚英同母弟，在所餘十五皇子中居長。他屢建軍功，曾被努爾哈赤賜予古英巴圖魯（**意為鋼鐵勇士，清代屬代善所獨有**）的美稱。他佐父治國，權傾朝野，位居四大貝勒之首，擁有正紅、鑲紅兩旗；其侄杜度主鑲白旗，其長子岳託、次子碩託均已是擁有牛錄、統領軍隊的勇將。尤為難得的是為人寬厚謙讓，從不居功自傲故深得人心。

無論從嫡長、戰功，還是從已有的權勢、威望來看，代善居太子之位均無可非議。但在此次富察氏被休事件中，代善和莽古爾泰同時遭到了沉重打擊。富察氏是莽古爾泰的生母，富察氏被休讓莽古爾泰不知所措。他急於取悅努爾哈赤，竟親手將生母富察氏殺死，從此聲名一敗塗地與汗位無緣。

代善同努爾哈赤之間則因富察氏被休事件，出現了一道不可彌補的感情鴻溝。不久又發生了代善與汗父爭宅基地、聽繼妻讒言虐待前妻之子碩託、誣陷碩託與其妾通姦三件事。這三件事本可看作是家務細事，但努爾哈赤對代善已心存成見，於是將此三事上升認為代善若繼汗位，勢必內寵悍婦、外信小人、混淆忠奸、誅戮無辜、以權謀私、攪亂國政，全不考慮代善一貫的寬厚謙讓、足智多謀、勇武過人，更不考慮代善為後金國立下的累累戰功和用血汗樹立的崇高威望。

代善最終被廢去了太子之位，此時皇太極離繼承人的位置又近了一步，然而皇太極並沒有就此罷手，因為他還有多爾袞和多鐸二位弟弟。他父親臨終的那年，多爾袞十五歲，多鐸十三歲。女真有幼子繼承的傳統，他們的母親就是大妃阿巴亥。皇太極為了消除潛在的競爭者，謊稱努爾哈赤臨死前有遺言要大妃殉葬，因此大妃阿巴亥自縊而死。大妃一死，她的兒子多爾袞和多鐸失去母親的支持也就不可能同皇太極爭奪大位了。

通過一系列的陰謀和精心策劃，皇太極終於在努爾哈赤之後如願繼承了大位。

02 遠大是圖，建立清朝政權

在家天下的時代，家族發展的終極目標便是以家治國成為九五至尊。只有這樣才能讓家族的利益最大化，讓權力始終握在家族人手中。

皇太極在人才濟濟的眾兄弟子侄中獨得推舉，順利地登上汗位，無疑是件幸運的事，但是他並沒有因此而心滿意足。這位從小就在開國創業中成長起來的政治家異常冷靜、沉著，並有遠大的抱負。他想君臨全中國，使其父子群臣艱難創立的國家由後世子孫永久地統治下去。他不僅懂得治國之道，也懂得人君之道。他說：「若治國之道，如築室然，基礎堅固，庀材精良者，必不致速毀，世世子孫可以久居。其或苟且成工者，則不久圮壞，梓材作誥，古人所以諄諄垂誡也。」一切都不能簡單從事，建造房屋就是如此。「唯築地堅固，疊石為基，經營構造，方堪久遠。」

從「治國之要，莫先安民」的認識出發，皇太極上臺後的第一道上諭，就是禁止把漢民奴隸化，這或多或少改善了當時艱難的處境。努爾哈赤在位時實行的是「抗拒者被戮，俘取者為奴」的政策。皇太極改為只殺反抗者，而被俘者則安置為民。在後金與明交戰中，經常俘獲大量的漢族百姓，皇太極都把他們安置到各屯堡為民，從事農業生產。皇太極實行對滿、蒙、漢一視同仁，以及新舊降人一視同仁的政策，反映出他有遠見、有氣魄，這在一定程度上滿足和保護了漢族人民的基本利益，鞏固了後金政權，「由是漢人安堵，咸頌樂土」。

皇太極即位後，堅持優禮漢官的政策，對現有的漢官都給以信任，並且量才使用，注重他們才能的發揮。對范文程的重用就是個生動體現。努爾哈赤在位時，范文程僅僅熬了一個無關緊要的章京，皇太極則把他安置到自己跟前參與軍政大計。每逢議事，皇太極總問：「范章京知道嗎？」皇太極不直呼他的名字而稱「范章京」以示尊敬。臣下的議奏如有不當之處，皇太極便說：「何不與范章京商議？」奏事大臣回答說：「范章京已表示同意。」於是皇太極不再詢問，指示依奏辦理。有時范文程病了，一些事情還要等他病好後再裁決。他多次為皇太極起草敕書，都能做到合乎皇太極的想法。剛開始皇太極還過目審閱，其後凡經范文程起草的文書不用看就批准，說：「我相信你不會有差錯的。」皇太極非常信賴范文程，經常召他進宮談話，商討方針大計，一談就是幾個時辰。皇太極在生活上給他很多關懷，要他陪著吃飯是常事。有一次，飯菜極為豐盛，桌上擺的是「殊方珍味」，范文程想到自己的父親不曾享用，遲遲不下筷。皇太極一看就明白了他的心思，當即把他吃的這桌珍味撤下來，派人騎馬送到范文程家賜予其父，范文程這才向皇太極拜謝。深受皇太極信任的漢官還有高鴻中、寧完我、鮑承先、張存仁、馬光遠、石廷柱等，這些人對他也無不竭盡所能。

皇太極更用心的是削弱八旗貝勒的勢力。他先後增設「八大臣」「十六大臣」，分奪了八旗諸貝勒的一些權力。一六三一年，他依據寧完我的建議，效仿明朝的制度設立六部，並面諭六部大臣，要他們秉承皇太極的意旨辦事，改變滿洲貴族過去辦事無一定章程，議政每每誇耀好鷹良馬的「因循之習」。他又改文館為內三院（內國史院、內秘書院、內弘文院），有如明代的內閣。這些做法加強了君權集中制，促使後金政權進一步封建化。後來，他以二貝勒阿敏征朝鮮「頗懷異志」為名，歷數他的十六大罪狀，逼迫阿敏死於幽所。又以三貝勒莽古爾泰飲酒過度狂態失言、拔刀「欲犯上」之大不敬，削奪了他大貝勒的名號。隨後依據禮部參政李伯龍的建議，改革了朝賀禮儀，規定由他一人面南中坐，代善、莽古爾泰退居於下，再也不能與他平起平坐了。第二年，莽古爾泰由此氣憤而死。一次，代善宴請哈達公主莽古濟格格（莽古爾泰之妹，皇太極之姊），不料卻惹惱了皇太極。皇太極大為震怒，因為他的這個姐姐對他素懷有怨，事後代善勉強保住了大貝勒名號，但從此也就賦閒在家了。到天聰末年，皇太極已實際控制了兩黃、兩藍、兩白六旗，勢力還滲入到鑲紅旗，結束了過去「八王共治」的局面，實現了「制令統於所尊」。

天聰九年（一六三五年）九月，征察哈爾大軍攜林丹汗的后妃及其子額哲凱旋回到瀋陽。強悍的察哈爾部從此滅亡，難以駕馭的漠南蒙古終歸統一，這是皇太極取得的又一巨大成就。數年前，與明朝交好的朝鮮「稱弟納貢」，如今三大敵國只剩下唯一的明朝，整個形勢使後金變得光彩奪目、前程似錦。還有一件大喜事，簡直使皇太極和他的諸貝勒及大臣欣喜欲狂：這次出征意外地獲得了元朝的「傳國玉璽」，這在皇太極看來它與平服林丹汗同樣具有重大意義。照他的解釋，傳國玉璽落入皇太極之手意味著「天命」歸金，上天已經允許皇太極為天下命世之君，因此諸貝勒和大臣紛紛上表恭賀。

一六三六年，皇太極正式即皇帝位，受「寬溫仁聖皇帝」的尊號，改元崇德元年，定國號大清。

皇太極建國號大清，開闢了清朝歷史的新紀元。他在清史中是個承前啟後、繼往開來的關鍵人物，是清朝一統天下的真正開創者。雖然他和努爾哈赤都沒有進關做全國的最高統治者，而僅在關外度過了自己的戎馬一生，但兩人卻有很大的不同。

努爾哈赤起自建州女真的一個小部落，他名為明朝地方官，實則是女真的一個小酋長。他用了相當長的時間去統一女真各部，推動和加速了女真社會的進步，使各分散的部落迅速走向聯盟，進而形成新的民族共同體——滿族。在此基礎上，成立了國家政權——大金。綜觀努爾哈赤的一生，他更多的是作為一個民族領袖來活動的。他的功績及所建立的金國，在整個清朝歷史這一齣壯烈的多幕劇中，所佔的比重只能是序幕。他所起的作用就是把帷幕拉開，並裝填了自己的內容。

努爾哈赤作為清朝前身歷史的首創者是當之無愧的，而皇太極則居於清朝歷史開創者的地位。他在位十七年，特別是從建元崇德前後到去世，全面而且極為迅速地發展了他父親的未竟事業，在所有方面都遠遠地超過了自己的前輩。他統一整個東北部地區，首次降服一向與明朝保持深厚友好關係的朝鮮，征服察哈爾、統一漠南蒙古，促使漠北蒙古行「女白之貢」。他所佔有的疆域將近半個中國，使清政權牢固地立於既廣大又豐足的根據地之上。他所建立的政權完全具備了國家的規模，尤其是他吸收漢人和蒙古人參加，實行以滿族貴族為核心的聯合執政，擴建蒙古八旗、漢軍八旗，從而使努爾哈赤時代的單一的滿族執政的民族政權性質變為幾個民族聯合的政權。這為大清的長遠統治奠定了基礎。

因此皇太極是真正的一代國主，他是作為一個國家的首領來行使權力的。他創立的國家——清政權及其基本國策為後代子孫所奉行，他建的國號大清一直沿用到近代。

第三章 順治　為情皈依　英年早逝

順治帝福臨（一六三八——一六六一年），是清朝入關後的第一位皇帝，皇太極的第九子，生於崇德三年。崇德八年（一六四三年）在瀋陽即位，改元順治，在位十八年。卒於順治十八年，終年二十四歲。順治即位後，由叔父多爾袞輔政。順治七年，多爾袞出塞射獵死於塞外，十四歲的福臨提前親政。

順治帝天資聰穎、讀書勤奮，他吸收先進的漢文化，審時度勢，對成法祖制有所更張，且不顧滿洲親貴大臣的反對倚重漢官。為了使新興的統治基業長治久安，他以明之興亡為借鑑，警惕宦官朋黨為禍，重視整飭吏治，注意與民休息，取之有節。但他少年氣盛、剛愎自用、急躁易怒。當他寵愛的董妃去世後，轉而消極厭世，終於匆匆走完短暫的人生歷程，英年早逝。他是清朝歷史上唯一公開皈依佛門的皇帝。

01 叔兄爭權，皇位從天降

權力必須保持一種平衡，才能形成良性的秩序。當家族內部各種勢力的爭鬥難分高下的時候，如何保持這種平衡呢？選擇一個讓雙方都可以接受的人來繼承權力，維持原來各方利益在短時間內不會發生變化，從而避免了更大的衝突，保證了家族的團結也維護了家族的利益。

清世祖順治皇帝愛新覺羅．福臨，六歲登基，是清代歷史上有名的少年天子，年號順治。順，意順利；治，意治理，就是順利治國，華夏一統的意思。

少年福臨的命運，真如同他的名字一樣，「福」從天上降「臨」。為什麼這樣說呢？大清皇位，從天而降。如前文所說，清崇德八年（一六四三年）八月初九日夜亥刻，皇太極帶著「儲嗣未定」的遺憾猝死。皇太極白天還在處理政務，夜裡就離開人世。他死之前沒有留下任何遺言，也沒有交代由誰繼位。由於事出突然，諸王貝勒一點心理準備也沒有，經過一段時間的忙亂和哀悼，一場激烈的皇位爭奪戰在皇宮崇政殿打響。那一天是八月十四日，也就是皇太極死後的第六天。

努爾哈赤有遺詔，規定皇位的繼承要滿洲貴族來討論。當時主要有七個人的意見舉足輕重：四個親王，即禮親王代善，鄭親王濟爾哈朗，睿親王多爾袞，肅親王豪格；還有三位郡王，就是英郡王阿濟格，豫郡王多鐸和穎郡王阿達禮。當時，最有希望奪得大位的是肅親王豪格和睿親王多爾袞。

豪格（一六〇九—一六四八年）的有利條件主要有：第一，為皇太極長子，三十五歲，正值壯年；第二，人才出眾，史稱他「容貌不凡，有弓馬才」、「英毅，多智略」；第三，久經戰陣，屢建軍功；第四，皇太極生前親掌的正黃、鑲黃和正藍三旗大臣都擁護豪格繼位，尤其是兩黃旗貝勒大臣更是誓死效忠於他。

多爾袞（一六一二—一六五〇年）的有利條件主要有：第一，他是努爾哈赤第十四子，皇太極之弟，時年三十歲；第二，受到父親的鍾愛。史載，努爾哈赤曾留下遺言：九王子（多爾袞）當立而年幼，由代善攝位。而代善鑑於當時情勢，轉而擁立皇太極；第三，多爾袞兄弟為正白旗和鑲白旗的旗主貝勒，這兩個旗都支持多爾袞；第四，有兩位同胞兄弟阿濟格和多鐸的支持，多爾袞兄弟在七王中佔了三個席位；第五，多次統軍出征屢立大功，「倡謀出奇，攻城必克，野戰必勝」。

八旗甲冑從實力對比看，豪格有正黃、鑲黃和正藍三旗的支持，多爾袞有正白、鑲白兩旗的支持。那麼，其餘三旗——代善父子掌管的正紅和鑲紅兩旗、濟爾哈朗掌管的鑲藍旗的意見在此時就顯得至關重要了。

十四日凌晨，兩黃旗大臣在大清門盟誓，擁護豪格繼承皇位，並部署兩黃旗巴牙喇（即護軍營，為禁軍中護衛皇帝的部隊）張弓挾矢，環衛崇政殿。圖爾格、遏必隆又傳令其牛錄下的護軍備好甲冑弓矢，護衛大清門。議商皇位繼承人的貴族會議在崇政殿的東廡殿舉行，由年紀最長（六十一歲）、地位最高的禮親王代善主持。黃旗索尼和鰲拜首先倡言「立皇子」，多爾袞以其資歷不夠令他們退下。索尼和鰲拜雖然退出，但兩黃旗的巴牙喇則包圍了宮殿暫時佔了上風。但兩白旗並不示弱，豫郡王多鐸、英郡王阿濟格弟兄發言，力勸多爾袞即帝位。多爾袞見形勢緊張正在猶豫，多鐸卻言：「你如果不答應，應當立我。我的名字在太祖遺詔裡。」多爾袞不同意立多鐸，說：「肅親王（豪格）的名字也在遺詔裡，不獨王（多鐸）也。」多鐸又說：「不立我，論長當立禮親王（代善）。」禮親王代善表示自己老了，提出豪格為「帝之長子，當承大統」。豪格覺得有兩黃、正藍和兩紅旗的支持大局可定，於是表示謙辭，說：「福少德薄，非所堪當！」他本來是假意謙讓，想讓眾人「堅請不已」，然後順勢登上皇帝寶座，這樣不是顯得既謙恭又眾望所歸嗎？但是兩白旗並不相讓，他內心憤懣隨即暫退。在激烈爭執的氣氛下，兩黃旗大臣佩劍向前，說：「我們這些人吃先帝的、穿先帝的，先帝對我們的恩情有天大。要是不立先帝的兒子，我們寧可以死追隨先帝於地下。」這時，禮親王代善見形勢不對，以年老不預朝政而離席，英郡王阿濟格隨後以不立多爾袞而退出，豫郡王多鐸沉默不發一言。這就出現了「定議之策，未及歸一」的僵局。

在這劍拔弩張、互不相讓的緊要關頭，表面憨厚而內心機敏的鄭親王濟爾哈朗提出了一個折衷方案：讓既是皇子、又不是豪格的福臨繼位。多爾袞權衡利弊：如果自己強行繼位，勢必引起兩白旗與兩黃旗的火拼，其後果可能是兩敗俱傷；讓豪格登基，自己既不甘心又怕遭到豪格報復；而讓年幼的福臨繼位，則可收到一石三鳥之利——打擊豪格，自己攝政，避免內訌。因此多爾袞說：「我贊成由皇子繼位，皇子當中豪格提出他不繼位，那就請福臨繼位。福臨年紀小，鄭親王濟爾哈朗和我輔政。」豪格也不好反對了。

於是，六歲的福臨意外地坐上了大清國皇帝的寶座。這有點像天助神佑，但也並非找不出事理的根據來。正如一位哲人說過，在權力爭奪的平行四邊形諸力中，兩條邊的兩個不同方向的分力，鬥爭的結果既不是這條邊的力，也不是那條邊的力，而是對角線的力，也就是兩個分力所產生的一個合力。福臨，幸運地成了權力鬥爭中的「對角線」。

這一切都來得太突然，甚至令人來不及思索；這一切又來得太輕易了，真是「天福降臨」。

02 清算皇叔罪行，獨斷朝綱

權力的尊嚴是不容侵犯的，在家天下時代更是如此。皇帝作為家族利益的總代表，必然要擁有絕對權力。多爾袞有大功於愛新覺羅家族，然而他侵犯了皇帝的尊嚴。為了維護尊嚴，也為了維護整個家族統治的秩序，皇叔的生命就不得不犧牲了。

王位角逐的最終結果是落到了一個小孩的手中，然而一個年僅六歲的小孩在一群對皇位虎視眈眈又手握大權的權臣之間感覺就像是一隻待宰的羔羊。事實上，這位年幼的皇帝只不過是一個傀儡，權力集中在他的叔叔多爾袞手中。而皇帝之位之所以能落到這個六歲小孩的身上，據說跟福臨的母親——皇太后孝莊有莫大的關係。

攝政王多爾袞、皇太后孝莊二人的關係引起人們諸多遐想和猜測，生發出無數版本的傳聞和野史，成為清初四大疑案之一的「太后下嫁」。太后（即孝莊）有無下嫁多爾袞正史並無記載，史家也各執所見。

多爾袞是努爾哈赤第十四子，為烏拉那拉氏阿巴亥所生。種種跡象表明，在努爾哈赤晚年紛繁複雜的儲位之爭中，皇太極與原居側福晉之位的阿巴亥曾聯手誣告大福晉富察氏與太子代善私通等罪，達到了一石二鳥的目的：皇太極爭位的主要對手代善被廢太子之位，另一個對手莽古爾泰遭到了慘重打擊；大福晉富察氏被努爾哈赤休棄，阿巴亥晉升為努爾哈赤的第三個大福晉，其子多爾袞、阿濟格、多鐸三兄弟的地位也由此急劇上升，分別以十四歲、八歲、六歲幼齡躋身八和碩額真之列。

爭奪王位失敗之後，掌握大權的多爾袞敏銳地抓住時機，接受明朝山海關總兵吳三桂的請求，親率大軍入關擊敗了剛剛推翻明王朝的李自成領導的農民起義軍，一舉佔領北京。順治元年（一六四四年）九月，多爾袞奉迎兩宮皇太后和幼帝福臨入京定鼎中原，實現了努爾哈赤和皇太極夢寐以求的夙願。多爾袞在分兵南下繼續征戰的同時，又取法於前明制定的各種規章制度。他總攬朝綱、盡心王事，在明清王朝更替的歷史中起了重要作用。隨著權勢越來越大，地位也越來越高，稱號由「叔父攝政王」進為「皇叔父攝政王」，直至「皇父攝政王」，等於就是太上皇了。年幼的順治皇帝形同虛設。

天有不測風雲，順治七年十一月，多爾袞出獵古北口外，行獵時墜馬跌傷，醫治不得要領，十二月初九日死於喀喇城，享年三十九歲。靈柩運回北京，順治帝追尊他為義皇帝，廟號成宗。多爾袞的葬禮依照皇帝的規格辦理，埋葬在北京東直門外。

政治舞臺的幕後隱藏的是鮮血淋漓的殘殺。以權力爭奪為中心內容的宮廷矛盾，沉寂數年之後又以多爾袞之死為突破口，猶如火山一樣爆發出來。

順治八年正月，多爾袞的貼身侍衛蘇克薩哈向順治皇帝遞上一封檢舉信，揭發多爾袞生前曾與黨羽密謀，企圖率兩白旗移駐永平（今河北盧龍縣），「陰謀篡奪」；又說他偷偷製做了皇帝登基的龍袍服裝，家中還收藏著當皇帝用的珠寶。

這時只有十三歲的順治皇帝，第一次親理朝政。他召集王爺大臣密議，公布鄭親王濟爾哈朗等的奏摺歷數多爾袞的罪狀，主要是「顯有悖逆之心」。少年天子福臨向諸位王爺宣告說：「多爾袞謀逆都是事實。」於是多爾袞被撤去帝號，連他母親及妻子的封典都被削奪了。

當時在北京的義大利傳教士衛匡國在《韃靼戰紀》中記載說：「順治帝福臨命令毀掉阿瑪王（**多爾袞**）華麗的陵墓，他們把屍體挖出來，用棍子打又用鞭子抽，最後砍掉腦袋，暴屍示眾，他雄偉壯麗的陵墓化為塵土。」一九四三年夏天，盜墓者曾將多爾袞陵墓的正墳挖開，只見地宮中擺放著一隻三尺多高的藍花罎子，裡面放著兩節木炭。當時看管墓地的汪士全向盜墓者解釋說：「九王爺身後被論罪，其中的金銀元寶都被掘去，據說墳地遭過九索（**挖抄九次**）。罎子是骨灰罐，是一個虛驚位（**象徵性的屍棺**）。」由此可見，順治皇帝對多爾袞的仇恨有多深。

順治帝福臨仇恨多爾袞，其中的原因有很多：多爾袞的確是想當皇帝的，暫時沒當皇帝只是一種策略而已，但對小皇帝卻是個寢食不安的威脅。順治五年十一月，他憑藉自己的權力再加皇叔父攝政王為皇父攝政王，用皇帝的口氣批文降旨。當時人寫的《湯若望傳》說：「他穿的是皇帝的服裝。」順治七年七月二十五日，在他的操縱下追封自己的生母、努爾哈赤的大妃阿巴亥為太皇太后，自己則完全以皇帝的面目出現。順治十二年，福臨在對諸王大臣回憶當時的事時，說：「那時攝政王攝政，朕只是拱手做點祭祀的事，凡是國家的大事朕都不能參與，也沒有人向朕報告。」多爾袞一旦有機會得手，不排除有親自登上皇帝寶座的可能。

逮殺豪格後強佔他的妻子，是多爾袞引起福臨憤怒的一個重點。順治元年四月，以往支持豪格的正黃旗頭子何洛會向多爾袞告發豪格圖謀不軌，說豪格後悔當初在繼位大事上有失謀算。其中有一句侵犯多爾袞的話，說：「我豪格恨不得扯撕他們的脖子。」多爾袞以「諸將請殺虎口王（豪格）」為由企圖謀殺豪格，由於他的同胞弟弟順治小皇帝哭泣不食才得以免死。順治五年，反對豪格的人建議將豪格處死，多爾袞假惺惺地說：「如此處分，實在不忍！」便將豪格幽禁起來，這等於判了豪格無期徒刑。數月後，豪格就不明不白地慘死在獄中。順治七年正月，多爾袞強迫豪格的福晉（妻子）博爾濟吉特氏做自己的妃子，又害怕此事貽笑後人，就秘密布置大學士剛林在史檔中不要留下任何痕跡。

在對叔叔的清算中，小皇帝順治終於開始了自己正式的皇帝之路，從此君臨天下、大權獨攬。

03 重用漢官，鞏固大清江山

作為騎在馬背上的民族，滿族及其統治者愛新覺羅家族囿於自身的局限，想要管理好這個國家需更多的智慧，就必須去吸收那些原來統治階級中的傑出人士，將更多的高門大族拉進自己的陣營，依靠他們的力量來維護自己的統治，使皇權更穩固。

順治很明白要想加速統一中國的進程、鞏固大清江山就必須強化對漢族官員的依靠。在他親政以後，清廷中漢官的地位和作用發生了明顯的變化。原來清廷有一條舊規，漢官在各衙門中不能掌印，即不能當家作主。順治親政不久就規定了誰的官銜在前誰就掌印。順治十二年（一六五五年）八月，都察院署承政事固山額真卓羅奉命出征，順治即命漢官承政龔鼎孳掌管部院印信。龔鼎孳聞命後誠惶誠恐、戰戰兢兢，以一向以滿臣掌印上疏推辭，但順治仍堅持讓他掌印。從此以後，漢官掌印才正式作為一種制度確定下來。內閣大學士起初滿人是一品，漢人只是二品，順治十五年（一六五八年）全部改為一品。六部尚書起初滿人一品，漢人二品，順治十六年（一六五九年）也全部改為了二品。

漢族大學士洪承疇、范文程、金之俊等既熟悉典章制度又老謀深算，富有政治鬥爭經驗，順治對他們都很信任和重用。順治親政不久就任命范文程為原先全由滿人出任的議政大臣，使范文程得到了漢人從未得到的寵遇，常與他一起探討如何治理國家的問題。范文程建議統治者所實行的政策要順乎民心、合乎潮流，並提出興屯田、招撫流民、舉人才。范文程的不論滿漢親舊、不拘資格大小、不避親疏恩怨等重要建議大多被順治採納。順治與范文程過從甚密，常在其陪同下「頻臨三院」「出入無常」，宮廷內院幾乎成了范文程的「起居之所」，連朝中一些漢官也為之不滿，順治卻毫不在意。范文程在他手下屢屢加官晉爵，當范文程因年老體衰上疏乞休時，順治仍然戀戀不捨，命他養好病後再加召用。

順治重用和寵遇漢官，就是要「圖賢求治」以使清王朝長治久安。但是在他內心深處仍存在著滿洲貴族對漢人本能的一種猜忌心理，他最擔心漢官結黨，因此時時加以防範。順治十年（一六五三年）四月，大學士陳名夏、戶部尚書陳之遴、左都史金之俊等二十七名漢官聯名上疏，要求重治殺害妻妾的總兵任珍。順治立即警覺起來，認為陳名夏等人是黨同伐異，便令各部七品以上官員雲集在午門外對陳名夏等人議罪，結果陳名夏等人分別受到降級、罰俸的處分。後來大學士寧完我又以痛恨剃髮、鄙視滿族衣冠、結黨營私、包藏禍心的罪名彈劾陳名夏，使他終被處決。類似這樣的猜忌、防範乃至加害漢官的事時有發生，但總體來看順治對漢官還是信任和重用的，也正是由於這些人在他統治期間助了他一臂之力，才使這位年輕的皇帝尚能有所作為。

順治八年（一六五一年），由大學士范文程引見，福臨與湯若望相識了，這位年已五十九歲、學識高深的外國傳教士很快就博得了年輕皇帝的好感和敬仰。這一年，湯若望被誥封為通議大夫，他的父親、祖父被封為通奉大夫，母親和祖母被封為二品夫人，並將誥命絹軸寄往德國。不久湯若望又被加封為太僕寺卿，接著又改為太常寺卿。

順治十年（一六五三年）三月，又賜名湯若望為「通玄教師」。順治皇帝不僅使他生前尊貴榮耀，連他的身後之事也考慮到了。順治十一年（一六五四年）三月，就將阜成門外利瑪竇墓地旁的土地賜給湯若望，作為他百年後的墓穴之所。後來順治親筆書寫「通微佳境」的堂額賜給他懸掛在宣武門內的教堂內，還撰寫碑文一篇刻於教堂門前，讚揚他「事神盡虔，事君盡職」。在順治的恩寵下，湯若望真可謂是爵位連進、尊榮有加。因順治的母親孝莊皇太后認湯若望為義父，他便按滿族習慣尊稱湯若望為瑪法，意即「爺爺」。

順治對湯若望這種不同尋常的恩寵，原因究竟何在？他曾經對左右大臣這樣說過：「汝曹月語我大志虛榮，若望則不然，其奏疏語皆慈祥，讀之不覺淚下。」又說：「瑪法為人無比，他人愛我，唯因利祿而仕，時常求恩；朕常命瑪法乞恩，彼僅以寵眷自足，此所謂不愛利祿而愛君親者矣！」

對皇帝的知遇之恩，湯若望感激涕零。因而他常常直言以諫，為順治帝執政出謀劃策，充當著心腹顧問的角色。順治皇帝臨終時議立皇嗣，還專門徵求湯若望的意見。

順治帝年幼時，由於多爾袞的漠不關心和有意放任，始終沒有受到應有的教育。至他親政時對漢文依然十分陌生，甚至在閱讀漢大臣的奏章時往往茫然不解其意，因此順治帝在親政以後曾以極大的毅力苦讀漢文書籍。他把乾清宮當作書房，擺放了數十個書架，經史子集、稗官小說、傳奇時藝等無不有之。殿中還擺列長几，放置商彝周鼎、印章畫冊等文物。除了處理軍國大事，他每天都讀書至深夜。有時五更起床讀書至黎明拂曉，直到能夠流利地背誦方始甘休。為了保證有充足的讀書時間，他還規定每月中逢五為視朝之期。短短的幾年，福臨對先秦、兩漢和唐宋八大家的著作，明朝各個皇帝的實錄，以及元明戲曲、話本等無不涉獵，學識不斷長進。他對當時著名小說評論家金聖歎評點的《西廂記》曾寫下評語：「議論頗有遐思、未免太生穿鑿，想是才高而見僻。」足以顯示福臨對漢族文化的理解已經達到相當高的水準。他平日也能夠熟練地運用漢語批閱奏章、評定考卷了。

幾年的讀書生活，不僅大大地提高了福臨的漢文化造詣，而且使他體會到歷代皇帝的豐富統治經驗，十分推崇並決心效法歷史上的賢主明君。順治十年正月，十六歲的順治帝到皇宮內院閱讀《資治通鑑》，問身旁的大學士范文程、陳名夏等人：「自古帝王聖如堯舜。固難與比倫，其自漢高以下、明代以前，何帝為優？」諸臣回答說：「漢高、文帝、光武、唐太宗、宋太祖、明洪武俱屬賢君。」他又問：「此數君者又孰優？」陳名夏回答說：「唐太宗似過之。」福臨並不完全贊同，隨即指出：「豈獨唐太宗，朕以為歷代賢君莫如洪武。何也？數君德政有善者，有未盡善者，至洪武所定條例章程規劃周詳，朕所以謂歷代之君不及洪武也。」這充分表明了他要以明太祖制定的典章制度等作為自己的典範，以鞏固清朝的統治。福臨親政後，正是在漢族的歷史文化薰陶下銳意圖治，才使多爾袞攝政時的草創局面更加鞏固，這也深刻影響到他的後代子孫。

順治帝十分懂得儒家「文教治天下」的道理，竭力以尊孔和提倡封建禮教來完善和鞏固清朝的統治，使自己在人民心目中樹立起傳統道德捍衛者的形象。順治八年四月，年僅十四歲的順治帝遣官赴山東曲阜祭孔。次年九月，他又親自到太學「釋奠先師孔子」，之後還大修孔廟，更定孔子的謚號為「至聖先師」。他命內院諸臣翻譯「五經」，並親自主持編纂《順治大訓》《資政要覽》《勸善要言》《通鑑全書》，提倡封建的綱常名教。同時特命大學士馮銓等主編《孝經衍義》頒行天下，大事旌表忠孝節烈。他還多次親祭明陵為崇禎立碑，讚揚崇禎「勵精圖治」，追謚為莊烈愍皇帝，並給為崇禎帝殉難的太監王承恩建墓立碑，讚揚王承恩「赴義捐軀」，「無愧臣節」，謚號為「忠」。又為明末「殉難諸臣」范景文、倪元璐等人「給謚賜祭」。這對於緩和漢族地主階級與滿族貴族的民族矛盾起了顯著作用，為大清江山的穩固奠定了堅實的基礎。

04 傳子不傳賢，染「天花」獲皇位

繼承人的選擇對一個家族、一個國家來說都是至關重要的，它關乎社稷的穩定和家族的興衰。而在封建統治者看來，家族的利益更高於國家的利益。為了保證權力的一脈傳承，他們的選擇範圍是狹小的，能力是次要的，血緣才是首要決定因素。

順治十八年（一六六一年）正月初七日凌晨，清朝定都北京後的第一位皇帝、年僅二十四歲的順治帝福臨因患天花逝世於養心殿。遺詔指定八歲的皇三子愛新覺羅・玄燁為皇太子。

據史書記載，順治帝思考後事的安排可能是從正月初二日開始的。因為那一天早晨，當學士王熙到養心殿問安時，順治帝把他留在身邊，直到晚上才出宮，他們具體談了些什麼內容已不得而知。第二天，他又主動召見王熙，並讓他靠近自己的床邊說話。王熙在日記中寫道：「是日，奉天詔面諭者關係重大，並前此屢有面奏，及奉諭詢問密封奏摺，俱不敢載。」王熙在自己的日記中都不敢把這些「關係重大」的內容記下來，可見君臣之間所談論的內容除了繼承人和其他重大的人事安排之外，就是對自己政務得失的反思和對後事的擔憂等。

病榻上的幾天，也許是順治帝一生考慮問題最多的幾天。儘管他已厭棄無聊的後宮以及繁雜的政務，但他可不敢拿祖宗浴血奮鬥打下的江山來開玩笑。執政十七年來，凡有閒暇便讀書寫字，他在史書中得知歷代各王朝為爭奪皇位的慘殺和流血，既不講什麼君臣大義也不顧什麼骨肉親情，宮廷和皇位的上上下下早已浸透了斑斑血跡，從父親皇太極即位和自己被推上寶座也都莫不如此。現在他唯一能做的，就是慎重地、充分地利用自己的權力做最後一次妥善的安排。

初六的半夜，順治帝感到自己不行了，急忙將學士麻勒吉、王熙召至養心殿，對他們說：「朕患痘，勢將不起，爾可詳聽朕言，速撰詔書。即就榻前書寫。」王熙淚如雨下，話都說不成句。順治帝又說：「朕平日待爾如何優渥，訓爾如何詳切，今事已至此，皆有定數。群臣遇合，緣盡則離，爾不必如此悲痛。此何時，尚可遷延從事，致誤大事？」王熙垂淚從命，在床前匆匆寫下遺詔的第一段。此時順治帝已疲憊不堪，王熙於心不忍便請求順治帝照以前所談，等把詔書全部擬就再行進呈，順治帝只得點頭同意。麻勒吉、王熙二人趕緊到乾清門西朝房內起草了皇帝的遺詔。隨後三次進呈，三次改動，直到第二天紅日西墜才算最後定稿，幾個小時後順治帝就去世了。

正是在這個長達千餘字的遺詔中，皇三子第一次有了一個漢文名字：玄燁，並被指定為皇位繼承人，然而這並不是順治帝的本意。清朝初年，還沒有像以前的中原王朝那樣建立起穩定的立儲制度——嫡長子繼承制度，因此順治帝最初考慮的人選並不是自己的兒子，而是自己的弟弟。

在順治看來，只有立一位年長的繼承人才可能避免幼主臨朝所產生的種種危機，而當時他的兒子最大的也只有八九歲，所以他排除了傳子而決定傳賢。但他的兄弟中也沒有一個可以委以重任的人，因此便想到一位能幹的堂兄弟——安親王岳樂。

順治的安排遭到孝莊皇太后的斷然否決，在孝莊看來帝系的轉移所引發的問題比幼主臨朝還要錯綜複雜。即使到了生命的最後一刻，母子之間依舊不能溝通。已經沒有更多的時間進行爭論了，孝莊皇太后立即派人把傳教士湯若望請進紫禁城進行磋商。

順治帝當時有八個兒子，長子和四子已夭折。剩下的六個兒子是：九歲的二兒子福全，八歲的三兒子玄燁、五歲的五兒子常寧、三歲的六兒子奇授、兩歲的七兒子隆禧和八兒子永幹。有人說皇太后原本指望繼承人能仍出於自己的蒙古博爾濟吉特氏，因此不僅連續給順治帝冊封了兩位博爾濟吉特氏的皇后，另外還把四個博爾濟吉特氏的女子冊封為妃子。不過兩個皇后並不為順治帝所喜愛，且六位女子都沒有為順治帝生下一男半女。皇太后如果確實有這種打算的話，現在也是全部落空了。皇帝既然沒有嫡子（皇后所生之子），就只能在庶出諸子中選擇。常寧以下不是咿呀學語，便還在襁褓之中，只有福全和玄燁兩個尚堪擇取。玄燁聰明好學，早為皇太后所垂愛，福全雖年長一歲，但卻有一隻眼睛失明，因此皇太后最終選擇了玄燁。

湯若望建議冊立已經生過天花的皇三子為繼承人。當時為促成這樣一個決斷所提出的理由，是因為玄燁在髫齡時已出過天花，不會再受到這種病症的傷害，而福全雖然年齡較長卻尚未出過天花，時時都得小心著這種可怕的傳染病。

清代皇帝朝服「瑪法」的意見值得重視，「瑪法」的理由更使順治帝折服。自己即將被天花奪去生命，還有什麼能比這個理由更能打動他呢？就這樣，清朝入關後最高權力的第一次移交，竟是因一位皇帝死於天花，一位不會再得天花。本不受父皇關注的皇子立即身價百倍，小玄燁臉上的麻點頃刻間竟成了他成為帝王的資本。

順治在有生之年所做的最後一件事也是違心的，他傳賢不傳子的主張不僅遭到皇太后反對，也遭到兩黃旗大臣以及漢族官員的反對，就連他一向尊重、信賴的「瑪法」湯若望也站在了太后的一邊。

已經沒有體力爭辯的順治頒布的最後一道命令是：冊立八歲的皇三子為皇太子，賜名玄燁，同時挑選最為忠誠的索尼、蘇克薩哈、遏必隆、鰲拜作為輔政四大臣，以明年（一六六二年）為康熙元年。

於是，三歲時因患天花而不死的皇子——玄燁，在繼位後卻成為了中國歷史上少有的堪與唐宋祖比肩的皇帝。所謂大難不死，必有後福，用在他身上真是再合適不過了。

第四章 康熙　雄才開盛世偉績鑄豐碑

清聖祖康熙，名愛新覺羅・玄燁（一六五四——一七二二年），順治十一年（一六五四年）生於北京紫禁城景仁宮，佟妃之子。在位六十一年（一六六一——一七二二年），是中國歷史上在位時間最長的皇帝。康熙執政期間，撤除吳三桂等三藩勢力（一六七三年）、定準噶爾汗噶爾丹叛亂（一六九七年），並抵抗了當時沙俄對中國東北地區的侵略，簽訂了《尼布楚條約》，劃定中國東北邊界。他在承德修建了避暑山莊，作為與北方游牧民族交往的基地。

從社會經濟的角度觀察，康熙採取了一系列有利於國計民生的政策：積極鼓勵墾荒、廢止圈地令、實施更名田；整修黃河、淮河、運河的水利工程。尤其是在康熙五十一年（一七一二年）決定「永不加賦」，取消新增人口的人頭稅，並最終演變成「攤丁入畝」制度，並大蠲賦稅。這些最終促進了農業經濟的發展，表現為耕地面積的迅速擴大、糧食產量的提高與經濟作物的廣泛種植，奠定了所謂「康乾盛世」的基礎。

01 除權臣，延續家族權力

功高蓋主的事情在歷代統治者的周圍時有發生，然而天不能有二日，一山不能有二虎，否則正常的統治秩序就會被破壞。作為權力的所有者及其支持者是絕對不會容忍的，而最終的結果就是一方退出權力的舞臺。

順治帝在臨終指定皇太子時，還親自從直屬皇帝的上三旗中選任四名親信大臣，令其輔助幼帝、佐理政務。遺詔宣稱：「特命內大臣索尼（正黃）、蘇克薩哈（正白）、遏必隆（鑲黃）、鰲拜（鑲黃）為輔臣。伊等皆勳舊重臣，朕以腹心寄託，其勉矢忠藎，保翊沖主，佐理政務，布告中外，咸使聞知。」順治帝的這一決策是和太后博爾濟吉特氏經過斟酌、選擇，並在母后親自主持下實現的，它標誌著康熙初年四大臣輔政體制的形成。從此時至康熙八年（一六九六年）五月，捉拿鰲拜、廢除輔臣，凡八年零五個月，史稱「輔政時期」。

那麼，四位輔政大臣怎麼會有此獨特的待遇呢？

索尼，赫舍里氏，滿洲正黃旗人。其父親和叔叔在努爾哈赤時，都是非常被信任的文人。

皇太極執政時，索尼因久在戎行，出生入死、屢立戰功，成為一個不可忽視的戰將。皇太極死後，兩黃旗大臣主張立順治帝接位，索尼與其他五人盟誓於盛京三官廟，堅決輔佐幼主。入關後，盟誓之人多畏於多爾袞的權威轉而依附多爾袞，索尼卻不肯投靠而被罷官抄家遣放回盛京，那時他已四十八歲。三年後，順治帝親政被召回京，晉封一等伯爵，為內大臣兼議政大臣，總管內務府。到出任輔政時已六十歲，成為歷事四朝的老臣。

資望不如索尼的蘇克薩哈，那拉氏，滿洲正白旗。他的父親曾以歸順之功得以娶努爾哈赤的女兒為妻，因此他與順治帝為姑表兄弟。儘管他所立戰功較少，但因為他以多爾袞所領正白旗屬下的身分在多爾袞死後率先揭發多爾袞陰謀篡逆，反戈一擊而大受順治帝和皇太后的賞識。此後又在湖南、湖北大敗抗清義軍，被提升為領侍衛內大臣。從此成為正白旗中舉足輕重的人物。

籍隸滿洲鑲黃旗的遏必隆，鈕祜祿氏，是清朝開國功臣——「五大臣」之首額亦都的第十六子。在明清爭奪遼西及洗劫中原的軍事行動中多次立功。因反對多爾袞專權被剝奪官爵牛錄，抄沒一半家產。順治帝親政，他不甘沉淪上書論冤被起用，後封一等公，升任議政大臣，領侍衛內大臣。

鰲拜與遏必隆同旗，瓜爾佳氏，為清初開國功臣費英東的侄子。在清朝初年，鰲拜堪稱一員不可多得的戰將，幾乎所有重大戰事都曾領兵參與，他身先士卒、驍勇善戰立下大功無數，有「勇士」（**滿語稱「巴圖魯」**）之稱。皇太極死後，誓死主張立其子為君因而積怨於多爾袞，被三次論死，只因功高而倖免於難。多爾袞死後被命為議政大臣，進世襲二等公，又升任領侍衛內大臣。

由此可知，這四個異姓大臣被委以重任，主要是因為這四人不僅都是皇帝親領的上三旗（**鑲黃、正黃、正白**）中家世顯赫、屢建勳勞的功臣，在本旗有一定的影響力；也因為他們在支持皇統繼承，反對多爾袞專權擅政的重大政治事變中旗幟鮮明、態度堅決，甚至因此受到迫害。更值得一提的是，其中三人任領侍衛內大臣，掌握著全部宮廷侍衛的指揮權；一個為內務府大臣，總領全部宮廷事務。這種安排確實是煞費苦心，但又萬般無奈。這是太皇太后又一次面臨幼君登位，基於半生風風雨雨的經驗和智慧的安排。她已保住了兒子的江山，現在她又要為了使孫子安然於位，含悲忍淚地借用兒子的亡靈有序地導演出一幕幕群臣宣誓效忠的場面。

四大臣唯恐變革舊制引起諸王口服心不服，所以在將遺詔奏知太后當眾宣示之後，便立即對下五旗諸王貝勒等明確提出這一問題。索尼等跪告說：「今主上遺詔，命我四人輔佐沖主，從來國家政務唯宗室協理，索尼等皆異姓臣子，何能綜理？今宜與諸王貝勒共任之。」其實諸王貝勒對此種安排也難免心懷不滿，但以往皇位傳承之際爭殺流血的恐怖早已令人不寒而慄，一言不慎便可以違背先帝遺詔之罪而立招殺身之禍。更何況當此大局已定之時，宗室之間也各有盤算，誰肯妄動便要當亂臣賊子之名，因此都很客氣地表示：「大行皇帝深知汝四人之心，故委以國家重務。詔旨甚明，誰敢干預。」儘管如此四人仍心懷顧忌，再奏請太皇太后，回答仍是肯定的。到這個時候，已沒必要虛情假意，四人壓抑著激動興奮的心情接受了輔政之職，當即在順治靈前宣誓就職。

輔政伊始，鰲拜等人便打著遵守「先帝遺命」的旗號，實行了如下正確的措施：

積極整頓吏治

鰲拜等輔政大臣針對迅速腐敗的吏治進行了積極的整頓和改革，以提高行政效率和官員的辦事能力，清除官場惡習。

根據《清聖祖實錄》記載，輔政僅僅半個月之後，鰲拜等輔政大臣就以康熙皇帝的名義詔諭各官：「朕以沖齡踐阼，初理萬機，所賴爾大小臣工，同心協力，矢效贊襄。」次日，兵部尚書兼都察院左都御史阿思哈就提出對巡按的十項要求，對能夠「恪遵上諭，潔己愛民，獎廉去貪，興利除害……又能大破情面，糾察地方惡宦劣衿者」分別升遷；能「謹慎奉法，察吏安民者」仍留原任；「行事碌碌，無實政及民者」降調外用；而「徇情貪賄者」要革職治罪。奏上之後，御批：「這所議各款務須恪遵力行，不得視為虛文，著通行嚴飭。」

鰲拜於一六六五年春命令有關各部門嚴查督撫在地方的劣政，一六六六年初又下令對公然受賄的地方督撫大員「從重治罪」。鰲拜是這麼說的，也是這麼做的。僅一六六七年一年之內，就將貪酷、不謹、罷軟、年老、有疾、才力不及、浮躁等官共五百六十三人革職，還裁撤了各省大小衙門官吏三千八百四十九名。

此外，根據《清聖祖實錄》記載，一六六〇年春為了提高行政效率，鰲拜還要求所有官員「進奉本章，關係政務，應切實陳奏……事情正理，明白敷陳，不得用泛泛文詞」，還在明朝規定所有本章不得超過一千字的基礎上，再度減少到所有本章不得超過三百字，並規定了完結事務的時限。

努力發展經濟

鰲拜輔政時期，努力發展經濟並採取一系列措施，其中最為重要的措施有如下兩項：

一是獎勵墾荒。實際上獎勵墾荒是中國古代比較有作為的封建王朝建立初期通用的措施，鰲拜輔政時期也不例外。但是在具體措施上除了實施一些諸如開荒歸己、開荒者減免賦稅、以墾荒的數量作為對地方官員獎懲的標準、災荒年間減免賦稅、開倉賑濟等措施之外還有很多創新，這在當時是十分難能可貴的。其中最為突出的是，在政府財政十分拮据的情況下，鰲拜還命令發給各地窮苦百姓及投誠官兵耕牛、種子和銀兩，為他們創造墾種田地的有利條件。又如根據《明清史料》丙編第十本記載，清朝初年，由於連年戰亂導致四川地區人煙稀少、經濟衰敗。在這種情況下，鰲拜提出「無論本省、外省文武官員，有能招民三十家入川、安插成都各州縣者，量與紀錄一次；有能招民六十家者，量與紀錄二次；或至百家者，不論俸滿，即准升轉」。這對恢復發展四川的經濟有著非常重要的意義。

二是實行「更名田」。在經濟上的一個最為後代歷史學家肯定的德政，就是實行「更名田」。這項措施也是鰲拜在擔任輔政大臣的過程中最後的輝煌（因為他在這件事情完成之後僅僅兩個月就被康熙皇帝拿下了）。

一六六九年春，他下令「命查故明廢藩田房……給予原種之人，令其耕種，照常徵糧」，並「將無人承種餘田，招民開墾」，這就正式承認了農民在明末起義中獲得的部分成果。

減少軍事行動

鰲拜雖然是追隨皇太極馬上得天下、號稱「萬人敵」被賜號為「巴圖魯」的重要軍事將領，但是他在輔政時期大清王朝在軍事方面的政策和行動卻是很有節制的。

導致鰲拜減少大規模軍事行動的原因，一方面是由於中原人民的強烈抵抗，另外一方面則是由於財政方面的困難。鰲拜知道軍事開支是個無底洞。若一味進攻，大清王朝很有可能步前明後塵迅速地衰落下去。因此在消滅了南明永曆政權之後就迅速宣布：「從此大兵得以休息，糧餉不致靡費。宣詔中外，咸使聞知。」從而把完全統一中國的任務交給了後來的康熙皇帝。

雖然鰲拜在任輔政大臣期間為大清帝國做出了很大貢獻，然而隨著時間的推移，鰲拜和康熙之間的矛盾開始變得尖銳起來。隨著康熙年齡的增長，那些由輔政大臣行使的權力勢必要交還給他，然而權力這個東西得來不易，一般人很難抗拒它的誘惑，鰲拜就是這樣一個禁不住誘惑的人，他遲遲不願將手中的權力還給康熙。

康熙六年（一六六七年）七月初七，康熙在太和殿舉行親政大典。當時位列輔政大臣之首的索尼於該年六月二十三日病故，鰲拜則以輔臣之首自居。在長達七年的輔政期間，他利用索尼年老多病、遏必隆生性懦弱之隙網羅黨羽、安插親信、誅殺異己。他在康熙親政後依舊結黨營私。戶部滿尚書出缺，康熙已任命瑪希納出任，鰲拜卻任命黨羽瑪爾賽，強行增設一名滿尚書。同年七月十九日，他不顧康熙帝反對，將反對換圈的輔政大臣蘇克薩哈處死。

蘇克薩哈之母是努爾哈赤第六女，隸滿洲正白旗。順治八年（一六五一年）二月，因告發攝政王多爾袞殯服違制而受到順治帝的器重，順治十八年正月初七遺命輔政。蘇克薩哈與兩黃旗大臣索尼、遏必隆、鰲拜同列輔政之列。因兩黃旗與兩白旗在繼立問題上所存在的積怨，蘇克薩哈在換圈以及處置反對換圈的滿漢三大臣等問題上均與鰲拜意見相左。為了遏制鰲拜專權，蘇克薩哈一再「自行啟奏」籲請皇帝親政，並明確表示：「夕歸政於皇上，朝即具疏往陵寢居住（**為順治帝守陵**）」，絕無戀棧之意。在康熙親政後第六天（七月十七日），蘇克薩哈疏請「往守先帝陵寢」。鰲拜遂假傳聖旨，「著議政王大臣會議具奏」。

七月十五日，鰲拜黨羽、大學士班布林善羅織蘇克薩哈二十四大罪狀，諸如「背負遺詔」「欺藐皇上」等，交議政王大臣會議。七月十七日在鰲拜的干預下，議政王大臣做出對蘇克薩哈及其子查克旦凌遲處死，對蘇克薩哈子達器、德器，孫倚克札、侄海蘭等斬立決、籍沒家產的議處。康熙「知鰲拜等怨蘇克薩哈數與爭是非，積以成仇」，「堅持不允所請」。鰲拜竟

「攘臂捋袖」咆哮御前，君臣爭辯一天，其結果只是將蘇克薩哈從凌遲處死改為絞刑。

由此，皇帝和權臣之間矛盾激化並進一步表面化，鰲拜的下臺已經是迫在眉睫了。鰲拜黨羽遍及宮廷內外和朝廷上下，就連康熙的御前侍衛中都有鰲拜的黨羽。如果明發諭旨逮捕鰲拜，「不免激生事端」，變生肘腋。康熙遂從小太監中擇強壯者練習「布庫」之戲（**滿語「摔跤」**）。

一六六九年五月初，康熙帝召皇后叔父索額圖（**索尼次子**）入宮對弈，安排逮捕鰲拜細節。五月十六日，鰲拜入宮議事，演習布庫的小太監十餘人將鰲拜生擒。索額圖持皇帝諭旨把鰲拜死黨班布林善等十餘人捉拿。五月二十八日經議政王大臣會議議處，宣布鰲拜「欺君擅權」「阻塞言路」「偏護本旗」「上違遺詔、下虐生民」等三十條罪狀，將其革職、拘禁；鰲拜之弟穆里瑪、侄塞本得以及心腹黨羽班布林善等共計七人被處死。對於曾經黨附過鰲拜的官員，康熙「姑從寬免」，令彼等「務須洗心滌慮，痛改前非，遵守法度，恪其職業」。

康熙在親政兩年後，始贏得朝綱獨斷。本來康熙皇帝宣布鰲拜是死罪，但他念在鰲拜立功不少的份上，宣布將鰲拜終身監禁。至此，權力終於回到了皇帝的手中。

年輕的康熙帝處理問題從容不迫、有節有度，充分顯示了他的聰明才幹和大智大勇。他以冷靜的態度穩妥地把握住時機，在沉默中控制著混亂的朝局。鰲拜集團的垮臺一掃朝臣普遍的擔憂情緒，人們在這一重大政治事件中真正感覺到看似稚嫩的年輕皇帝實際透射出成熟和沉靜中的老練，在隨之而來的一系列問題的處理中更看到了王朝的希望。

02 維護中央集權，平定三藩

統治階級內部並不是平順的一塊整體，各種勢力為了權力勾心鬥角、爾虞我詐、矛盾激化乃至兵戎相見。愛新覺羅家族和地方的三大諸侯，在權力的分配上產生了不可調和的矛盾，終於導致了一場持久的戰爭。

康熙親政後，將處置「三藩」看作是治國安邦的頭等大事。所謂「三藩」，即順治年間清廷派駐雲南、廣東和福建三地的平西王吳三桂、平南王尚可喜、靖南王耿繼茂（後由其子精忠襲爵）。當時他們奉命南征，擊敗南明政權及農民軍餘部，曾為統一中原做過貢獻。但是他們的權勢也隨之惡性膨脹，至康熙初年已發展為新的地方割據勢力，成為危害國家統一的癥結。

諸藩勢力的發展與清初政治形勢是有聯繫的，當時清朝統治者需要以高爵厚祿招降漢族將領為其統一中原服務。孔有德、耿仲明（耿繼茂之父）、尚可喜原為遼東人，於天命六年三月清太祖努爾哈赤攻佔遼東後，陸續去皮島投靠明總兵毛文龍。天聰二年六月，明薊遼總督袁崇煥擅殺毛文龍，東江大亂自相殘殺，孔、耿、尚等輾轉流徙，最後在走投無路的情況下先後於天聰七、八年投降後金。清太宗皇太極出城十里相迎隆重接待，並一反過去分撥降人隸屬滿洲八旗的慣例，授孔有德為都元帥、耿仲明為總兵官，命率所部駐遼陽，號「天祐兵」；授尚可喜為總兵官，命率所部駐海州，號「天助兵」。崇德元年六月，皇太極改國號為清，封孔有德為恭順王、耿仲明為懷順王、尚可喜為智順王，並多方給予遷就和照顧。這時出現直屬皇帝的三位漢人藩王，不僅於中央集權無害，反而有利於抵制滿洲諸王，維護皇帝的地位和權勢。崇德七年八月，皇太極分漢軍四旗為八旗，命有德、仲明、可喜分隸正紅、正黃、鑲藍旗。

清朝進關後主要是在漢人居住地與漢人交戰，所以很注意發揮漢人藩王的作用。順治元年十月，命孔有德、耿仲明隨大將軍豫親王多鐸，吳三桂、尚可喜隨大將軍英親王阿濟格，從南北兩路進兵陝西，征伐李白山。順治二年，攻下西安後有德、仲明與多鐸移師下江南，克揚州、取南京，消滅南明第一個政權——福王政權，八月班師；三桂、可喜與阿濟格進兵湖廣，追擊李白山，即班師。如果說這時還是滿漢合師進討，那麼從第二年起便逐步進入漢人藩王獨自專征的階段，由此也形成了三藩割據一方的局面。「三藩」分鎮，曾取得顯著效果。吳三桂於順治十八年十二月率兵攻入緬甸，強行引渡永曆帝及其眷屬和隨行官員，並另遣總兵追擊、招降犟昌王白文選，不久晉王李定國亦死，雲南底定。耿、尚分守閩、粵，亦曾有效地抵禦鄭成功的進擾。

隨之而來的是「三藩」擁兵自重，權勢日漲。雲南每年耗餉最多時達九百餘萬，平時亦不下數百萬，所以說「天下財賦，半耗於三藩」。而且三藩分別專制一方，嚴重侵犯了中央集權。吳三桂以功晉封親王，總管雲南、貴州二省文武軍民一切事務。「三藩」各自把持駐地財源、欺壓百姓。在康熙初的十餘年間，「三藩」的勢力已越來越強，漸成尾大不掉之勢。居功自傲的功臣在戰爭結束不久已成了伏踞南方、危害國家安定的勢力，形勢的發展向年輕的康熙皇帝提出嚴峻的挑戰。

康熙親政和擒拿鰲拜之後又專心學習經史典籍，更加清楚地認識到「三藩」不能與宋初的開國功臣相比，而是屬於唐末藩鎮之流，勢在必除。因此便加緊進行撤藩的準備工作：整頓財政，籌措經費；擴編佐領，加強訓練，提高八旗兵的戰鬥力；採取緩和民族矛盾與階級矛盾的措施以爭取民心。此外，他還關心因反對吳三桂而遭到處罰的官員。九年，將因揭發三桂「陰謀不軌」而被判死刑的原甘肅慶陽府知府傅宏烈免死遣戍廣西梧州；十年，康熙東巡至奉天（今瀋陽），親自召見因劾奏三桂而被流徙尚陽堡的郝浴。郝浴向皇帝「具陳始末」，康熙聽後為之動容，「慰勞良久」，對他們寄予深切的同情與關懷。之後不久，又有南明遺臣查如龍竄至雲南，煽動吳三桂反叛朝廷，此人於事洩之後被處死。從此朝廷對吳三桂的懷疑更深，三藩必撤之勢已成，只待有利時機。

康熙十二年三月十二日，年已七旬的平南王尚可喜疏請歸老遼東，並請以子尚之信襲爵，留鎮廣東。康熙覺得撤藩的機會來了，遂令議政王大臣會同戶部、兵部以及吏部「確議具奏」。吏部以「藩王見存，子無移襲之例」駁回襲爵之請；議政王大臣會議又以「尚之信仍帶領官兵居住粵東，則是父子分離，而藩下官兵父子兄弟宗族亦至分離」為由，做出「既議遷移，似應將該藩家屬兵丁均行議遷」的議處，康熙立即批准撤藩之議。

該年七月初三，平西王吳三桂為窺清廷意向疏請撤藩。同年七月初九，靖南王耿精忠疏請撤藩，議政王大臣遵旨會議，做出「應將王本身並標下十五佐領官兵家口均行遷移」的決定。八月初六，議政王大臣在對吳三桂疏請撤藩一事會議時，康熙做出「著王率領所屬官兵家口，俱行遷移前來」的決斷。

八月十五日，清廷派遣禮部侍郎折爾肯、翰林院學士傅達理前往雲南經辦撤藩事宜，遣戶部尚書梁清標前往廣東、吏部侍郎陳一炳前往福建辦理撤藩事宜，於是三藩並撤。不久三藩公開反叛，正式起兵對抗清朝政府，三藩之亂歷時八年才被平定。這次平叛戰爭的勝利，清除了地方割據勢力，避免了一次國家大分裂，有利於多民族統一國家的鞏固和發展。同時中央集權制力量得到加強，提高了抗禦外敵的能力。康熙在平叛戰爭結束後，沒收藩產入宮充當軍餉，撤藩回京師。除吳三桂部調往邊區站臺服役外，其餘各部重新編入八旗。福州、廣州、荊州派八旗兵駐防，廣西、雲南派綠營兵鎮守，徹底消除了藩鎮制。這次平叛戰爭的勝利還意味著受「三藩」割據之害民眾的解放，給這些地區社會經濟的恢復和發展提供了必要的條件，從而有利於邊疆和內地經濟、文化的交流。

在這次戰爭中，康熙玄燁表現了傑出的政治、軍事才能，他指揮有方、處置得當、臨危不躁，謹慎地對待戰局的變化，不急於求成也不放過良好的進攻時機。對待將領的態度是不論親疏貴賤一律賞罰嚴明，因而最終取得了戰爭的勝利。

03 拉攏漢族士人，開考「博學鴻詞」

能在馬背上打江山，卻不能在馬背上治國。要想得到不同民族的擁護，必須了解他們的心思、考慮他們的需要、滿足他們的利益訴求。得了人心才好治國，家族的統治才能長久。

隨著邊疆及全國形勢的逐步穩定，康熙帝覺得確實應該喘口氣了。可是他心中明白要在戰場上以武力征服頑敵並不是難事，對他這樣一個被漢人視為滿洲夷人的帝王來說，化解民族歧視、緩和滿漢之間的矛盾，使漢人心服才是艱難的事。

康熙對此一直用盡心機，但仍時時感到滿漢之間的隔閡未徹底消弭。既然是征服者，當然要保證滿族享有統治民族的特權。但如果對漢人歧視太甚，即使他們不公開反抗也會心懷不滿，只有漢族人口百分之一的滿族就會像坐在火山口上難以自安，更不要說達到天下大治了。他之所以事無巨細地親自過問，凡事謹慎小心，不能不說與這一點有關。消弭種族矛盾始終是康熙即位後急於解決的問題，而康熙帝也為此付出了艱苦的努力並取得了明顯的成效。

順治年間，由於對漢族官員的歧視，同一官職的朝官，滿官品級卻高於漢官。如滿洲大學士、尚書、左都御史等官居一品，而漢大學士只有五品，而其他職務也都是滿員高於漢員。這種明顯的歧視，不僅不能調動漢官的積極性，反倒使他們感到恥辱，使本來就難以誠心辦事的情形更加複雜，有些漢官不過是混日子，三心二意地應付局面。康熙帝親掌政務後，立即下令將滿漢官員品級劃一，儘管實際上在每個衙門中仍是滿官作主，但起碼在形式上一致起來了。就在康熙帝親政前夕，他又下令「各省督撫，不論滿洲、漢軍、漢人，應簡選賢能推用。至於提督總兵官係防守地方，亦應不論滿洲、漢軍、漢人，簡選賢能推用」。此旨一下，才逐漸改變了清初地方官總督、巡撫多用滿人的局面，但是仍以任用旗人（滿、漢軍）為多，當然這不完全是民族歧視的結果。天下初定，民族矛盾尖銳，用滿人可以放心，但對協調緩和民族關係不利，用漢人又難以擔當責任，所以在相當長的時間內，主要使用的是漢軍旗人。不過既然康熙帝明確表示「不問滿漢，但選賢能」，對緩和對立情緒還是起到很大作用的。

同時，康熙帝又採取了另一項對漢族士大夫的招撫攻心之策。本來滿族一入關就恢復了科舉取士制度，企圖對漢族士大夫誘之以功名利祿。儘管隨著清朝的統治逐漸鞏固，有一些士大夫和年輕的讀書人相繼通過考試步入仕途，但一些名望很高的知識分子因仇恨清朝而遁跡民間。這些人往往享一方名望，具有號召作用，他們非位不與清朝合作，還著書立說鼓動復明之志、謾罵清朝之非，顯然是新王朝的潛在威脅。因此在順治年間便多次派人到民間徵訪遺賢，又讓地方官將所管範圍內的隱逸賢良徵召為官，甚至下令：「凡山林隱匿，有志進取者，一體收編。如有抗節不到，終身不得予試。」可這些人中的大多數不是我行我素，便是託詞拒絕不為所動，甚至還寫詩諷刺那些應召者是變節辱身、硯顏利祿。

康熙帝清楚地知道對立情緒會隨著大規模戰爭的結束而逐漸緩和，因此繼續徵召無疑是消除仇恨、表示誠意的合適辦法。康熙九年，康熙帝以「孝康皇后升柑禮成」為詞，頒詔天下，「命有司舉才品優長」，對不自願出來為官的遺老舉為「山林隱遺」之士，徵聘到京以便任用。但仍不見明顯效果，寧波故明翰林院編修葛世振、關中名儒李顒見有徵召之旨，竟稱病堅決不就。幾年後三藩之亂爆發，康熙帝雖然忙於戰事，但卻沒有忘記收服人心的大計。當康熙十七年三藩被先後分化，在平亂轉機已顯的關鍵時刻，一道諭旨由京城發往全國各地，一場大規模搜訪薦舉人才的運動隨著諭旨到處開展，在不長的時間內即有一百七十餘人的名單上報朝廷。這一次，康熙帝成功了。

應該說，即使是三藩之亂的衝擊仍無法撼動清朝三十餘年的統治，反清復明的前景也已無望，因為人們早已被戰亂折騰得筋疲力盡，新一代出生並成長起來的人很難再有更多對「異族」的仇恨。這一切是康熙帝施展策略的客觀有利條件。仍然有一些氣節堅勁、聲望素著的大儒不肯就範。如顧炎武，當時已經六十五歲高齡，當復舉詔書到日他當即表示寧死不從，如定要相逼就只有一死，弄到最後地方官也無可奈何。大儒傅山都已經被抬到京城，卻大哭大鬧地抵死不肯入城，最後也總算被免徵。

康熙帝要好好利用這一機會，表現自己的寬宏大量以及誠意。儘管南方戰火正熾，然而銀裝素裹的京城還是一派平靜安寧，宮廷中又顯現出數年少見的安詳。十一月，各地被薦名士陸續抵達。康熙帝倒不急於開考這場被命名為「博學鴻詞」的特科，他發下旨意說：冬季白天時間太短不利於答卷，難以顯示各學人的才華，可將考期後延，待來年春暖再行安排。同時命令主管部門——禮部妥善安置應試者的食宿，每月每人發給白銀三兩、白米三斗，不使各位有饑寒交迫的憂慮。

康熙十八年（一六七九年）三月初一日，春風和煦、陽光普照，康熙帝一早排駕到堂子致祭，回宮登上太和殿。在一片禮樂和傳呼聲中，應試者排隊進入太和門，齊集太和殿前對皇帝行三跪九叩首禮，然後被引導至右側的體仁閣下依次就座準備應試。只見大學士捧來試題，試題是《璿璣玉衡賦》《省耕詩•五言排律二十韻》。上午十時，大學士向與試者宣布康熙帝降旨賜宴體仁閣。從來會試、殿試、館試、狀元、庶吉士都不賜宴，現在破例是皇上非常禮遇重視之意，然後由大學士、掌院學士等官員陪宴、賜茶。席間還向應試者透露說：本來大家都是因很有才學被薦舉不必考試的，但考試更能顯示才學，這是皇帝敬重的意思。

吃飽喝足之後，考試才正式開始。應試者心中都清楚這場考試不過只是走走形式，試題如此簡單，要求又這樣寬鬆，根本就不像是考試。幾個小時後吏部將考卷收齊後，這場張羅半年的「博學鴻詞」科便結束了。

次日，康熙帝在朝官和侍衛的簇擁下，帶著試卷一路由京城南行，沿路春風楊柳萬千條，田野中麥浪滾滾，白溝河水蜿蜒南流，他的心情好不輕鬆。在河北定興附近的十里鋪村一連住了五天，然後到保定，十四日返回京城。十幾天中他看過了試卷，大致說來還算滿意，便與閱卷官大學士李霨、杜立德、馮溥和翰林院掌院學士葉方藹等共同商量必須錄取哪些特別有名氣和影響力的人。本著這一原則，最後取中一等彭孫通等十二人、二等李來泰等三十名。其中朱彝尊、潘耒等人甚至詩句不通、不合韻；毛奇齡詩中甚至有違礙字樣；而嚴澠、孫竟藉口眼睛不好，只寫了一首《省耕詩》，結果也一樣被錄取，全部被授給翰林之職。其中朱彝尊、潘耒、李因篤等人從未進過官場，康熙帝都特加優待，授為翰林院檢討。儘管授官後，其中個別人心中還是不快，覺得這種「變節」行為有負為士名節，如李因篤授官之後不久，便數請「終養」，康熙帝也並未過分勉強，還是讓他回家奉養老母了。這種對遺民的寬忍重用，對緩解朝野的對立情緒起了重大作用。康熙帝收服人心之策初步取得了成功。

其實康熙帝早在舉「博學鴻詞」之前，便注意到開科舉、設特科、召山林隱逸這些辦法還是有局限性。注重對讀書人的召用，固然可以發揮廣泛影響，但不可忽視漢族地主有財勢者和科舉落第者也在很大程度上影響著人心向背。因此三藩之亂發生不久後的康熙十三年（一六七四年），康熙帝又下令實施捐納制度，當時清廷確實財政緊張、兵費支絀，此舉正好一舉兩得。准許那些名落孫山、入仕無路又總想為官揚名的落魄士人和地主，出錢即可捐得知府、知州、知縣或者監生、生員出身。以此吸引他們為朝廷出謀劃策，可減少他們參與叛亂，既穩定地方又可擴大清王朝的統治基礎。這一辦法果然取得成效，江南大批家有餘資的地主文士每年都有相當多的人捐官、捐出身。僅蘇州府屬長洲和吳縣在三藩之亂平定前三年，便有八百餘人捐了文武生員，而全國在三年之中竟有五百餘人捐為知縣，佔全部知縣的三分之一。清政府每年捐納收入，竟高達二百多萬兩銀子，這不僅大大地緩解了軍費的緊張，也對平定三藩之亂起到重大作用。就當時收買人心的實際作用來說，甚至較「博學鴻詞」科影響範圍更寬廣。

雖然康熙皇帝很年輕，但從這些政策的制定和實施足以看出他的成熟和老練。當其初步目的達到後，他心中也很清楚捐納歷來不是用人的好辦法。那些花錢買官的人是不會白下本錢的，他們中的很多人一旦上任，便會不顧廉恥地貪佔搜刮、苛虐百姓，長此以往只會敗壞官風使社會穩定難求。因此當全國逐漸穩定後，他多次下令禁止捐納，指出那不過是一時權宜之計。不過他萬萬沒有想到的是在他奠定的統治基礎上，其後代子孫把這一弊政「發揚光大」，當成祖制而一再實行，最後使清朝的官場變成了市場，嚴重地損害和瓦解了清王朝的基礎。

錄取博學鴻詞者，全都參加修編《明史》。康熙帝的寬和、容忍與安撫政策確實使漢族士大夫及在野的遺民感到很大的安慰。大儒士顧炎武曾九死一生地走南闖北聯絡抗清，他雖然堅決拒絕與清朝合作，但晚年在給在朝為高官的外甥徐乾學等的信中透露出關心朝廷政治的問題。黃宗羲不僅讓兒子入史館修史，還多次在自己的著述中讚譽康熙帝為「聖天子」，甚至希望「同學之士，共起講堂，以贊右文之治」。在明史開館後的十數年間，儘管康熙帝不可能完全化解滿漢矛盾，但自清朝開國以來嚴重的反抗已經不可能再發生了，思想對立也極大地緩和下來。一些入仕為官者在康熙帝的禮遇下，不僅盡心盡力地為政治出謀劃策，而且都對康熙帝

04 平定明鄭，收復臺灣

作為一個多民族的國家，由哪個民族來統治並非首要，最重要的是讓老百姓能過上安穩的日子。鄭氏家族作為明朝殘餘勢力的代表，一直在為推翻愛新覺羅的統治而鬥爭，然而天下大勢已定，鄭家的反抗終以投降而告終。

鄭成功，乳名福松，原名森，字名儼，號大木。祖先來自光州固始縣（今河南省潢川縣），而後遷至福建，再至廣東潮州，最後定居於泉州南安縣。其父親鄭芝龍因來往於中日之間經商成為巨賈，而後與平戶侯之家臣田川某之女結婚，並於一六二四年（明天啟四年）七月十四日（陽曆八月二十七日）生鄭成功於日本平戶千里濱。

鄭成功於一六三一年與母親及幼弟被接回福建泉州府安平（今福建晉江縣安海鎮）。那時的明王朝已是奄奄一息，崇禎皇帝於一六四四年自盡，明朝宗室迅即在南京擁立福王即位成為弘光皇帝。可是，鄭芝龍所支持的南京政權抵擋不住清軍攻勢，僅維持一年而亡。鄭氏又在翌年一六四五年於福州擁立唐王為隆武帝。此時已廿一歲的鄭森去拜謁隆武帝，皇帝授言：朕以無女可賜妻與你為憾，應勿忘朕、盡忠義。並賜給明王朝的國姓朱，名字也改為成功，這就是國姓爺鄭成功的由來。

一六四六年八月，清朝將隆武帝捕擄，以授官職為條件促鄭芝龍投降。雖經鄭成功反對，鄭芝龍還是於同年十一月答應投降。但是清王朝背信反將鄭芝龍送往北京幽禁，其妻田川氏則受清軍凌辱而自盡。獲知此噩耗，鄭成功在孔子廟前燒燼象徵士大夫的儒巾及儒服，立誓曰：「即日起，決心不做讀書人，要做一個軍人，為君國及父母報仇。」知隆武帝死亡的訊息，逃亡在廣東肇慶的桂王於一六四七年即位，並改國號為永曆。身為明王朝最後一位皇帝的永曆帝，被清軍追擊輾轉各地，一六五三年封鄭成功為延平郡王。永曆帝於一六六一年亡故，明王朝壽終正寢。之後鄭成功及其族人仍繼續崇奉明朝的正朔永曆而不變，表示不承認異族滿清，立志「反清復明」。後來鄭成功顛覆荷蘭在臺灣的統治並遷移臺灣，目的是為實現復興明王朝的計畫，結果給臺灣帶來新的命運轉機。

鄭成功轉戰中國各地但是徒勞無功，於一六六一年年被迫陷入固守廈門、金門兩島的窘況。此時臺灣的荷蘭聯合東印度公司通事何斌避債逃到廈門，對鄭成功陳述臺灣土地豐饒，勸其進攻並獻上海圖。鄭成功將金門及廈門的守備交託長男鄭經，以何斌為嚮導親自率領四百餘船隻及兩萬五千名將兵，同年四月首先佔領澎湖島，繼而將目標指向臺灣。對荷蘭人抱著憤懣，尤其是郭懷一事件後敵愾心加深的臺灣移民，對鄭成功的軍隊表示歡迎。鄭成功迴避面臨海峽的熱蘭遮城（**安平古堡**），襲擊防備薄弱的普羅民遮（**赤崁樓**）城而輕易得手。鄭軍更進一步包圍熱蘭遮城，因而荷蘭人籠城固守等待巴達維亞援軍。臺灣長官一方面向巴達維亞求援，另一方面要求原住民支援。但是由巴達維亞派來的援軍錯失時機，而原住民的支援在到達以前便被殲滅，結果荷蘭於一六六二年二月向鄭成功投降，撤退至巴達維亞。由此荷蘭在臺灣長達三十八年的殖民侵略統治宣告結束。

鄭成功到臺灣未滿一年，反清復明的壯志未酬便於一六六二年五月結束了充滿波折的生涯，享年三十九歲。獲悉鄭成功死訊後，在廈門的鄭經立即趕往臺灣。鄭經在臺灣完成繼承安排後又回到廈門，但遭到清朝和荷蘭軍隊的聯合攻擊，於一六六四年一月帶領約七千名將兵及其家屬遷臺，這是鄭氏一族所代表的反清復明勢力的總撤退。

鄭氏一族遷移臺灣以後，清朝政府立刻對臺灣實施封鎖，即所謂遷界、海禁政策。遷界是把廣東、福建、浙江、江蘇、山東等東南沿海五省的居民從沿岸往內陸遷移三十里，中間不但不准居住或農耕，連進入也被禁止；海禁則是禁止漁船或商船的出入港規定。但是此封鎖政策，反而使得走私猖獗，促進了臺灣海上貿易的發展，使臺灣成為走私貿易的一大據點，貿易的利益因而大增。而且飽受封鎖政策之苦的中國沿海，尤其是福建、廣東的居民紛紛遷臺定居，成為臺灣人口急遽增加的原因。隨著人口增加，臺灣的開發逐步有了進展。北部的淡水、基隆，還有桃園、新竹、大甲、苗栗、鹿港、彰化、北港、斗六、嘉義、新營、左營、鳳山、高雄、恆春等中央山脈西側一一被開拓，耕地面積也大幅度地擴大起來。糧食生產顯著地增加，不但使臺灣居民糧食能自給自足，而且也確保了鄭氏政權對清朝作戰必需的兵糧充足有餘。一方面開發，另一方面鄭氏政權為籌措財源不遺餘力地向臺灣住民徵稅，其苛酷比較荷蘭統治時代實有過之而無不及。

清朝於康熙二十年（一六八一年）平定了三藩之亂，中國大陸基本統一，臺灣繼續孤懸海外，不利於多民族封建專制主義中央集權國家的鞏固。因此平定臺灣勢在必行。

康熙二十年，鄭經暴死，其長子鄭克壓繼位。不久，鄭經部將馮錫範等殺死鄭克壓，鄭經年僅十二歲的次子鄭克塽即位，襲延平王，仍奉南明為正統。此時，鄭氏集團內部發生了長幼爭立的內訌，政治日趨腐敗。再加上隨著中國的統一，「反清復明」的口號已經失去了號召力，大陸士兵紛紛思歸，鄭氏集團內部分崩離析人心惶惶，繼續割據的局面已經很難維持。

但清廷內部在是否武力平定臺灣問題上頗有分歧。一部分大臣認為天下初定，「凡事不宜開端，當以清靜為主」，主張緩征臺灣。福建地方的水師提督萬正色也上奏認為「臺灣斷不可取」，福建海防長官寧海將軍喇哈達等也持反對態度。許多大臣「咸謂海洋險遠，風濤莫測，長驅制勝，難計萬全」，力主放棄武力征討。一部分大臣還對康熙帝重用鄭氏集團降將施琅不滿，認為如果派施琅出征，「去必叛」。內閣大學士李光地、福建總督姚啟聖、福建巡撫吳興祚等力主乘機攻取臺灣。康熙帝在經過一段猶豫之後最後下決心攻取臺灣，以「底定海疆」，實現其一統海內的宏圖。康熙二十年（一六八一年）六月，他發布詔令：「鄭錦（經）既伏冥誅，賊中必乖離擾亂，宜乘機規定澎湖、臺灣。」並令總督姚啟聖、巡撫吳興祚、提督諸邁、萬正色等，與將軍喇哈達、侍郎吳努春「同心合志，將綠旗舟師分領前進，務期剿撫並用，底定海疆，毋誤事機」。

康熙二十年，一方面福建水師提督萬正色不主張攻取臺灣，另一方面內閣大學士李光地、福建總督姚啟聖等極力保薦施琅，認為「他是海上（**指鄭氏**）世仇，其心可保，又熟習海上情形。其人還有謀略，為海上所畏」。因此康熙帝決定再度起用施琅為福建水師提督作為攻臺主帥，委以「獨任專征」大權到福建統領軍隊進取臺灣。施琅到福建後，迅速組織起一支由原鄭氏降兵及福建新練水師為主的水軍，這支軍隊既熟悉海情，又有多年海上作戰經驗，同時又配備有高大堅固的精良大炮、行駛迅捷的戰船，只待選擇戰機渡海作戰。臺灣海峽儘管寬只二三百里，但風大浪惡，氣候變化無常，渡海作戰仍有不少困難。施琅充分估計到各方面的困難，並從困難條件出發制定作戰方案：第一，以攻取澎湖作為第一個戰略目標，先取澎湖「以扼其吭」。澎湖既可作為清軍可進可退的基地，又可控制制海權，封鎖鄭軍的通道。第二，選擇西南風始發季節作為渡海進兵的戰機，一改過去東北風盛行時渡海的傳統打法。這樣既能出其不意，又使水軍能拋泊海上，選擇準確的進攻機會。第三，兵分三路，東西兩翼配合，集中優勢兵力於中路，與敵軍主力決戰。

康熙二十二年（一六八三年）六月十四日，施琅率領戰船三百餘艘，水師兩萬餘人，自銅山出洋。第二天上午，戰船即陸續到達澎湖外海。十六日曾發生小規模海戰，雙方各有損傷。二十二日清軍分三路出擊與鄭軍決戰，施琅親率主力擔任中路主攻。清軍利用「風利舟快，瞬息飛駛，居上風上流之勢，壓攻擠擊」，經過七八個小時激戰大敗鄭軍，僅劉國軒率所剩幾隻小舟逃回臺灣。澎湖為臺灣門戶，一旦失守臺灣即失去了屏障。施琅派員到臺灣勸降劉國軒，劉國軒見大勢已去，於是派兵監視鄭氏統治集團，鄭克塽、馮錫範只得上表求降，八月清軍勝利進駐臺灣。由於鄭氏集團政治腐敗，清軍至臺灣時，「百姓壺漿相繼於路，海兵皆預製清朝旗號以迎王師」。

清廷儘管攻取了臺灣，但在臺灣問題的處理上朝野之間存在分歧，康熙帝亦處於動搖猶豫之中。朝廷和閩浙地方的不少官員主張放棄臺灣，守澎湖。施琅力排眾議，主張堅守臺灣。他認為臺灣是「江、浙、閩、粵四省之左護」，在國防上有重要戰略意義，而且「野沃土膏，物產利溥」，經濟上亦大有開發的前途。特別是他很有遠見地意識到若棄而不守，西方殖民主義者必利用臺灣，「竊窺邊場，逼近門庭，乃種禍後來，沿海諸省斷難晏然」，遺患後世。因此從這個角度來說，施琅認為臺灣「即為不毛荒壤，必借內地挽轉運輸，亦斷斷乎其不可棄」。施琅懇切陳辭，闡述利害，得到大學士李蔚、工部侍郎蘇拜、都察院左御史趙麟等人的贊同和支持，於是康熙帝始決定堅守臺灣，在臺灣設臺灣府，下轄臺灣、諸羅、鳳山三縣，隸屬福建省。臺灣、廈門合派一道官管轄，並派兵八千人駐防，設總兵一員，副將二員，澎湖亦派副將一員統兵兩千人駐防。於是臺灣歸於清王朝中央政府的管轄。

05
抗擊沙俄，奠定帝國東北版圖

對外戰爭是國與國之間的較量，而隱藏在背後的則是統治著國家的大家族之間的利益紛爭。面對外敵的入侵，愛新覺羅家族勵精圖治堅決地予以反擊。既維護了國家的利益，也維護了家族的利益。

滿族統一東北後，沙俄侵略者在短短五十餘年的時間內便掃過西伯利亞平原，行程六千公里，於皇太極改國號為大清的崇德元年抵達了太平洋沿岸。在清軍進入山海關前半年（一六四三年十月），俄軍文書官瓦西里・波亞爾科夫帶著九十名哥薩克武裝翻越外興安嶺闖入黑龍江流域的中國領土。

由於那時清朝正全力以赴向南鎮壓漢族各階層的反抗，沙俄侵略者便利用清政府無力北顧的機會在黑龍江上大肆搶劫。在康熙帝出生前後的十數年間，清朝駐守在寧古塔的駐軍數次與居住在黑龍江中下游及松花江下游的各族人民協同進行反擊沉重地打擊了侵略者。到康熙帝即位時，除黑龍江上游的尼布楚等少數據點外，黑龍江流域其他地區的俄軍據點已全部被攻克。

康熙四年冬，俄軍重佔中國領土雅克薩，自貝加爾湖南下侵入中國喀爾喀蒙古地區，並建立楚庫柏興和尼布楚等據點。康熙帝剛剛親政就傳來更令人氣憤的消息：在沙俄煽動下，索倫部酋長根特木爾背叛朝廷逃奔尼布楚，這使邊疆問題更加嚴重起來。

康熙繼位之後，俄國侵略軍繼續向中國邊境竄擾。康熙四年（一六六五年），俄國向中國進行了新的侵略擴張活動。一是南下侵佔喀爾喀蒙古管轄的楚庫柏興；一是東進，再次竄犯雅克薩。而且俄國侵略軍逐漸改變了入侵方式。十七世紀五〇年代，俄軍在黑龍江上做長距離的流竄、騷擾。這次新進攻開始後，俄侵略軍為避免孤軍深入，轉而採取建立侵略據點、逐漸推進的方式。除尼布楚、雅克薩、楚庫柏興三個最重要的據點外，他們還在黑龍江中下游地區建立了一些較小的侵略據點。他們修築工事，鞏固堡壘；開闢道路，保持和後方聯絡暢通；從據點派兵四處推進，再建新據點。他們以據點為掩護，不斷搶掠索倫、赫哲、費雅喀、奇勒爾等各族人民的財物和人口，「構亂不休」，「子女參貂，搶據殆盡」。雖然中國軍民拼力抗擊，但未能最後阻止俄軍的侵略活動。十七世紀六〇年代以後，俄侵略軍從貝加爾湖到黑龍江流域建立了它的殖民統治。

康熙親政後，面對著的正是這樣一種被動局面，他深深地意識到這是一大禍患。此患不除，邊疆不固，祖宗發祥地不安，而且侵略強盜得寸進尺，如不加制止後果將不堪設想。東北地區是清朝的老基地，向來關內有事都從關外調兵。若危機不解除，便很難發揮這種機動作用，因此康熙把抗擊俄國列為本朝大事。

康熙帝在加強了對中原地區的統治之後，為了保衛邊疆不受外來侵犯決定出兵反擊，採取堅決的自衛措施以徹底清除這夥沙俄侵略者。康熙帝奉行的方針是軍事鬥爭、外交談判和充實邊防三者並舉。他總結了中國軍民三十多年來和俄國侵略者進行鬥爭的經驗，制訂了周密的計畫，進行了細緻的準備工作。一六八二年四月，康熙帝到盛京（今瀋陽）謁陵後，由撫順、興京、哈達城（今西豐），出柳條邊，五月到船廠（今吉林市），航行於松花江上，親身視察邊防情況。九月，康熙帝派副都統郎談、一等公彭春率領幾百人，以捕鹿為名到雅克薩附近偵察地理形勢和水陸交通。一六八三年一月，郎談等回到北京報告，認為要攻取俄羅斯並不難，只要發兵三千人就足夠了，並建議立即行動。康熙帝沒有同意這種單純從軍事上考慮的意見，認為必須做更充分的準備，先在黑龍江和呼瑪爾兩地建城駐兵，儲存糧食、修造船隻、籌畫屯田，開闢驛路以求戰而能勝、勝而能守。

一六八三年夏天，康熙帝下令設立黑龍江將軍，由副都統薩布素擔任，駐守璦琿（今愛輝），並先後三次調兵三千人進駐保衛黑龍江流域，準備剿滅入侵的沙俄侵略者。

清軍在做好軍事進攻的同時，為了爭取和平解決雅克薩問題，曾多次派人送信給盤踞在雅克薩的沙俄侵略者，要求他們撤離中國領土退回到俄國境內，不許擾害中國居民，否則大軍進剿。但侵略成性的沙俄侵略者對中國的警告置若罔聞，反而招募新兵增強雅克薩的兵力，並任命有作戰經驗的軍役貴族托爾布津為阿爾巴津督軍到雅克薩指揮作戰。

康熙帝在對沙俄侵略軍進行警告和勸說多次無效之後，決定出兵剿滅這夥侵略者。在清軍的猛烈攻擊下，俄軍頭目托爾布津豎起了降旗。清軍接受了俄軍的投降，並對他們採取寬大態度，准許七百多名俄國人撤出雅克薩，經額爾古納河返回俄國，另有巴什里等四十五名俄兵要求留在中國。隨後清軍回到璦琿。

托爾布津從雅克薩退到尼布楚，但侵略中國的野心不死仍想捲土重來。這時由彼頓率領的六百名援軍到達尼布楚，俄軍的力量增加了。同時他們打聽到清軍戰勝後已全部撤回璦琿，並沒有在雅克薩留兵駐守。因此托爾布津和彼頓立即率軍重新佔據雅克薩，並全力構築城堡工事、籌集糧草，妄圖負隅頑抗。

俄軍再次侵佔雅克薩，清政府不得不又一次出兵。一六八六年三月，康熙帝下令：今俄軍復回雅克薩築城盤踞，若不速行撲剿，勢必積糧堅守，圖之不易。令將軍薩布素等率所部兩千人，攻取雅克薩城。七月，薩布素奉命率所部兩千餘人及福建藤牌兵四百人進抵雅克薩，隨即圍城進攻。經過兩個多月的攻城和圍困，俄軍損失慘重。九月底，俄國頭目托爾布津被擊斃，城中俄軍大多戰死或病死，八百多俄軍最後只剩六十六人，糧食彈藥也消耗殆盡，困守雅克薩的俄軍只有徒手被擒。

康熙帝為了徹底解決沙俄侵略黑龍江流域的問題，以求得邊界上穩定的和平，多次寫信給沙皇譴責俄國對中國的侵略，要求他撤回侵略軍並派使議界。一六八六年九月，清政府又委託從北京回國的荷蘭使臣賓顯巴志帶信給俄國沙皇，建議兩國休兵並舉行談判，共同議定邊界。

一六八六年十一月，正當雅克薩圍城指日可下的時候，一批俄國信使由文紐科夫和法沃羅夫率領從莫斯科來到了北京，遞交沙皇要求解除雅克薩的包圍和派使臣戈洛溫來華議定邊界的信件。康熙帝同意了俄國沙皇的請求，下令停止戰鬥，解除對雅克薩的包圍並實現單方面撤軍。十一月底，清軍停止進攻。一六八七年五月，清軍撤離雅克薩返回璦琿，等待俄國使團的到來。持續兩年多的雅克薩戰爭到此結束。

一六八六年冬，雅克薩停戰後中俄兩國立即準備派使談判，劃分中俄東段邊界。

當時沙俄在西方同波蘭爭奪烏克蘭進行了多年戰爭，和土耳其、瑞典的關係也很緊張，同時國內人民不斷起義，由於兵疲財乏再沒有力量派兵到遠離歐洲的黑龍江流域大規模作戰。沙俄政府為了緩和遠東方面的緊張局勢，決定暫時避免和中國發生武裝衝突，設法和中國建立貿易關係以謀取商業利益。

這時的清政府也不願大量用兵對外作戰，不主張單純用武力解決俄國入侵黑龍江流域的問題。因為清政府在和俄國長期交涉的過程中逐漸意識到沒有強大的武裝、不建立鞏固的邊防、不經過激烈的戰爭，不可能勸說俄國放棄侵略撤出中國領土。同時清政府也懂得了中俄兩國都是封建大國，不可能用軍事力量壓服彼此，只能通過和平談判商定兩國都可以接受的邊界線，才能有邊境上的安定保持長期的和平。正是鑑於這一認識，即使在雅克薩戰爭期間清政府也沒有放棄和平解決沙俄入侵的爭端問題。康熙帝就曾多次寫信給沙皇，一面譴責俄國對中國的侵略，一面建議他們撤軍談判。因此一經沙皇要求停戰談判，清政府就立即下令停止對雅克薩的進攻，並於一六八七年單方面撤離雅克薩，等待俄國使團到來。

沙俄雖然提出談判解決黑龍江流域問題，但並不想輕易放棄侵佔這一地區。一六八六年一月，沙皇決定派御前大臣費奧多爾‧戈洛溫出使中國談判邊界問題。沙皇在發給戈洛溫的訓令中指出：一、俄中兩國應力爭以黑龍江為界；如果中方不同意，則爭取以牛滿河（今俄羅斯境內布列亞河）、精奇里江（今俄羅斯境內結雅河）及其以西的黑龍江為界；如中方再不同意，則爭取以雅克薩為界，俄國人得在黑龍江、牛滿河、精奇里江漁獵。二、如中方不接受上述劃界方案，則俄國使臣應爭取締結臨時停戰協定，然後做好準備進行戰爭。同時又指出，為了達到這一目的，大使應不惜贈送任何禮物向中國使臣行賄。這一訓令表明，當時俄國政府的基本方針是企圖通過外交談判取得黑龍江以北的全部或一部分中國領土；如果在談判桌上達不到目的，就準備再次訴諸武力以求一逞。

清政府對黑龍江流域的主權觀念極為明確。一六八八年，清朝康熙帝任命侍衛內大臣索額圖為大臣，全權與俄使議界。康熙帝指出，俄羅斯佔據的尼布楚是中國茂明安部游牧的地方，雅克薩是中國達斡爾族居住的土地，因此尼布楚、雅克薩、黑龍江流域和通此江的一河一溪全是中國的領土，不可稍棄之於俄羅斯。如果俄國同意這些條件就和它劃定疆界准許通使貿易。否則你等即還，不便與它議和。這個方針的基本點，就是要求收回包括尼布楚在內的被沙俄侵佔的中國黑龍江流域的廣大領土，雙方在平等的基礎上議定中俄邊界，並建立正常的外交和通商關係。

中俄兩國經準備後，商定於一六八八年在色楞格進行談判。這年五月三十日，中國使團從北京啟程去色楞格，七月下旬行抵克魯倫河附近，因準噶爾部進犯喀爾喀蒙古，道路阻隔無法通行，索額圖使團不得不返回北京。又和俄國代表擬定會談改為一六八九年在尼布楚舉行。

在此期間，俄國政府考慮到了當時的形勢，感到堅持吞併黑龍江流域必然會遭到中國政府的拒絕。為了避免衝突，並爭取與中國達成貿易協定，打算在中國堅持收復黑龍江時暫時放棄對黑龍江流域的侵略。沙皇於一六八九年初訓令戈洛溫，讓他在中國堅持要俄國交出雅克薩時，毀掉那裡的城防，並撤退俄國居民。但為了給俄國以後侵佔黑龍江流域留有餘地，讓戈洛溫要求中國也不許在雅克薩設防。

清政府為了能夠早日和平解決黑龍江流域的問題打算做出更大的讓步。一六八九年六月，中國使臣索額圖去尼布楚會談前，上奏康熙帝準備按原議以尼布楚為界。康熙帝認為，以尼布楚為界俄羅斯派使貿易會沒有棲託的地方，勢難相通。他指示初議可以提出以尼布楚為界，如果俄使不同意時可以額爾古納河為界。於是中俄兩國的主張逐步接近，為尼布楚會談達成協議奠定了基礎。

一六八九年六月十三日，清朝使團自北京啟程，出古北口北行，七月三十一日到達尼布楚，在石勒喀河南岸紮營。使團成員有：領侍衛內大臣索額圖、都統一等公佟國綱、都統郎談、都統班達爾善、黑龍江將軍薩布素、護軍統領瑪喇、理藩院侍郎溫達，翻譯是耶穌會士法國人張誠（**法國名字讓・弗朗索瓦・熱爾比永**）、葡萄牙人徐日升（**原名托馬斯・佩雷拉**）。

俄國戈洛溫使團一六八六年二月從莫斯科出發，一六八七年九月到達貝加爾湖東岸，在那裡停留了兩年之久，一六八九年八月十九日才到達尼布楚。使團成員有：御前大臣戈洛溫、伊拉托木斯克總督符拉索夫、秘書科爾尼茨基。

雙方於八月二十二日開始正式會談。談判一開始，俄方代表就提出兩國以黑龍江至海為界，左岸屬俄國，右岸屬中國，妄圖在談判桌上取得它用武力未能得到的黑龍江以北的大片領土。這一蠻橫無理的領土要求，當即被中方代表嚴詞拒絕。索額圖明確闡述黑龍江屬地是中國的領土，提出兩國應以鄂嫩河、尼布楚一帶劃界。雙方辯論了一天沒有任何結果。八月二十三日，中俄雙方使臣舉行第二次談判。俄方開始仍堅持原方案，中方堅決拒絕。雙方各不相讓，談判呈破裂狀態。戈洛溫見第一方案行不通，便稍微降低要價，企圖以牛滿河或精奇里江為界。索額圖抱著早日締約劃界的願望，一方面明確表示不同意俄方的第二方案，另一方面則主動做出讓步，表示可以把尼布楚讓給俄國。俄方對中方的這一讓步仍不滿足。

從八月二十四日開始到九月六日的半個月中，兩國使臣一直沒有會談，但雙方通過譯員繼續進行商談。在多次協商過程中，中方代表據理駁斥了俄國代表的無理要求，並做了一定的讓步。俄國代表在中國代表的堅持下也表示不再堅持佔據黑龍江，雙方意見漸趨一致。自八月二十二日兩國全權使臣舉行首次會議以來，雙方往返交涉達十六天之久，終於在一切重大問題上全面達成協議。九月七日（清康熙二十八年七月二十四日），中俄兩國簽訂了第一個邊界條約——《中俄尼布楚條約》，條約共六款，明確規定中俄兩國東段邊界以外興安嶺（**即斯塔諾夫山脈**）至海、格爾必齊河和額爾古納河為界，凡嶺南一帶土地和流入黑龍江的河川，全屬中國；以北一帶土地及河流，全屬俄國。

烏第河流域劃為待議地區，留待以後再議。俄國事實上承認侵略中國黑龍江地區為非法，同意把侵入這一地區的沙俄軍隊全部撤回國。沙俄通過《尼布楚條約》，把中國方面讓予的貝加爾湖以東尼布楚一帶地方納入它的版圖，並獲得重大的通商利益。中國政府做了讓步，條約的簽訂使東北邊疆獲得了比較長久的安寧。在以後的一百五十多年間，兩國按照這一條約管理邊界，使黑龍江流域在此期間沒有發生過重大的邊界衝突。

06 平定準噶爾叛亂，維護王朝一統

準噶爾叛亂是分裂國家的行為，也是對愛新覺羅家族統治的挑釁。對於這種挑釁，最好的辦法就是在戰爭中將對方置於死地以維護天朝大國的尊嚴。

明末清初，中國北方的蒙古族分為三大部：在今內蒙古地區的是漠南蒙古，在原外蒙古一帶的是漠北喀爾喀蒙古，游牧於天山以北一帶的是漠西厄魯特蒙古。厄魯特又稱衛拉特，分為四部，即和碩特（游牧於今新疆烏魯木齊地區）、準噶爾（游牧於今伊黎河流域）、土爾扈特（游牧於今新疆塔城地區）、杜爾伯特（游牧於今額爾濟斯河流域）。其中準噶爾部的勢力最強，先後兼併了土爾扈特部及和碩部的牧地，迫使土爾扈特人轉牧於額濟勒河（今伏爾加河）流域，和碩特人遷居青海。到噶爾丹執政時，在吞併了新疆境內的杜爾伯特和原隸屬於土爾扈特的輝特部後，開始進佔青海的和碩特部，又攻佔了南疆維吾爾族聚居的諸城。隨著準噶爾勢力範圍的不斷擴大，噶爾丹分裂割據的野心愈益膨脹。

沙俄政府在雅克薩失敗以後並不甘心，就在尼布楚條約簽訂的第二年唆使準噶爾部的首領噶爾丹進攻漠北蒙古。

噶爾丹野心勃勃，先兼併了漠西蒙古的其他部落，又向東進攻漠北蒙古。漠北蒙古抵抗一陣失敗了，幾十萬的漠北蒙古人逃到漠南請求清朝政府給予保護。康熙帝派使者面見噶爾丹，要求他把侵佔的地方還給漠北蒙古。噶爾丹十分驕橫，自以為有沙俄撐腰不但不肯退兵，還以追擊漠北蒙古為名大舉進犯漠南。

康熙帝召集大臣會議宣布決定親征噶爾丹。他認為噶爾丹氣勢洶洶、野心不小，既然打過來就非反擊不可。西元一六九〇年，康熙帝分兵兩路：左路由撫遠大將軍福全率領，出古北口；右路由安北大將軍常寧率領，出喜峰口，康熙帝親自帶兵在後面指揮。

右路清軍最先接觸噶爾丹軍打了敗仗，噶爾丹長驅直入一直打到距離北京只有七百里的烏蘭布通（今內蒙古昭烏達盟克什克騰旗）。噶爾丹得意洋洋地派使者向清軍要求交出他們的仇人。

康熙帝命令福全反擊。噶爾丹把幾萬騎兵集中在大紅山下，後面有樹林掩護，前面又有河流阻擋。他把上萬隻駱駝縛住四腳躺在地上，駝背上加上箱子並用濕氈毯裹住，擺成長長的一個駝城。叛軍就在那箱垛中間射箭放槍，阻止清軍進攻。

清軍用火炮火槍對準駝城的一段集中轟擊，駝城被打開了一道缺口。清軍的步兵、騎兵一起衝殺過去，福全又派兵繞到山後夾擊把叛軍殺得七零八落，丟了營寨紛紛逃走。

噶爾丹一看形勢對自己不利，趕快派了一個喇嘛到清營求和。福全一面停止追擊，一面派人向康熙帝請示。康熙帝下令說：「快進軍追擊！別中了賊人的詭計。」果然，噶爾丹求和只是緩兵之計，等清軍奉命追擊的時候，噶爾丹已經帶了殘兵敗將逃到漠北去了。

噶爾丹回到漠北，表面上向清朝政府表示屈服，暗地裡卻重新招兵買馬。西元一六九四年，康熙帝約噶爾丹會見，訂立盟約。噶爾丹不但不來，還暗地派人到漠南煽動叛亂。他揚言已經向沙俄政府借到鳥槍兵六萬將大舉進攻，內蒙古各部親王紛紛向康熙帝告發求援。

西元一六九六年，康熙帝第二次親征，分三路出擊：黑龍江將軍薩布素從東路進兵；大將軍費揚古率陝西、甘肅的兵從西路出兵，截擊噶爾丹的後路；康熙帝親自帶中路軍，從獨石口出發。三路大軍約定時間對噶爾丹進行夾攻。

康熙帝的中路軍到了科圖遇到了敵軍前鋒，但東西兩路還沒有到達。這時有人說沙俄將要出兵幫助噶爾丹，隨行的一些大臣就有點恐懼力勸康熙帝班師回京。康熙帝氣憤地說：「我這次出征還沒有見到叛賊就退兵，怎麼向天下人交代？再說，我中路一退，叛軍全力對付西路，西路不是很危險了嗎？」

康熙帝當下就決定繼續進兵克魯倫河，並且派使者去見噶爾丹告訴他康熙帝親征的消息。噶爾丹在山頭一望，看到康熙帝黃旗飄揚、軍容整齊就連夜拔營撤退。康熙帝一面派兵追擊，一面急忙通知西路軍大將費揚古在半路上截擊。

噶爾丹帶兵奔走了五天五夜，到了昭莫多（在今蒙古人民共和國烏蘭巴托東南）正好遇到費揚古軍。昭莫多原是一片大樹林，前面有一個開闊地帶歷來是漠北的戰場。費揚古按照康熙帝的部署，在小山樹林茂密的地方設下埋伏，先派先鋒四百人誘戰，邊戰邊退把叛軍引到預先埋伏的地方。清軍先下馬布戰，聽到號角聲起就一躍上馬佔據了山頂。叛軍向山頂進攻，清軍從山頂放箭發槍，展開了一場激戰。費揚古又派出一隊人馬在山下襲擊叛軍輜重，前後夾擊。叛軍死的死，降的降，最後噶爾丹只帶了幾十名騎兵脫逃。

經過兩次大戰，噶爾丹叛亂集團土崩瓦解，康熙帝要噶爾丹投降，但是噶爾丹繼續頑抗。隔了一年，康熙帝又帶兵渡過黃河親征。這時候，噶爾丹原來的根據地伊犁已經被他侄兒策妄阿拉布坦佔領，他的左右親信聽說清軍來到也紛紛投降做了清軍的嚮導。噶爾丹在走投無路的情況之下服毒自殺，至此清政府終於平定了沙俄支持下的噶爾丹叛亂。

從此以後，清政府重新控制了阿爾泰山以東的漠北蒙古，並給當地蒙古貴族各種封號和官職，又在烏里雅蘇台設立將軍，統轄漠北蒙古。

07 多子非福，精心選擇皇位繼承人

權力的交接向來都是歷朝歷代的大事，也是一件讓統治者頭疼的事。對最高權力的迷戀會讓人失去理智，忘記父子兄弟的情分。如果選擇的繼承人是個低能兒，這不僅會讓祖宗蒙羞，更有可能危及家族的統治。康熙能夠在眾多的兒子當中選出雍正，從後來的情況來看可謂是慧眼獨具，從此愛新覺羅家族的統治逐步走向了黃金時代。

康熙一生共有三十五個兒子，長大成人者過半。皇二子允礽為孝誠皇后所生，因其出生後母親即逝去，格外得到康熙的寵愛，未滿兩歲便被康熙立為皇太子。這位皇太子在康熙的精心栽培下能文能武，既兼通滿漢文字、熟讀詩書，又嫻熟騎射武藝，唯獨缺乏些「心繫天下，純孝仁慈」的胸懷抱負，並且性格暴戾無常、行為不夠檢點。另外，長期的儲君地位在他周圍形成了與封建絕對專制的皇權對立的「第二權力」中心，父子之間的矛盾日益尖銳。在種種劣跡被康熙發覺後，康熙忍無可忍於四十七年廢掉了允礽。廢儲君事件如同一枝火把，點燃起了康熙眾多皇子搶奪儲位的戰火。

皇長子允禔因係庶出，未被立為太子。見太子被廢以為時機已到，慫恿康熙殺掉允礽，遭到康熙的斥責。後來，皇三子允祉揭發允禔請喇嘛用巫術鎮壓太子致使太子精神失常，康熙極為震怒斥責允禔為「亂臣賊子」。允禔因此被康熙囚禁，被排除出爭儲局外。皇八子允禩才具優長，在諸皇子中屬於佼佼者，又能交結朝中大臣，且心有主見，所望甚高。在康熙徵求大臣立新儲意見時，允禩苦心經營拉攏兄弟和朝臣。在王公大臣們心中的「威望」本是允禩的優點，但因過於急躁外露，且與皇權會有矛盾衝突而引起了康熙的疑忌。康熙大罵允禩，亦將其囚禁。

第一次廢除太子後，皇四子胤禛得到了康熙的讚賞。反對太子的皇三子允祉揭發允禔因而被康熙認為心術不正，皇長子允禔慫恿康熙殺掉允礽被康熙斥為亂臣賊子，皇八子允禩積極策劃儲位被康熙罵為「妄蓄大志」時，只有皇四子胤禛一方面在康熙前替太子開脫，另一方面體察康熙的內心苦楚，以孝誠之心寬慰了康熙。

允禔、允祉、允禩的所作所為使康熙對廢太子之事頗覺後悔，終於在太子被廢三個月後，藉允祉揭發皇長子用妖術鎮壓以致太子行為不正常為由，於康熙四十八年復立允礽為太子。太子復立後未改前愆，終被康熙於五十一年第二次廢除。此後康熙心力交瘁，一直到死未再立太子，而爭奪儲君的鬥爭卻越演越烈。

康熙晚年，皇十四子允禵成了皇位繼承的最大可能者，十四子與皇四子胤禛同母，但卻與皇八子允禩交好。他既是一員「良將」，有「帶兵才能」（康熙語），又聰明絕頂、「才德雙全」（允禩語）。恰逢康熙五十七年（一七一八年）準噶爾進兵侵擾西藏，三十一歲的十四子被任命為撫遠大將軍，主持西北軍務。此次任命使朝廷大臣及外省都撫都認定十四子乃康熙晚年屬命之人。

康熙晚年由於太子廢立而引起的皇子奪嫡之爭，由開始的各樹黨羽、招羅大臣，至此已演變成兩大集團之間的爭奪。皇八子、皇九子（允禟）、皇十子（允䄉）、皇十四子是最有希望的一個集團。另一集團則有皇四子胤禛與皇十三子（允祥），似乎勢單力孤，但皇四子的韜略顯然優於前一集團，其爭奪皇位的計畫一直都在暗中進行著。

康熙六十一年十一月十三日（一七二二年），康熙病逝於北京西郊暢春園。死前傳位於四皇子胤禛，即後來的雍正皇帝。雍正繼承父業有所成就，作為康熙的繼承人可以說是當之無愧的。

胤禛最終繼承了皇位，改元雍正。胤禛誠信佛教、工於心計、性格剛毅、處事果斷，在位期間嚴整吏治、清查虧空，並對滿清的賦役進行大刀闊斧的改革。雖在位僅十三年，但他勵精圖治、力求改革、整頓吏治、清理錢糧、攤丁入地、擴大墾田、火耗歸公、以銀養廉、創設軍機處，革除旗主、平定青海、安定西藏、改土歸流，這些措施促進了生產發展使經濟繁榮、國庫充盈、政局穩定、邊疆鞏固，為乾隆創建「大清全盛之勢」提供了極為有利的條件。

第五章 雍正 鐵腕帝王 一代名君

雍正是清朝歷史上一位能幹的皇帝，他勤政務實的十三年統治，使「康乾盛世」得以維持和發展。

雍正即位之初的清皇朝實際上已浮現官僚組織膨大腐敗，以及農民生活水準低落的危機。由於雍正即位時正處於精神與人格上的成熟階段（四十五歲），因此得以精準地分析問題並有魄力做出應對。他的改革同時包含了力行整頓以及和現實的妥協（如火耗歸公與養廉銀），使清朝得以建立起一套繼續運行百年以上仍大致有效的統治體制，而未淪為「立國百年而亡」的異族王朝，仍應歸功於雍正一朝的改革。

01 迎難而上，鐵心反腐敗

腐敗是每一個朝代都存在的毒瘤，它不斷地腐蝕著國家的肌體，動搖著家族統治的秩序。明太祖可謂是歷代皇帝中反腐最狠的一個，動不動就梟首剝皮。而雍正帝也不遑多讓，被貪官們稱為「抄家皇帝」。雍正的鐵腕治腐帶來的是良好的吏治風氣和民心歸附，鞏固了愛新覺羅家族的統治。

康熙在位時間長達六十一年，在他統治後期十分欣賞漢文帝施惠於民和不擾民的治國方針，於是晚年的康熙不免有利澤天下以求博得為政寬仁美名的想法。

但社會的發展不容於個人的美好想法，一味地寬容對於社會並沒有多大的好處，因而在康熙末年形成了很多社會積弊：

社會吏治日益鬆弛，官吏貪污成風；在不借白不借的心理支配之下，朝廷高官們、皇子們大肆地從國庫中借支，造成國家錢糧空虛、國庫告急；地方紳衿魚肉百姓，貧者愈貧，富者愈富。從戰略角度考慮，若國家再有大災難或者是邊疆告急引發戰爭的話，按照康熙末年的財政狀況必然捉襟見肘，國庫空虛到無銀用兵、賑災的地步。用雍正的話來形容那就是「關係非淺」，後果十分嚴重。

「新官上任三把火」。雍正上臺伊始，第一招就是向吏治開刀，因為吏治腐敗是康熙晚年最大的弊政之一，而清查虧空正是整頓吏治的最好突破口。全國大小官吏對於新君還十分陌生，雍正除了隆科多、年羹堯等幾個可信任的人之外無所依靠。正好可以通過清查虧空這場運動撒下大網，借勢觀人、激濁揚清、殺一儆百，也就是說通過這場運動可以光明正大地打擊異己勢力、樹立威權。康熙末年的儲位之爭十分激烈，雍正的登基即位又是詭秘難辨以致人心不服、基礎不穩。雍正發動清查，正可以藉機名正言順地打擊諸王的朋黨勢力，鞏固自己的地位和權力。

清查虧空的第三個好處是有助於摸清家底，真正掌握財政狀況。雍正是勵精圖治之主，想做的事情很多，青海正在打仗，異己還沒有全剷除。但做大事要花大錢，只有摸清家底、改善財政才能心裡不慌。

儘管雍正未必懂得「從數字上管理國家」的道理，但他知道「一旦地方有事，急需開支，拿什麼去應付」的道理。明主治吏不治民，從貪官污吏身上要錢，不但不會引起民怨，還能博得好名聲。清查虧空這一招，真乃「一舉三得」之良策。

雍正在清查虧空的過程當中，不時派遣特派員來解決一些棘手問題。特派官員異地清查虧空情況，讓他們互相監督，這是雍正慣於使用的一招狠棋。

雍正五年，福建布政使沈延玉報告福建省的倉穀出現虧空。雍正認為一定是巡撫毛文銓瞞上欺下所導致，馬上特派廣東巡撫楊文乾和許容為欽差大臣前往清查。

上次清查江西錢糧，雍正調動了大批候補官員，讓他們隨時待命。這次清查福建的倉穀虧空與候補官員調動同時進行，首先是輿論的準備。

因為清查馬上就要進行，有些貪官們可能已聽到風聲，會臨時借調有錢人家的糧食來充實庫存。雍正發布上諭告誡福建的老百姓：如果你們把糧食出借給他們，那出借的糧食就可能變成為官府所有了，發覺後也不再歸還。

上諭還說：我已經挑選了一批候補府州縣官員隨同欽差一起到福建，如果「現任府州縣內之錢糧稍有不清者，即令更換」。這種破釜沉舟的姿態，表明了雍正徹底清查的決心。

地方的清查虧空責任由總督巡撫負責，時限三年。京城乃盤根錯節之地，清查工作就更難展開，因此更需注重清查技巧、加大清查力度。

雍正元年（一七二三年）正月十四日，雍正下令設立了一個獨立的清查機構——會考府，主要稽查核實中央各部院的錢糧奏銷（**就是各省每年將錢糧徵收解撥的實數報部奏聞**）工作。

本來各部院的收入支出、錢糧運用都是由各部院自行奏銷，官員營私舞弊的現象十分多，因此帳目混亂。

為了從制度上阻絕這個漏洞，雍正規定會考府負責稽查審計各部的收支。凡是錢糧的奏銷，不管出自哪個部門都應該由新設立的會考府清釐「出入之數」，於是就把奏銷大權由原先的各部院收歸中央。這樣一來，官員即使想做手腳也不容易了，政府也有希望能把奏銷這個大洞補上。

為了提高會考府的權力，雍正委任他的兄弟怡親王允祥、舅舅隆科多、大學士白潢、尚書朱軾四人共同負責，並諭令允祥說：你如果不能清查，我會再派大臣；大臣再不能幹，我會親自出馬。由此可見雍正的決心。

會考府成立了兩年多，辦理了各部院奏銷事件五百五十餘件，其中被駁回的就有九十六件，成效顯著。清查中即使關係到貴族和高級官僚也不寬貸，這一次清查虧空的行動有一大批達官顯貴、王公貴族被牽連進去。比如雍正的十二弟履郡王允祹因為曾主管過內務府事務，在追索虧空時被迫將家中的器物當街變賣。

讓前任官僚們把口中的肉吐出來，這在中國歷史上極為少見。虧空一旦被清查出來，贓官就被革職拘禁。雍正迫使他們吐出贓銀，保證如數歸還國庫，通常的手段之一就是嚴厲抄家。雍正元年八月，通政司右通政錢以塏提出一套查抄補追的方法，主要原則是：凡虧空官員被查驗核實之後，一方面嚴格搜查原任官單位，一方面發文件給他原籍的地方官命令當地查封其家產，控制其家人。而後再追索變賣財物，杜絕贓銀有轉移藏匿的可能。

此項建議馬上得到了雍正的贊同，並明確表示：查沒來的財產將用於公事及查沒中的有功人員。抄家之風使大小官員心驚肉跳，有人悄悄地送了雍正一個外號：抄家皇帝。把貪官及其家屬「捆綁」起來查沒，用株連的辦法來對付貪官，這正是雍正被貪官們憎恨的理由，也是雍正懲治貪污成果顯著的重要原因。

歷史傳說中加給雍正狠毒的罵名大多由此而來。據說當時官員們在一起打牌時，把其中的私牌也戲稱為「抄家私」，可見雍正反腐敗是雷厲風行的。

02 掃除執政障礙，辣手除兄弟

對權力的爭奪時刻都在進行著，有權力的想鞏固權力，沒權力的想奪取權力，這種情況在統治家族內部最為明顯。同是「龍種」，對權力的覬覦之心是可想而知的。雍正的龍兄龍弟既多，有能力的又不少，他們的存在對於龍椅上的雍正來說就是一種潛在的威脅，而最好的應對辦法就是冷血地加以清除。赤裸裸的血腥，時刻印證著家族內部權力爭鬥的殘酷。

雍正即位前，居藩王多年，據記載他「一切外間人情物理，無不通徹；天下利弊，如指諸掌」。為了在他父皇康熙統治的基礎上繼續有所前進，他獨攬全國大權，事必躬親、日夜勤政、崇尚儉樸、舉拔賢才、整肅吏治，革除弊政，希望能達到自己治政的目的。這就需要權力更加集中，能了解和指揮從中央到地方的一切，因此他絕不容許任何有損於皇帝的威嚴和集權的宗派分裂活動。任何權臣不管地位多高、功勞再大，若為非作歹，與他分庭抗禮，必然遭到雍正的打擊。這就是雍正初年嚴厲鎮壓允禩、允禟朋黨勢力和徹底清除年羹堯、隆科多權臣勢力的歷史背景。

雍正即位後，威脅他統治地位的首先是來自皇室內部長期和他爭奪帝位的諸兄弟及其朋黨集團。這個朋黨勢力的為首人就是康熙的皇八子、被雍正晉封為廉親王、總理事務大臣的允禩，以及允禩的親信、康熙的皇九子允禟。雍正對允禩等人採取欲擒故縱、分化瓦解、羅織罪行、圈禁處死的辦法，將他們一一處治並大造朋黨危害的輿論，有力地打擊了不利於他加強專制皇權的朋黨活動，收到了很大的成效。雍正接受康熙遺詔登皇帝位的時候，他的很多位兄弟並沒有誠心誠意接受他的皇權統治，他與兄弟間的矛盾便在新的條件下積蓄發展。

允禩雖然在康熙晚年遭到了嚴厲斥責並被圈禁過，康熙對他十分不信任。但他有才能，在諸王大臣中影響非常大，是威脅雍正帝位的最關鍵人物。他與允禟、允䄉、鄂倫岱、阿靈阿等結黨成派，康熙在世時一再地遭到嚴斥，但阿靈阿認為允禩的年庚與前代帝王相同，有當君主的福分，所以允禩對登皇位仍然抱著很大的希望。康熙崩逝後，雍正突然登位大出允禩所料。雍正還出人意料地給允禩封官晉級，封為總理事務大臣、廉親王，兼管理藩院、上駟院，後來兼管工部等事務。

另外，雍正還賜允禩之子弘旺以貝勒的爵銜。允禩一黨也都得到加官晉爵，如佛格被任命為刑部尚書，阿靈阿之子阿爾松阿也被任用為刑部尚書，佟吉圖被提為山東按察使，蘇努晉爵為貝勒等。雍正這樣做並非真的想重用允禩，而是一種深謀遠慮的鬥爭手段。雍正登位時皇位還不鞏固，他的很多兄弟對他的皇位抱著懷疑、憤怒、反抗的態度。考慮到允禩才能出眾、勢力最大，是反對派的首領，雍正故意給允禩及其同黨加官晉爵，目的是要分化瓦解反對派，使他們不可能集合在允禩的門下來反對皇帝。允禩是總理事務四大臣中之第一大臣，處於代表皇帝發表詔旨、處理政事的地位。如果允禩繼續進行非法的活動，雍正有親信年羹堯、隆科多等執掌著內外軍政大權可以隨時施以打擊。而雍正正是想利用允禩當總理事務大臣工作中的失誤以及非分的活動給他羅織罪名，到時候再置他於死地。對於這一點，允禩當然是心知肚明的。

允禟是允禩最重要的親信，才能不高。康熙過去曾批准他沒收了權臣明珠家族的數百萬家產，他的太監何玉柱被派去關東私挖人參販賣，又在天津開木行，他的家財是允禩集團進行活動的重要經濟來源。他支持允禩、允禵的奪位活動，也有當皇帝的想法。他勾結了西洋人穆景遠為其出謀劃策，甚至還叫穆景遠去拉攏四川巡撫年羹堯。允禟自以為有天命在身，常對穆景遠講「我和八爺、十四爺三個人裡頭有一個會被立為皇太子」。

雍正的登位使允禟大失所望，不滿的情緒和對雍正抗拒的不禮貌態度比允禩更為明顯。雍正知道允禟鬧不出什麼事情來便對他採取了打擊的辦法。諭令將允禟的太監李盡忠發往雲南極邊當苦差，太監何玉柱發往三姓（今黑龍江省依蘭縣）給窮披甲人❶為奴，允禟母親的太監張起用發往土兒魯耕種，家產都予籍沒，如不願去即命自盡；又逮捕允禟一派的官員秦道然，雖查清他的家產不到一萬兩銀子，卻要追究十萬兩以充軍餉。為了切斷允禟與允禩、允禵的聯繫

❶披甲人：多指受降後披甲上陣為統領部族征戰討伐的人，地位低於一般軍人，高於奴隸。

使他們彼此孤立起來，雍正在召回允禟後命他立即前往西寧，名為軍中需人實是充軍發配。允禟要求過了父皇的百日忌辰再走，後來又推託說送了陵寢再啟程，雍正迫令他速行，於是允禟在雍正元年到了西大通（今青海大通縣東南），雍正指示年羹堯加派兵丁監視。允禟到青海後一再要求回京，雍正不予理睬。允禟對於被流放、監禁十分不滿，他只好採取秘密的方式進行對外聯絡。他私下與允禩、允禵通密信聯絡情況，並相約閱後即行銷毀；將家財數百萬兩帶往西寧，購買物件聽人索價，「圖買人心」；把字紙「縫於騾夫衣襪之內，傳遞往來」；在西寧時「於所居後牆，潛開窗戶，密與穆景遠往來計議」；將資財藏匿穆景遠處，令其覓人開鋪，京人信息從鋪中密送等。允禟的這些秘密活動，對他爭奪帝位無用卻足以作為被懲治的證據。

康熙晚年最有可能與雍正爭位的是允禵，他本是胤禛的同母弟，但兩人卻勢不兩立成為對頭冤家。允禵倚仗父皇晚年對他的信任而自命不凡，唯恐自己離京師太遠資訊不靈便和允禩、允禟密切勾結。他對允禟說：「皇父年高，好好歹歹，你須時常給我信兒。」在允禵出任撫遠大將軍時，允禩、允禟就支持他出面來奪位，當面祝他「早成大功，得立為皇太子」。允禵在西北招賢納士、網羅黨羽，做好了登基當皇帝的打算。康熙崩逝後，允禵奉雍正的命令於十二月十七日回京。他赴康熙靈柩前哭拜時，雍正也在那裡。他見到雍正當了皇帝憤慨萬分，遠遠地勉強給自己的哥哥叩了頭，但不向新皇帝表示祝賀。雍正不得不遷就他走到他面前，他還不移動身子，侍衛蒙古人拉錫連忙拉他向前。雍正指責他「氣傲心高」削去了他的王爵，決心打擊他的氣焰。於元年（一七二三年）春送康熙靈柩去遵化縣景陵後，命允禵看守景陵，實際上是把他看管起來，並枷殺了允禩的一批家臣。

此外，雍正之兄允祉以學問文才見長。在康熙晚年的爭位鬥爭中，允祉比較穩重，活動不明顯。在允禔、允礽被廢、被禁後，他年齡最大又和胤禛一起被封親王爵位，經常代表康熙參加各種祭祀和政治活動。允祉負責編修圖書，編成了《律曆淵源》《古今圖書集成》等書，因此在允祉周圍聚集了一批著名的學者而受到康熙的賞識。康熙再次廢允礽後，允祉在弟兄中以年長居首，也「以儲君自命」。當隆科多在康熙崩逝後向雍正宣布遺詔時，允祉第一個向新君表示祝賀，沒有表示出抗拒不滿的態度，但雍正認為允祉在文人學士中影響太大也必須瓦解其勢力。他詔責在編纂算學各書中做出重要貢獻的陳夢雷「不思改過，招搖無疑，不法甚多」，將他的兒子發派邊遠地區，但刑部尚書陶賴、張廷樞執行諭旨不堅決，把陳夢雷的兩個兒子釋放了，雍正把他們降職。雍正採取打擊允祉下屬的辦法，拆散、限制了允祉勢力的發展。

雍正對其十弟允䄉也進行打擊。雍正元年（一七二三年）蒙古喇嘛教首領哲布尊丹巴呼圖克圖抵京師拜謁康熙靈堂，不幸病死在京，雍正命允䄉護送靈龕還喀爾喀，並讓允䄉齎印冊賜奠。允䄉不願離京，行到張家口後找藉口不肯再走，就在張家口住了下來。雍正叫身為總理大臣的允禩議處，允禩建議促令允䄉繼續前進，處罰隨行而不行諫阻的長史額爾金。雍正對允禩不建議處分允䄉不滿，讓允禩再議。允禩只得請求革去允䄉的郡王爵位並將其囚禁，於是雍正便把允䄉革爵禁錮起來，還沒收家產金銀六十多萬兩。

雍正仍繼續禁錮早已被廢黜的允礽和被圈禁的允禔。雍正二年（一七二四年）、十二年

（一七三四年），允礽、允禔先後死於禁所。

雍正的十三弟允祥是雍正最親密的助手，雍正的第十七弟允禮曾被認為參加過允禩一黨而被罰守陵寢。後來允祥奏稱允禮「居心端方，乃忠君親上深明大義之人」而極力保舉，於是雍正封允禮為果郡王，後又晉封為果親王，先後主管工部、戶部三庫等事務，受到雍正的寵信而成為和允祥一樣的權大勢重的貴族。雍正崩逝時，允禮被授命為顧命大臣之一。

雍正登位初年，依當時的實際情況對有一定政治勢力的眾多的兄弟運用了或信任依靠、或暫時利用、或排斥限制、或嚴重打擊等各種不同的手段以鞏固自己的統治地位，加強自己的皇權勢力，分化瓦解反對他的勢力。他的政治手段是成功的。

從雍正所定允禩四十條罪行、允禟二十八條罪行、允禵十四條罪行來看，其中半數左右均是康熙時期的作為；至於雍正登位後的作為則都不是十分嚴重的罪行，很多是雍正故意捏造而成的。既然他們的許多表現康熙在世時就已知道，但康熙並沒有將他們囚禁和處死，而他們在雍正登位後也沒有公開結黨奪取帝位，並未構成對雍正皇權的威脅。雍正要消除這些勢力只需要用削爵降官或免為庶人就可以達到其目的，而雍正卻運用手段將凡是同他爭過皇位的所有兄弟及支持他們的大臣置之死地而後快，這充分暴露了雍正性格上「喜怒不定」、殘忍凶狠的特徵。

03 鞏固皇權，翻臉無情除親信

在統治階級內部由於各種各樣的利益會分化出各個不同的小集團代表著不同的利益訴求，這些小集團的存在對統治者是一種潛在的威脅。所以當某個小集團的勢力過於膨脹而影響到統治者的權威時，它的壽命也就到達了終點。

年羹堯、隆科多一直是雍正奪取皇位和鞏固皇權的得力支持者，但是因為他們居功自傲、擅權亂政，同樣嚴重威脅了皇權的鞏固。於是雍正在嚴厲打擊允禩等朋黨集團的同時，年羹堯、隆科多的權臣勢力也完全被消滅。

年羹堯，字亮工，號雙峰，漢軍鑲黃旗人，生年不詳（一說生於康熙十八年，即一六七九年）。其父年遐齡官至工部侍郎、湖北巡撫，其兄年希堯亦曾任工部侍郎。他的妹妹是胤禛的側福晉，雍正即位後封為貴妃。年羹堯的妻子是宗室輔國公蘇燕之女。所以年家可謂是地位顯貴的皇親國戚、官宦之家。

雖然年羹堯建功沙場以武功著稱，但他自幼讀書頗有才識，康熙三十九年（一七〇〇年）

中進士，不久授職翰林院檢討。翰林院號稱「玉堂清望之地」，庶吉士和院中各官一向由漢族士子中的佼佼者充任，年羹堯能夠躋身其中也算是非同凡響了。康熙四十八年（一七〇九年），年羹堯遷內閣學士，不久升任四川巡撫成為封疆大吏。據清人蕭奭所著的《永憲錄》記載，這時的年羹堯還不到三十歲。對於康熙的賞識和破格提拔，年羹堯感激涕零，在奏摺中表示自己「以一介庸愚，三世受恩」，一定要「竭力圖報」。到任之後很快就熟悉了四川通省的大概情形，提出了很多興利除弊的措施，且拒收節禮帶頭做出表率，「甘心淡泊，以絕徇庇」。康熙對他在四川的作為非常讚賞並寄予厚望，希望他「始終固守，做一好官」。

年羹堯沒有辜負康熙帝的厚望，在擊敗準噶爾部首領策妄阿拉布坦入侵西藏的戰爭中，為保障清軍的後勤供給再次顯示出卓越才幹。康熙五十七年（一七一八年），康熙帝授年羹堯為四川總督，兼管巡撫事，統領軍政和民事。康熙六十年（一七二一年），年羹堯進京入覲，康熙御賜弓矢，並升為川陝總督，成為西陲的重臣要員。這年九月，青海郭羅克地方叛亂，在正面進攻的同時，年羹堯利用當地部落土司之間的矛盾，輔之以「以番攻番」之策，迅速地平定了這場叛亂。康熙六十一年十一月，撫遠大將軍、貝子允禵被召回京，年羹堯受命與管理撫遠大將軍印務的延信共同執掌軍務。

雍正即位之後年羹堯更是備受倚重，和隆科多並稱雍正的左膀右臂。他是胤禛的親娘舅，在胤禛繼位前已為他效力多年，二人的親密程度自不必多言。雍正元年（一七二三年）五月，雍正發出上諭：「若有調遣軍兵、動用糧餉之處，著邊防辦餉大臣及川陝、雲南督撫提鎮等，俱照年羹堯辦理。」於是年羹堯遂總攬西部一切事務，成為雍正在西陲前線的親信代理人，權勢地位實際上在撫遠大將軍延信和其他總督之上。雍正還告誡雲、貴、川的地方官員要秉命於年羹堯。同年十月，青海發生羅卜藏丹津叛亂。青海局勢頓時大亂，西陲再起戰火。雍正命年羹堯接任撫遠大將軍，駐西寧坐鎮指揮平叛。

雍正二年初，到了戰爭的最後階段，年羹堯下令諸將「分道深入，搗其巢穴」。各路兵馬遂頂風冒雪晝夜兼進，迅猛地橫掃敵軍殘部。在這突如其來的猛攻讓叛軍魂飛膽喪，毫無抵抗之力，立時土崩瓦解。羅卜藏丹津僅率兩百餘人倉皇出逃，清軍追擊至烏蘭伯克地方擒獲羅卜藏丹津之母和另一叛軍頭目吹拉克諾木齊，盡獲其人畜部眾。羅卜藏丹津因為化裝成婦人得以逃脫，投奔策妄阿拉布坦。這次戰役歷時短短十五天，大軍縱橫千里以迅雷不及掩耳之勢橫掃敵營，大獲全勝。「年大將軍」的威名也從此震懾西陲，享譽朝野。

平定青海戰事的成功令雍正喜出望外，遂予以年羹堯破格恩賞。在此之前年羹堯因為平定西藏和平定郭羅克之亂的軍功，已經先後受封三等公和二等公，此次又以籌劃周詳、出奇制勝的戰功晉升為一等公。此外再賞給一子爵，由其子年斌承襲；其父年遐齡則被封為一等公，外加太傅銜。此時的年羹堯威鎮西北，又可參與雲南政務，成為雍正在外省的主要心腹大臣。

隆科多，滿洲鑲黃旗人，其父為一等公佟國維，其妹為康熙的孝懿仁皇后。隆科多雖然沒有年羹堯的戰功和軍事才能，但他作為康、雍兩帝的至親國戚，在雍正為藩王時支持雍正謀取儲君地位；康熙崩逝時又是隆科多和諸皇子接受了康熙立雍正為帝的遺詔，「皇考升遐之日，大臣承旨者，唯隆科多一人」。並由隆科多向雍正宣讀遺詔後，雍正才登上皇位，因此隆科多處於受遺詔立新帝的特殊地位。

然而好景不長，雍正對年羹堯的態度發生了變化。雍正二年（一七二四年）冬，即年羹堯第二次進京時，當年十一月十三日，雍正認為年羹堯「倚功造過」，因此他不能「保恩」、「全恩」，將要「返恩為仇」了。從三年（一七二五年）春開始，雍正不斷指責年羹堯的錯誤和罪行，大批調換他屬下的川陝兩省官員，下令臣下揭發年羹堯，年羹堯連續被降官奪爵。當年一月，曾由年羹堯薦拔、深得年的器重的甘肅巡撫胡期恆向雍正劾奏陝西驛道金南瑛，雍正非但不准奏反而指責年、胡大搞朋黨。年羹堯曾奏劾蔡埏逼死屬官，刑部議奏蔡埏罪應斬，但雍正反而接見蔡埏，蔡劾奏年羹堯貪暴，雍正非但不問蔡埏之罪反而用蔡為左都御史。二月，因發生「日月合璧，五星聯珠」的天象，雍正和很多迷信的人都認為這是祥瑞之光。大臣們紛紛上表祝賀，年羹堯在三月所寫的賀表上把稱讚雍正「朝乾夕惕」的話寫成「夕惕朝乾」，而且字跡潦草，雍正認為這是對他的不敬。不久，雍正即「詔責年羹堯未能撫勦青海殘部，倘有一二人逃入準噶爾者，必重罪之」。

當年四月，雍正下令奪去年羹堯的軍權，叫他把撫遠大將軍印交給岳鍾琪暫時代理，去浙江就任杭州將軍。朝廷大臣看到雍正懲處年羹堯的決心已定，紛紛上奏摺揭發年羹堯的罪行。雍正把他們的奏摺一一發給年羹堯觀看，要年回奏。接著雍正嚴懲了年的子弟和心腹，或削籍奪官、或逮捕法辦。同年七月，雍正撤銷年羹堯杭州將軍職務以閒散章京安置杭州，又令地方官員對年羹堯的處理各抒己見，為處死年羹堯製造輿論。於是廣西巡撫李紱、河南巡撫田文鏡等交相上章，要求處死年羹堯。雍正表示接受群臣所請，於九月革除了年羹堯的所有職銜，下令逮捕年羹堯。十一月，年羹堯被裝進囚車送到京師。十二月，議政大臣奉雍正旨意歷數了年羹堯的九十二項罪行，請求立正典刑。這時年羹堯在獄中尚且希望雍正念其青海之功赦免一死，在獄中上書給雍正哀求說：「臣今日一萬分知道自己的罪了。若是主子天恩，憐臣悔罪，求主子饒了臣。臣年紀不老，留作犬馬自效，慢慢地給主子效力。」他叫雍正為「主子」，仍是沿用雍正為親王時在藩邸的舊稱。但雍正不為年的哀求所打動，處死年羹堯的決心已定，認為年的九十二款罪行中應服極刑及立斬的就有三十餘條，但仍表示「開恩」，勒令年羹堯「自裁」。年羹堯接到自殺的命令還遲遲不肯動手，雍正讓年羹堯的死對頭蔡埏監刑。在蔡的催促下，年羹堯自縊而死。年羹堯的父親年遐齡、兄年希堯因未曾參與年羹堯的罪行，被革職而未處刑；年羹堯之子年富被斬首，其他十五歲以上之子發遣廣西、雲南、貴州等邊遠煙瘴之地充軍，嫡親子孫將來長到十五歲時皆次第照例發遣，永不赦回。但到了雍正五年正月，雍正還是赦免了年羹堯戍邊的兒子。

雍正處死年羹堯後，隨後開始消滅隆科多的勢力。隆科多任總理事務大臣並主管吏部，由他經辦的銓選，人們稱之為「佟選」，獨掌了用人大權。隆科多雖然是雍正的心腹，在遺命立詔上起了重大作用，但他深知雍正容不得人，生怕自己的地位不得長久，於是很早就把私產分藏到各親友家和西山寺廟中。雍正知道後覺得他不守人臣大義。隆科多又主動辭去步軍統領一職，雍正即想選用鞏泰來替代他，不讓隆科多再對這一重要職務產生影響。隆科多又常與允禩一黨的人秘密來往，且年羹堯案發後，隆科多為年羹堯的罪行包庇縱容。雍正認為隆科多與年羹堯結黨，還想把允禩黨人網羅進自己的集團。於是雍正在譴責年羹堯的諭旨中，就把隆科多跟年羹堯牽連在一起。三年（一七二五年）六月，雍正處理年羹堯之子年富時，同時撤銷了隆科多次子玉柱的乾清門頭等侍衛、總理侍衛事、鑾儀衛使等職。雍正令吏部議處年羹堯妄參金南瑛之罪，隆科多主持的吏部前後提了兩個處理意見，雍正認為前議處理過輕，後議處理過重，是「舅舅隆科多有意擾亂之故」，令都察院嚴加議處，以致隆科多被削去太保之職，被命往阿蘭善山修城墾地。

年羹堯被處死後，雍正於四年（一七二六年）一月削除了隆科多的職務，但仍命令隆科多先去阿爾泰山議定準噶爾和喀爾喀蒙古游牧地的疆界劃分，後來又派隆科多代表中國政府與俄國使臣會議劃定中俄中段國界。雍正說：「此事隆科多非不能辦者，伊若實心任事，思蓋前衍，朕必寬宥其罪；若心懷叵測，思欲僨事，所定邊界不合機宜，於策妄阿拉布坦、俄羅斯地方生事，朕必將伊治罪。」隆科多認真執行了雍正的使命，為這兩個任務盡責盡力地做出了貢獻。特別是在中俄邊界會談中，隆科多堅持維護中國領土統一和國家主權的嚴正立場，堅決要求俄國歸還它所侵佔的中國蒙古族地區。儘管隆科多「實心任事」，而雍正卻違背諾言，不肯「寬宥其罪」，他清除隆科多的決心已定。正當隆科多為維護國家利益與俄國使臣緊張談判時，雍正以追查隆科多私藏玉牒底本事突然召回隆科多，命策棱等人代替隆科多的職務。策棱等在談判中沒有堅定維護國家利益的立場，連連向俄方讓步，於當年七月簽訂了中俄《布連斯奇條約》。隆科多回京後，諸王大臣議上隆科多罪行四十一款。分析隆科多的四十一款罪行，其擅權、結黨、貪婪之罪確實有之，但遠較年羹堯為輕，雍正要處治他也不過分；但他不像年羹堯那樣肆無忌憚、專橫跋扈，自知收斂退讓，主動辭去了軍職。他在犯罪後處境困難的情況下，還受雍正命令代表國家與俄國使臣談判邊界問題，為維護國家主權和領土完整作貢獻，這是極為難能可貴的。

年、隆結黨又結親，本來是雍正自己拉攏撮合的，打算是要他們兩人成為支持自己統治的主要力量。年羹堯自盡後，隆科多已處於孤立無援的地位，其實已不可能形成對雍正皇權的威脅。如果雍正全面衡量其功過利弊，本來對隆科多處以奪爵降級或免官的處分即可達到目的，但雍正還是在五年（一七二七年）十月，下令把隆科多永遠圈禁在暢春園附近。雍正六年（一七二八年）六月，隆科多死於禁所。

消滅年、隆是皇權和臣權的鬥爭，是專制主義中央集權和地方或大臣分權的鬥爭，也是決心整肅吏治、打擊貪官的雍正和擅權貪贓枉法的壞官之間的一次最大鬥爭。年、隆之死是罪有應得、自取滅亡。雍正瓦解年、隆集團，大大地加強了自己作為唯一主宰朝廷、君臨天下的皇帝控制天下的絕對權力。對於他進一步推行各項改革，整頓官場風氣、澄清吏治，建立絕對服從皇帝的勤於政事、清正廉潔的官僚體制，進一步鞏固封建國家來講是必要的。但在雍正與年、隆的關係中，先則寵之太過、信之太專，不聽其他臣下對他們的揭發意見而造成了年、隆

04 改革賦役，保障國庫收入

經濟的發展左右著國家的發展和家族統治的穩定。國家要有財力來維護整個制度的運轉，家族統治者們也需要金錢來供自己享樂。有錢才好辦事，對個人和國家來說都是一樣的。對於歷朝歷代的統治者們來說，如何保障國家的財政收入、如何獲得更多的經濟利益是一個極重要的課題。

差徭和田賦兩項人民對封建政權的負擔，歷來都是分別被徵收。徭役十分沉重，為無田者所不能承擔，加之紳衿規避丁役使差徭不均，迫使勞動者隱匿人口來逃避差役，使得封建政府的徵徭也無保障。這種徭役制度的不合理性已成為必須解決的社會問題。

明清時期，有的官員針對徭役制的弊病就在自己的控制區進行改革。明末，陝西戶縣實行併丁於糧的辦法，只把丁銀歸入田糧徵收，不再按人丁完納。崇禎八年（一六三五年），漢中府城固縣也實現「丁隨糧行」新法。順治十三年（一六五六年），南鄭縣也曾推行這一方法。

在康熙執政時期，多地農民以運動的方式表達反對以丁派役的訴求。浙江寧波府農民提出

「隨地派丁」的主張，因富豪反對而爭持不下。

在這種情況下，一些官僚較為深刻地認識到丁役問題的嚴重性，主張改變役法。曾王孫提出丁隨糧行可以去「三弊」收「三利」的主張，他說：實行丁差應該要不停地編審，但是也得不到人丁的實情，還是出現老人為丁，強壯為黃小的弊病；人丁本應人死除名，但官吏舞弊使人多之家不任丁役，貧苦人無丁而有丁徭；窮人承擔不起，或逃亡、或拖欠，官府得不到實惠，還害得里甲賠累，官員被懲責。他認為實行丁隨糧辦有三個好處：買田的人增加田賦，隨著增添丁役，則賣田的糧去丁也去，沒有包賠的痛苦；以糧派丁，官吏不能放富差貧，可以澄清吏治；無稅糧的人口不再受丁銀的拖累而逃亡，可以安心在鄉從業。

學官盛楓明確提出丁課均人田稅的意見，他說：把一縣的丁銀平均分攤到全縣田畝中，每一畝所增加的有限，不是大毛病，而貧民則免除供輸，會使國課有保障，官員考成無問題，這是「窮變通久之道」。

反對丁隨糧辦的官僚也很多。邱家穗講出兩條理由：一是丁併於糧，將使遊手之人無所管羈；二是窮人富人都是人，都應有役，併丁入糧使貧者躲過，讓富人代賠他們的丁銀也不公平。他站在富人的立場，堅持丁、糧分擔。

康熙實行滋生人丁永不加賦的政策以後，丁役的問題更突出了。康熙宣布以康熙五十年（一七一一年）的人丁數為基準徵收丁銀，以後不管增添多少人丁也只收那些丁銀，不再加稅。這項政策在中國賦役史上具有重要意義，它把人口稅固定下來，對於後世日益增加的人丁減少了丁銀負擔量，有利於勞動力的增值。但是原來丁糧分徵，丁役不均的積弊依然沒變，而且還出現了徵收方法上的新問題。人口總在不斷變化，有的戶有死亡，有的戶有增添。這項政策實行後，怎樣在具體的民戶中開除舊的丁銀額、增添新的丁銀額就不如以前那樣簡單了。死亡和新增人丁數目絕不會相等，往往新增的多，這就不能用某一個新丁替代已死人丁的差徭。不僅這樣，由於人丁的增多，原有人丁的負擔也要相對減少，這就需要重新計算每一個人的丁銀量，還需要隨著人丁的變化相應計算，而這不是一件容易辦到的事情。所以隨同滋生人丁永不加賦政策的實行，應該尋求落實人丁丁銀的具體辦法。

御史董之燧在五十二年（一七一三年）就敏銳地察覺到這個問題，從而建議把丁銀總數統計明白，平均攤入田畝中按畝徵收。戶部討論了他的建議，認為那樣會改變丁糧分別徵收的老辦法，由於變化很大不能實行，但是他提出的問題又不能不處理，就讓廣東和四川兩省試行。因此四川實行「以糧載丁」的辦法，於徵糧賦中帶收丁銀，廣東丁銀按地畝分攤。

即使如此，持反對意見的人仍很多，福州人李光地可算是代表了。該地官員議論實行按田派丁，李極不支持。他不但認同邱家穗的觀點，又認為滋生人丁永不加派政策使丁銀固定，官吏不能放富差貧了。各地畝面積大小不同，若按田畝派丁做不到平均；稅糧有輕重不同，若依田糧派丁又不能不出現偏差。他還認為丁併於糧實行久了或者會以為有糧賦而沒有丁銀，會添設丁課形成加賦的大毛病。拋開他的頑固態度不講，他提出了實行丁併於糧可能碰到的新問題。

到康熙去世時，改變役法與維持舊法的兩種主張也沒有爭出高下，雍正繼位就面臨著這個棘手而又必須解決的問題。

第一個觸及這個問題的是山東巡撫黃炳，他在雍正元年（一七二三年）六月奏請按地攤丁以解民困。他與曾王孫、盛楓等人有所不同，身任封疆大吏更感到丁糧分徵下貧民逃亡問題的嚴重。他認為有地則納丁銀，無地則去丁銀，使貧富負擔均平才是良政，因而主張丁銀攤入地畝徵收。雍正認為「攤丁之議，關係甚重」，不是可以輕易決定的。不但沒有採納他的建議，反而責備他「冒昧瀆陳」，告訴他把一省的刑名錢穀辦理好是正事，這時談改革是事外越例餽求。一個月後，直隸巡撫李維鈞以有益於貧民為理由奏請攤丁入糧。他深知有力之家不樂意這樣辦可能會出現反對，而戶部只知按陳規辦事也不會同意，因此要求雍正乾綱獨斷批准他推行。雍正不再像對待黃炳那樣，而是把他的奏章交戶部討論。九月，戶部議覆同意李維鈞的主張。雍正還不放心，命九卿詹事科道共議，諸臣提出幾個問題，一是畝有大小，按畝分攤並不平均；二是有人賣田，必先賣去好田剩下次田，再完丁銀就有困難；三是有人賣田而代買主納錢糧，這就還要代納丁銀。

雍正命李維鈞就這個問題詳細研究，一定要做到對稅收無損、對百姓有益，讓人挑不出毛病來。李維鈞回稱準備把地畝分為上、中、下三等，丁銀按地畝等級攤入，不至於好壞地負擔不均。雍正稱讚他「籌度極當」，同意他於二年（一七二四年）開始實行。從雍正的態度看，由於他本著為政務實的精神從消極迅速地轉變為積極，採納臣僚的正確意見做出果斷的決定。

以此而論，丁歸田糧制度的建立和實行，決策人物雍正起了積極的作用。

直隸的事情決定之後，雍正指示黃炳向李維鈞了解推行情況，黃炳表示第二年春天就提請實行，第二年果真實現了他的願望。二年十二月，雲南巡撫楊名時奏報他的轄區「子孫丁」的嚴重情況：有的人戶早已沒有半寸土地，人丁也不興旺，但編審時丁役冊上仍有多人的丁役不予減除，使孤貧之丁承繼上輩的徭役。楊名時表示要改變這種不合理情形，向直隸學習使丁從糧辦，雍正同意了他的要求。同年，浙江官員準備在原來部分州縣攤丁入糧的基礎上全面推行，田多的富人不同意到巡撫衙門喊叫阻攔，巡撫法海驚恐地表示暫不實行，無田的窮人很不滿意聚眾到撫院請願，支持和反對的兩種勢力激烈地鬥爭著。

巡撫李衛採取強硬手段制服了鬧事者，使十幾年來爭執不下的攤入丁畝制度在全省推行。同年四月，田文鏡在河南進行編審，部分貫徹攤丁入糧方針，把沒有土地的少壯農民的應納丁銀著落到地多糧多的人戶。八月提請推行併丁入糧，雍正允許他於下年實行。在此後的兩年內，福建、陝西、甘肅、江西、湖北、江蘇、安徽等省陸續實行丁歸糧辦的政策。只有山西沒有跟上來，遲至九年才開始試行，到乾隆中期才慢慢地實現。此外，奉天府人籍增減變化比較大，仍按舊丁糧分徵。

攤丁入糧，從康熙年間辯論要不要實行，到雍正決策施行及制定法規，再到乾隆中期在全國完全實現，中間經歷了半個世紀。這個過程表明，它的實現是鬥爭的結果。

攤丁入糧，使有土地的人增加了賦稅，而「貧者免役」，「貧民無釐毫之費」，這是利貧損富的措施。雍正君臣實行攤丁入糧是故意壓抑富戶、扶植貧民，改變過去丁役不均、放富差貧的情況。更重要的是丁糧合併徵收，使清朝政府的丁銀收入有了保證，因為納糧人完成丁銀的能力大大地超過無地的農民。保障丁銀的徵收才是雍正的真正目的。

05 爭取民心，解放「賤民」

獨木難成林，眾人的支持是成就大事的基礎。想要有所作為的君主在獲取民心方面總是會採取很多措施以期待萬民歸心，擁護的人越多，統治的根基也就越穩。

中國古代號稱士農工商四民平等，但社會上的四民之外別有賤民，即地位特別低微的社會群落。他們或因民族異同、或受政治迫害、或因社會上莫名其妙的陋習被列入賤籍，終生不許脫離，也不允許和正常人通婚、不容許參加科舉，只能從事一般人不願從事的職業，還不能自由改變身分。

解放賤民雖是仁政，但在尚未實施之前也不會有太多人經常去提及，好像這是一個不存在的群體。因為賤民只是佔少數的弱勢邊緣群體，亦即一個偏於「沉默」的群體，一般人不去理會，因此他們的痛苦沒有表達的途徑，這也是他們的生活很少見諸史籍的原因。

他們是被侮辱和輕蔑的一群人，也是被遺忘的一群人。封建統治者素來號稱以仁治國，但歷代都會產生與人道原則相違的賤民，遲至雍正一朝才給以法律上的完全革除，這不能不令人生發出中國社會改革過於遲緩的感慨。

雍正元年三月，監察御史年熙上書請求除豁山西、陝西樂戶的賤民的賤籍。晉陝樂戶的祖先原是明朝永樂帝奪天下時堅決擁護建文帝的官員。永樂成功後，關的關，殺的殺，除了加害這些政敵，還將他們的妻女罰入教坊司作為官妓，世代相傳久習賤業，以作為對政治異議者的殘酷懲罰。

這些賤民想脫離卑賤處境，因身陷樂籍政府不許，而地方上的縉紳惡霸更以他們為蹂躪對象，也不容他們跳出火坑。他們的苦難已持續了幾百年卻不能解脫。年熙奏疏說，這些人實際上都是忠義之士的後代卻沉淪至今，實在是太悲慘了，請求雍正開豁他們的賤籍，准許他們改業從良。

年熙為年羹堯的兒子，雍正把他賜給隆科多為子，這時年羹堯還在川陝總督任上，而山西也是年羹堯的勢力範圍。年熙的建議可能跟他生父商量過，他又與雍正關係密切，也可能事先了解雍正對這個問題的態度，所以才投其所思有此動議。條議上呈之後，雍正十分贊同，便令禮部議行。大臣們秉從旨意，說「壓良為賤，前朝弊政。我國家化民成俗，以禮義廉恥為先，似此有傷風化之事，亟宜革除」。

雍正批准樂戶改業從良，同時命各省檢查所有賤民一律准許出賤為良，於是其他省區的賤民也得以開豁。

值得一提的是，樂戶除籍之議很可能發起於年羹堯，而得到雍正的大力支持。因為年羹堯犯罪後，署理山西巡撫伊都立參劾他，說他將皇上乾綱獨斷的樂戶出籍的事據為己功，且向澤州樂戶竇經榮索取謝銀十萬兩。年羹堯辯白說：改樂戶為良，是「聖主首端風化」，哪裡敢掠奪為己功云云。山陝樂戶削籍的同時，雍正命令除豁京中教坊司樂戶。清初定制，凡是重要場合的奏樂均由教坊司演奏。

雍正命樂戶從良，另選精通音樂的良人充當教坊司樂工專職演奏，這使教坊司的樂人改變了屬籍成為良人的職業。七年，雍正又把教坊司改為和聲署由內務府管理，官員由內務府、太常寺、鴻臚寺官兼任。「教坊司」改名為「和聲署」，就說明它是良人充役的機構，名實相符，進一步鞏固了樂戶除籍的成果。

不過當時賤民的種類十分多，除去樂戶之外，還有浙江的惰民、廣東的蜑戶、徽州的伴當等，因此僅僅解放樂戶還是遠遠不夠的。元年七月，兩浙巡鹽御史噶爾泰趁著樂戶削籍之機，上奏摺請求豁免浙江紹興府惰民丐籍。惰民的來源是宋代罪人的後代，已有數百年的歷史。惰民籍屬丐戶，不得列於士農工商四民的名籍是為賤籍，不許改變。他們從事的職業是士農工商所不願幹的，男子做小手藝和小買賣，塑造土牛、木偶、編機扣、捕蛙龜、賣湯餅，或者當吹鼓手、演戲、抬轎子；女子則做媒、當伴娘、賣珠、做接生婆。他們從事的是服務性的工作，光從「惰民」這個名稱就可以看出社會對他們的歧視。所謂的服務業雖不可或缺，卻被當時農業社會所鄙視，社會地位十分卑賤。

政府不許惰民讀書應舉，不能做官、不得充當吏官、不准與良人通婚，也不得與良人平等相處。作為一種侮辱性的習慣，惰民們的居住地區、房屋式樣、穿著打扮、行路乘車等方面都有規定，不能隨便改變。因此惰民同樂戶一樣毫無任何政治權利也沒有人格尊嚴，是最受侮辱、損害和壓迫的人群。

噶爾泰認為應給惰民自新之路，請求照解放樂籍的前例開豁，雍正命禮部議奏。禮部認為捕龜、賣餅、穿珠、做媒是貧民糊口職業，假如削除其籍就是不許他們再做這些事，他們反倒無法謀生了，因此不同意削籍。

雍正說除籍「亦係好事」，禮部不要反對了，於是令惰民放棄原來職業別習新職，脫離丐籍轉為民戶，按照良民納稅服役。

此外，在江南蘇州府常熟、昭文二縣有種丐戶，他們的籍屬、社會地位與浙江的惰民完全一樣。八年，江蘇巡撫尹繼善以他們業已「化行俗美，深知愧恥，欲滌前汙」，請求循樂戶、惰民事例除其丐籍列入編戶，雍正同意了他的請求。其實雍正早在五年就提出安徽寧國府「世僕」、徽州府「伴當」的從良問題。雍正認為「伴當」「世僕」這兩類賤民，許多不是由於政治因素或債務關係淪為賤民的，而是出於茫然不可考的因素，是一種地方陋習演變的結果。

雍正提出讓這些賤民從良有兩個好處：第一是使他們向上，也就是除去其自卑感、悲苦感給他們過正常社會生活的希望；此外也給他們的子女以平等的地位，不至於一生下來就低人一等。這兩點也是十分符合儒家樂生、平等的人倫道德的。雍正命令安徽巡撫魏廷珍查核並提出處理意見，魏廷珍議請區別對待如下：紳衿家典買的奴僕，如果有文契可考，還沒有經過贖身者，本身及其子孫俱應聽從主人使役；即便已經贖過身，其本身及在主家所生子孫仍應有主僕名分；奴僕在贖身之後所生子孫，與原主沒有也不應再有主僕名分，准許豁免為良；年代久遠沒有文契的也不受主家豢養的，通通不許以伴當、世僕對待。

世僕、伴當所受壓迫同惰民一樣，習鼓吹、抬轎，不與大姓聯姻，不准報考。雍正認為魏廷珍所議「允當」便批准執行，雍正這一措施使他們從此免受了不少凌辱。

廣東沿江沿海有一種「蜑民」，早在宋代就採集珍珠向政府納貢。到了清初，在廣州河泊所下轄的，每年按戶納魚課，少數人已粗通文字並上岸居住。雍正於二年親書朱諭，命將蜑民編立埠次加以管理。六年，向廣東督撫發出上諭：「蜑戶即苗蠻之類，以船為家，以捕魚為業。通省河路，俱有蜑船，生齒繁多，不可數計。粵民視蜑戶為卑賤之流，不容登岸居住，蜑戶亦不敢與平民抗衡，畏威隱忍於舟中，終身不獲安居之樂，深可憫惻。蜑戶本屬良民，無可輕賤擯棄之處，且彼輸納魚課，與齊民一體，安得因地方積習，強為區別，而使之漂蕩靡寧乎！」

雍正指出，陸地居住的廣東人將居船的蜑戶視為賤民是不合理、不人道的，應以蜑戶們交納漁稅為主要事實把他們當作平民百姓，不讓他們被社會排斥，在江海之上漂來蕩去無所依靠。他指示廣東督撫：「凡無力之蜑戶，聽其在船自便，不必強令登岸。如有力能建造房屋及搭棚棲身者，准其在於近本村莊居住，與民丁同編列甲戶，以便稽查，勢豪土棍不得藉端欺凌驅逐。並令有司勸諭旦中，開墾荒地、播種力田，共為務本之人。」這就是說蜑戶們能夠上岸。願意上岸居住的，地方官應一視同仁為他們開闢地盤，防止地方土豪惡棍欺侮他們，鼓勵他們耕田謀生。就這樣，不知延續幾個世紀的蜑戶問題，第一次提到中央政府的議事日程上來得到了初步的解決。雍正在短短幾年中，從法律和道德上解決了數百年來積存的問題。

丐戶、樂戶、蜑戶、世僕、伴當等賤民是歷史遺留的問題，為何幾百年來沒有人像雍正一樣來觸動他們，甚至很少聽到知識分子為他們呼籲的聲音？

明朝人沈德符就曾對此不解地說：何以自宋迄今六百餘年，惰民「不蒙寬宥」？深析起來，促使雍正這樣做則是有一系列相關原因：

首先，最值得重視的一點，這是和雍正整體宏偉的治國思路相貫穿的，是制度化、全域性的大改革，不是心血來潮的一時衝動。在雍正朝執行打擊不法紳衿的政策，而賤民們主要是受紳衿的控制為他們服務。如果賤民要脫籍就會侵犯地方紳衿的利益，他們自然不樂意，定會千方阻撓，所以雍正除豁賤民的法令中才包含進禁止「紳衿土棍」阻攔賤民出籍的條文。據此可見，釋放賤民是中央和不法紳衿、地方惡勢力的一場角力，此舉有著深遠的意義。這是雍正力革前朝弊政，推行改革政治的一項重要內容，其目的是壓制地方紳權，提高中央威權，這同攤丁入糧、耗羨歸公、改土歸流等項政事一樣，是雍正整體治國思路中的一個重要環節，這也是爭取民心的策略。

根據記載當樂戶除籍令頒發的時候，樂戶們都激動得涕淚俱下。噶爾泰很能恰到好處地讚美皇帝，他說此舉「使堯天舜日之中，無一物不被其澤。使生者結環，死者銜草，即千萬世之後，共戴皇恩於無既矣」。雖有不實之處，也可見釋放賤民確實是一種仁政，可以提高皇帝的威望。

其次，雍正初年統治尚不穩固，特別需要廣大民眾的支持。確立一個有作為的中央政府形象，這也是雍正忙於處理賤民問題的原因。當時社會觀念對待賤民的態度有兩種：一是以地方紳衿為主，要維護既得利益，要堅持等級制度奴役賤民；一是雍正朝的君臣，主張部分地釋免賤民，而後者顯然更符合儒家道德。

雍正也是這麼想的。他說：「朕以移風易俗為心，凡習俗相沿，不能振拔者，咸與以自新之路。」令賤民改業從良，就是「勵廉恥而廣風化也」。特別應當指出的是，賤民的解放也不完全是一個好皇帝的恩賜，其中也有歷史的必然性。

任何解放都不可能完全是由上而下的解放，一定要有自下而上的爭取才可能展開，受苦的人才能最終脫離苦海。賤民所受的壓迫迫使他們產生反抗情緒，時或爆發反抗鬥爭，這是他們能夠獲得解放的重要因素。

賤民各種形式的反抗鬥爭引發社會動亂，統治者必須想辦法「息事寧人」。正好雍正又要打擊紳權，就把這兩方面結合起來：開豁賤籍可消滅賤民的對抗情緒，又是取消不法紳衿特權的一個方法，可謂一舉兩得。

雍正此舉符合了當時社會鬥爭的趨勢。然而從賤民自身的角度來說，這還不是完全的解放，任何一種解放事業都必然是艱苦而漫長的社會性的事業。

雍正的除籍令下達之後，少數賤民改業、從良擺脫了屈辱的地位，多數賤民依然如故。蘇州的丐戶還要應承迎春扮演的差役；寧波府也有很多人沒有得到削籍，矛盾日益嚴重，終於在光緒三十年發生第二次除豁事件。安徽賤民與紳衿的鬥爭一直延續到清朝末年，紳衿頑固地制馭世僕不容改業，如析門縣的周姓為李姓世僕，於嘉慶十四年按雍正例開豁為良，但李姓不依，仍然要周姓服役。道光元年，有個叫李應芳的強迫周覺春充當吹鼓手，以致鬧出人命案子。而且清朝政府對從良的賤民十分苛刻，這都影響著賤民真正擺脫奴役地位，所以雍正的一紙命令和努力並沒有從根本上拯救賤民。

這是因為賤民的解放並不是某個人的意志所能決定的事情，它決定於社會狀況和經濟狀況，比如他們要求社會給他們提供新的就業機會，可雍正時代並沒有提供這個條件。在討論噶爾泰的建議時，禮部就指出惰民的就業問題不能解決，是考慮實際問題。事情也確實如此，在大多數賤民沒有新的謀生之道之前，不可能做到真正的從良。

儘管如此，雍正的開豁令仍具有重要歷史意義，它給賤民解放提供了一個巨大的可能性。具體來說，削籍令是政府宣布放棄對賤民的特殊控制法，使賤民有了離開賤籍的法律依據。賤民只要符合政府的條件申請改業從良，就可以按照正常社會成員的方式進行生活，一定時期之後還可以應試做官。如果和平民發生糾紛時可憑良人的身分出現，不會像過去那樣因是賤民而遭受不應有的歧視和打擊。

賤民的除籍，使他們幾百年的積鬱有所舒張、信心有所增強、奴性有所消減，從而使他們受到壓抑的創造力得到一定程度的解放。這也是對這一部分社會成員的生產力的某種解放。

雍正實行攤丁入糧制度後，人民的封建隸屬關係有所削弱，賤民的除籍正與這一歷史趨勢相符合。雍正朝這一自上而下的「階級解放」政策反映了時代的要求，是十分開明的做法。

06 推行保甲，加強約束

穩定的社會秩序是每一個統治者的追求。只有社會穩定，人心才會安定下來，才不會發生各種各樣的破壞統治秩序的事情，家族的統治才能穩固。

保甲制度是中國封建王朝長期延續的一種社會統治手段，它是歷代統治者對地方施行統治與管理的常用辦法。它的最本質特徵是以「戶」為社會組織的基本單位。漢代五家為「伍」，十家為「什」，百家為「里」；唐朝四家為「鄰」，五鄰為「保」，百戶為「里」；北宋王安石變法提出了十戶為一保，五保為一大保，十大保為一都保；元朝又出現了「甲」，以二十戶為一甲，設甲生。到了清朝，終於形成了與民國時期十進位的保甲制極為相似的「牌甲制」，以十戶為一牌，十牌為一甲，十甲為一保，由此建立起對全國的嚴密控制。保甲是國家以民眾居住地為基礎，令其按一定規則組織起來的自己管理自己的治安教化組織。

由於清初實行戶口登記，以戶為單位，註記丁口、籍貫、職業。丁口，是政府徵發徭役的根據；籍貫關係到人們讀書、應試、做官等權利；職業，有的不能隨意改變。政府根據這些內容進行統治，同時也關係著人民的權利，雙方都非常重視。由於百姓的家庭情況總在不斷地變化，所以戶籍登記也在不間斷地進行。清初政府規定三年進行一次編審（後改五年一次），稽查戶口，尤其重視核實丁口，所以叫做「編審壯丁」。各省必須在編審之年的年終報告給戶部，如果違限不報，經管官員要照違限例議處，可見編審戶口是地方政府的重要事務。雍正實行攤丁入糧制度，使編審壯丁的必要性大大降低了。

而廢棄編審後，如何管制民人，雍正制訂了保甲條例：一、十戶為一牌，設一牌頭；十牌為一甲，設甲長；十甲為一保，設保正。二、畸零村莊、「熟苗」、「熟僮」，一體編入保甲。三、地方官不賣力奉行，按情節分別議處。四、建立民間獎懲辦法，若違犯保甲條令的人被告發，按被揭發的人數給獎；若為隱匿，予以杖責。雍正批准這一條例，命各省通行，限一年內執行完畢。這就在事實上停止了編審，這一制度到乾隆三十七年（一七七二年）被正式取消。編審停止後的保甲法與以前的不同，它包含著調查戶口與維持治安兩項內容，以突出它治安管制的性質。

也就是說，封建政府日常控制人民的手段主要是保甲法。雍正自四年起厲行保甲，是在攤丁入糧新形勢下對人民進行的約束，清朝政府自此之後就把推行保甲制當作考核地方官吏的重要內容。

在編排保甲時，雍正解決了對棚民的控制問題。當時有一部分在本籍無業的農民到異地謀生，或開山種地、或做雇工，因為他們搭棚居住，所以被稱作「棚民」。他們多生活在丘陵地帶，以江西、安徽、浙江、福建、湖北、陝西、四川等省山區尤多。他們遷徙不定，生活沒有保障，還曾發生過武裝起義，因而引起統治者的注意。雍正二年（一七二四年），戶部尚書張廷玉認為浙、贛的一些搶掠事件是棚民煽惑倡首，應設法安置，疏請敕令督撫派遣能幹的州縣官嚴行管制並加以編排，在稽核保甲時一體查察，並請允許棚民讀書進學，把他們變為土著以綏靖地方。雍正命有關官員議處。雍正三年，兩江總督查弼納、浙閩總督覺羅滿保疏奏處置浙、閩、贛三省棚民辦法。雍正四年，雍正令仿照保甲的法規，按戶將棚民編審入冊，租地的山主、雇工的雇主都要對棚民進行擔保；入籍的棚民一經獲准即與土著一體當差；入籍二十年的可以參加文武生考試。條令頒布後，由各地督撫監督落實。

雍正六年（一七二八年），大理寺卿性桂到衢州密訪後，奏稱「棚民近日光景，皆知安分，不敢生事」。雍正自負地說：「在昔棚民，何有今日光景，經大費一番措置，方能如是帖然。」編查棚民法令下達時間一長，地方官和擔保的山主、地主就忽視它了，但雍正沒有忘記，即使是在死前的一個月仍發出上諭，要求「督撫等轉飭有司實力奉行，毋或怠惰，倘有不遵，即行嚴參，從重議處，若督撫失於覺察，朕訪聞亦必加以嚴譴」。雍正在位，始終大力推行保甲法（**包括棚民編查**），企圖使人民俯首貼耳任其擺布。

雍正推行保甲制度，是在攤丁入糧新形勢下對人民進行的約束。這樣既解決了人口的編審問題，又解決了流動人口的安置和管理問題，加強了地方的治安管理，穩固了社會秩序，具有積極的意義。

07 設祠堂，將統治深入民間

老百姓的力量是無窮的，既能載舟又能覆舟。封建統治者深知只有牢牢地控制了老百姓才能高枕無憂，天下才能掌握在自己手中。

實行孝道，歷來被封建統治者視為做人的根本。順治、康熙兩朝撰述《孝經衍義》，康熙四十一年以前，會試第二場的論題先從《孝經》選出，後因大力提倡宋儒理學，而改在周敦頤的《太極圖說》《通書》等書中出題。雍正繼位後強調「孝為百行之首」，重視《孝經》，下令從元年恩科會試起，仍用《孝經》命題，「庶士子咸知誦習，而民間亦敦本勵行，即移孝作忠之道胥由此乎」。就是讓人懂得孝道，在家做孝子，而這種人到了社會上，無論是做官還是為民都能竭盡本分、忠於朝廷。其實早在東漢時期，就有人說「求忠臣必於孝子之門」。雍正把它概括為「移孝作忠」，這更說明統治者提倡孝道最終目的是要臣民忠君做順民。雍正圍繞這個目標，便大力宣導孝道以及與它相聯繫的宗族制度，實行以孝治天下的方針。

孝道實行於家庭，家庭又是宗族成員，推崇孝道必然重視宗族，雍正把興建祠堂、設立宗族學校、添置族產、纂修譜牒這四件事當作維持宗族制度的主要事務。

在清代，一部分家族設立宗祠，有的大族還另立支祠，祠堂設有族長，大祠堂還有其他管理人員。祠堂的職責表面上是管理祭祀，實際上是統治族人的機構。雍正為了強化它的職責，於四年（一七二六年）下令在宗族設立族正，「察族之賢不肖」，即考察本族內人的行為是否符合封建的道德標準，以表彰遵守封建道德的模範及譴責它的破壞者。族長的確定是宗族內自主的事情，他主持族政，政府一般都會給予支持。族正由政府指定，代表官方，加重了宗祠的權力。五年（一七二七年），雍正更改與祠堂有關的法律條例，他說經官懲治而不悔改的人，准許祠堂告官，可以將他流放遠方以為宗族除害；若祠堂私自以族規處治以致身死，可免執行人之罪。經過九卿討論，根據雍正的指示確定了相關的律例。司法權原來只在政府手中，如此變更以後使祠堂也擁有了懲治族人的某種司法權，族長的權力加大了。雍正企圖利用宗族權力輔佐政權，使兩者更好地結合起來以維護清朝的統治。但是這種改變破壞了政府司法權的完整性，造成了政府與宗族的矛盾，因而族正和處理族人司法權的律例能否長期存在就成了問題。乾隆初年把族正給否定了，至二十二年重新設立，可見雍正父子是在探索如何更好地進行族權與政權的配合問題。

雍正十年，內閣學士兼禮部侍郎張照奏稱：讀《聖諭廣訓》有「甲置義田以贍貧之」之教，其祖張淇用己田一千畝作為義田，贍養同族的貧民，現今請求皇上允許立案，在政府註冊載入縣志，該項土地不許別人奪取，即使張淇子孫也不得出賣，他人亦不能私買，違者照律治罪。如此則該項田產可以長期保持以利解決貧宗的生活問題，雍正見這是在響應他的號召，高興地允許立冊存案，並說：「張淇以己田作為公產贍養宗黨，其敦本厚族之誼可嘉」，應當表彰他這種義舉。張淇用私田作義田，建立義莊，經張照的登記可以長久地保存，土地不僅他人禁止侵犯，連政府也保證不損害它。

義莊開始於北宋的范仲淹，他的事業繼續維持下來。該族范瑤又以己田一千畝擴建並收租贍族，其擴充部分亦申請立案。該義莊所在地的江蘇巡撫尹繼善奏稱，范瑤的行為是受皇上《聖諭廣訓》教導的結果，現在「化行俗美，群黎徧德，三吳士庶，莫不聞風興起，詠歌盛世，傳為美談」。雍正認為范瑤義風可嘉應當鼓勵，於是將他從候選知州補授為員外郎。雍正同時教訓尹繼善：「地方上偶一善事，何得遽云化行俗美，群黎徧德？」他不以有少數義莊為滿足，希望能有大量義莊出現以實現他宣導義行的主張，義田、義莊的地租，一部分用作贍濟宗族內貧宗成員。雍正號召置立義田，是利用宗族的力量實行互助，減少政府的壓力，讓那些不穩定因素因為生活問題得到解決而暫時穩定下來。這也是用宗族制度支持政權的一種方式。

雍正表彰義莊的建立者，僅僅是他旌表義行的一個內容。元年（一七二三年）二月，他命禮部討論建立忠孝節義牌坊事務，他說以前疆吏把此事當作形式從未認真執行，富室巨姓濫膺表揚而窮鄉僻壤的孝子節婦反遭隱沒不聞，督撫學政必須加以調查。報請旌表需要到縣城辦理，申請人要花路費以及胥吏討索酒食錢，這筆開銷造成貧民不能申請。雍正著意於貧寒之家，就是要在實際上擴大旌表對象以發揮它的影響力。禮部遵照雍正指示，議請建立兩種祠宇：一為忠義孝悌，一為節孝婦女。雍正批准了建坊銀兩由政府發給，雖然實行情況各地不大相同，但都比之前重視。

雍正設立族正、宣導孝道，把封建統治真正深入民間，把人民置於保甲與祠堂交織的嚴密羅網中。如此做法可以從政權自上而下地支持族權，宗祠又自下而上地維護政權，二者結合使得封建統治更加穩固了。雍正實施行政機構改革加強了皇權，而這些地方組織的強化又增強了政府統治力，所以雍正時代的封建統治從上到下變得更加嚴酷。

08 興文字獄，加強思想統治

為了牢牢地控制天下，維護家族統治，雍正皇帝還把權力貫穿到了老百姓的思想上。他對於那些敢於自由表達思想的士人大興文字獄，力圖倚此禁錮人們的思想。

文字獄是封建統治者樹立權威、維護政權的一種有效方式，帝王們拿士大夫開刀，為的是殺雞儆猴，以迫使全體臣民懾服。每一樁文字獄的構成總要扣上「叛逆」的帽子，似乎看上去有很大的「敵我矛盾」，其實那都是作為藉口的護身符。實際上，文字獄的案件幾乎全部是冤案、假案、錯案，罪名是羅織而成的，正所謂「欲加之罪，何患無辭」。

雍正時，統治階級內部矛盾激化，文字獄除了用作鎮壓具有反清思想的知識分子外，同時又成了統治階級內部鬥爭的工具。案件數目增多，罪名苛細，吹毛求疵，故意羅織成獄。許多案件並不只是單純由於文字內容獲罪，而是雍正以文字為藉口打擊政治上的異己勢力。例如大將軍年羹堯恃功驕縱，雍正蓄意誅殺他，給年羹堯製造了很多罪狀，其中重要的一條是年在奏摺內將「朝乾夕惕」錯寫成「夕惕朝乾」，雍正指責「年羹堯非粗心辦事之人，直不欲以朝乾夕愓歸之於朕耳。觀此，年羹堯自恃己功，顯露不臣之跡，其乘謬之處，斷非無心」，這分明就是羅織罪狀。

汪景祺寫《西征隨筆》，因其中有譏訕康熙的字句，故被處決；錢名世是當時名士，雍正很討厭他，賜他一塊「名教罪人」的匾額羞辱他，因為汪、錢二人都是年羹堯的黨羽，汪是年的記室，錢則在詩文中吹捧了年，這是他們得罪雍正的真實原因。考官查嗣庭出了「維民所止」的試題，被認為是將「雍正」二字砍去了腦袋；謝濟世注釋《大學》，被告發誹謗程朱；陸生柟寫《通鑑論》，被認為反對郡縣制、讚揚分封制，有朋黨之嫌。這些案件實際上都和黨爭有關，查嗣庭依附隆科多，謝濟世、陸生柟依附李紱、蔡珽。雍正通過這些案件懲戒知識分子，要他們不得依附權門、朋黨勾結、非議朝政，因此處分很嚴厲。

最有名的文字獄是曾靜、張熙案。雍正六年（一七二八年），湖南人曾靜令其徒張熙投書川陝總督岳鍾琪，稱他是岳飛的後裔，勸他起兵反清，並列舉雍正有弒父篡立、殺兄屠弟的罪行。岳鍾琪向朝廷告發窮治主使，查出曾靜的反清思想是由於讀了呂留良的著作而產生的，又查出他對雍正的指責是從已被鎮壓的雍正諸弟允禩、允禟手下太監那裡聽說的。於是雍正把打擊的鋒芒指向了呂留良的子孫、門徒以及允禩、允禟的餘黨。

呂留良是清初的著名學者，已死去四十餘年。在他的著作中有強烈的反清思想，極力申明華夷之辨，認為這比君臣之義更為重要；又抨擊清朝統治，稱「今日之窮，為羲皇以來所僅見」，這原本是清初很流行的思想。雍正為了消弭下層人民以反清復明為號召的起義，進一步泯滅漢族的民族意識就藉此案大做文章。多次發布諭旨並把這些諭旨刊刻公布，稱《大義覺迷錄》。其中極力駁斥傳統的華夷之辨，認為這種區別是由於古代疆域不廣，實際上華夷都是一家人，舜為東夷之人，周文王為西夷之人，「本朝之為滿洲，猶中國之有籍貫」，滿漢是一體的。對人的看法評價應以五倫為準則，而不應該以民族來區分。「唯有德者可為天下君。我朝肇基東土，德教宏敷，仰承天命，為中外生民之主，為臣民者不得以華夏而有異心」。

雍正提出的這種觀念有一定道理，反映了中國國內各地區政治、經濟、文化聯繫的更加緊密和各民族融合的日益加深，是不同於儒家傳統的華夷之辨的。但是他發布這些諭旨的目的在於鞏固自己的統治地位，借題做文章打擊反對勢力。雍正對呂留良一家和門生處理極嚴，將呂留良及其長子呂葆中開棺戮屍，呂的學生嚴鴻逵監斃獄中，戮屍梟示；呂的另一兒子呂毅中和另一學生沈在寬斬首。此外，將刊刻、販賣、私藏呂留良書籍的私塾弟子有的斬首、有的充軍、有的杖責；呂、嚴、沈三族婦女幼丁給予功臣家為奴。奇怪的是主犯曾靜、張熙卻免罪釋放，據雍正的解釋是曾靜、張熙誤信了呂留良的邪說和允禩、允禟餘黨的流言，是受迷惑的從犯，故免罪釋放予以自新之路。並聲明「朕之子孫將來亦不得以其詆毀朕躬而追究誅戮」。但乾隆即位後不理睬雍正的遺言，仍將曾靜、張熙處死。

雍正開了很惡劣的先例，他大興文字獄以之作為控制思想、打擊政敵、提高自己權威的手段。之後清政府經常以文字罪人，並且都以大逆不道論處，治罪重，株連眾。乾隆朝的文字獄成為家常便飯，案件比康熙、雍正兩朝合計增加四倍以上。康熙、雍正時的文字獄，主要的打擊對象是具有反清思想的士大夫或政治上的反對勢力，獲罪的大部分是官吏和上層知識分子，儘管也是隨意羅織罪狀，但多少還抓有點治罪的理由；乾隆時的文字獄更是望文生義、捕風捉影，硬加上「莫須有」的罪名，獲罪的人有很多是下層知識分子。除了有幾起追查清初人著作中的反清思想之外，乾隆朝的極大部分文字獄並沒有反清抗清的政治傾向，純屬深文周納、濫殺無辜。它的唯一作用就是在知識分子中造成濃重的恐怖氣氛，顯示皇帝生殺予奪的專制淫威。雍正一朝，文字獄使文人明白一點：莫談國事。

09 秘密立儲，保權力順利交接

為了防止家族內部因權力過渡而打得頭破血流，雍正創造了秘密立儲制度，保證了他死後權力的順利交接，防止了家族內部的鬥爭，避免了兄弟相爭、手足相殘。

乾隆的繼統不是由雍正親口宣布，而是靠秘密立儲和傳位詔書順利實現的。秘密立儲制度，是雍正鑑於康熙晚年因立儲不當而導致內宮動盪，而絞盡腦汁想出的一個創舉。

雍正即位不到一年即創秘密立儲，把繼嗣寫出藏於匣內秘不示人。元年八月十七日，雍正召見總理事務王大臣、滿漢文武大臣、九卿於乾清宮西暖閣，宣布立儲的原因和辦法。

雍正說，聖祖倉促立儲並能夠取得成功，是因為他「神聖睿哲，自能主持」。今日為了社稷的長治久安更要及早為計，不過考慮到孩子尚年幼不便公開立儲，於是想出秘密建儲的方法。他說：「今朕特將此事親寫密封，藏於匣內，置之乾清宮正中世祖章皇帝御書『正大光明』匾額之後，乃宮中最高之處，以備不虞。諸王大臣咸宜知之，或收藏數十年，亦未可定。」

這儲君是誰，其本人不知，諸臣不曉，只有皇上一人預定。而「正大光明」之匾，更是誰都不能碰的。雍正宣布之後問諸臣有何意見。

隆科多慌忙奏稱皇上「聖慮周詳，為國家大計發明旨，臣下但知天經地義者，豈有異議，惟當謹遵聖旨」。於是雍正令眾臣退出，只留下總理事務王大臣，將密封錦匣藏於「正大光明」匾後。

雍正所實行的是中國歷史上沒有過的新的立儲方法，雍正預定的接班人是皇四子弘曆，即乾隆。康熙生前就十分喜愛這個小孫子，因此有一說法是康熙之所以傳位給雍正，就是為了將來讓弘曆當皇帝。為了保密，雍正在對待弘曆與諸子上沒有異樣，特別是令弘曆、弘晝承受相同的待遇，時或命他們代行祭天、祭祖之禮，同日封王，共參苗疆事務。

但有兩件事後來被乾隆君臣認為是雍正立弘曆為儲君的一種暗示：一是將弘曆召至養心殿，給他一塊肉吃，而沒有賜給弘晝，因此弘曆認為賜他一塊胙肉，其中大有深意。二是弘曆被雍正封為「寶親王」，這封號被《清高宗實錄》監修總裁官慶桂等解釋為將授大寶的表示。所謂「寶」，就是將有大寶——玉璽，踐位。這些雖是他們根據弘曆嗣位事實進行的推測，但應該說也符合雍正的心願。

雍正除了在乾清宮放置密詔之外，另書內容相同的傳位詔置放在圓明園內。保留兩封詔書分頭放置，可見雍正對立儲的高度謹慎。

八年九月，雍正生了一場重病，自覺壽命不長，於是將圓明園詔書之事的秘密告訴張廷玉、鄂爾泰兩位近臣。雍正又於十年正月向鄂爾泰、張廷玉做了說明，說「汝二人外，再無一人知之」。直至雍正死在圓明園，弘曆以盡孝子之分，唯事哀號。

這時，張廷玉、鄂爾泰向允祿、允禮等人說：「如今新主繼統是急事，大行皇帝曾示我二人有密旨，應急請出。」諸人同意，但總管太監說不知圓明園有這樣一道密旨，所以不知藏於何處。張廷玉說：「大行皇帝當日密封之件諒亦無多，外用黃紙固封，背後寫一封字者即是。」於是據之取出，這便是傳位於弘曆密旨，由張廷玉就燈下宣讀，眾臣拜請弘曆受命，弘曆隨即令允祿、允禮、鄂爾泰、張廷玉輔政。以兩位皇叔和滿漢大臣代表的鄂、張四人組成的總理事務王大臣輔佐弘曆，保證了雍正繼嗣統治的穩定。

雍正的秘密立儲制度十分成功，整個接班過程毫無差池。雍正立太子，收到了立國本以固人心的政治效果；同時避免了歷史上屢見不鮮的由「明立東宮」導致的諸皇子勾心鬥角爭儲位，儲君與皇帝爭權、儲貳驕縱等弊病。

這個制度可以挑選合適的皇子為儲君，不限定長子繼位，有「傳子傳賢」的意思，比漢族實行了上千年的嫡長制要好得多。乾隆繼位後認為這個辦法很好，於是遵奉實行，於元年（一七三六年）七月，也就是即位不到一年時就預書皇二子之名，藏於「正大光明」匾後。

由於皇二子早死，乾隆又密立皇十五子，是為仁宗；之後嘉慶、道光也都相繼用這個方法立嗣；咸豐只有同治一子，故無須用秘密立儲法；同治、光緒都沒有兒子，就無從採用這個辦法了。從乾、嘉、道、咸諸君的繼統來看，秘密立儲方法是相當成功的，歷史上經常出現的爭奪儲位的鬥爭自雍正以後也就基本絕跡了。這不得不使人讚美雍正的用心周詳。

第六章 乾隆 早年建功盛世 晚年驕奢轉衰

愛新覺羅・弘曆，清高宗乾隆，生於康熙五十年（一七一一年），卒於嘉慶四年（一七九九年），於雍正十三年登基，成為清朝第六位皇帝。他是在位最久，年壽最高，對中華帝國的發展起了最大作用的皇帝之一。

乾隆繼位時的清王朝已經過康熙、雍正兩代七十餘年的治理，社會上出現一片繁榮的景象，再經乾隆的勵精圖治，清王朝達到強盛的頂點。以乾隆的雄才大略，鞏固和發展了中國這個多民族國家，奠定了現今中國的版圖。乾隆在位後期好大喜功，使朝廷上下腐敗之風滋長，清王朝由盛轉衰。乾隆晚年自號為十全老人，乾隆時代是清王朝的轉捩點。

01 改革包衣，促進滿族發展

滿族是大清王朝發家的根本，愛新覺羅家族在八旗子弟的浴血奮戰下得到了天下，八旗是愛新覺羅家族的統治基礎。在得到天下後，八旗弟子享有很多特權，而這些特權卻為愛新覺羅的統治帶來了不安定的因素，也阻礙了滿族的發展。為了維護自身的統治，改革勢在必行。

開戶家奴，原本都是八旗異姓貴族（王、公、侯、伯、子、男）、官員、富裕旗人的「包衣」（奴僕）。從太祖努爾哈赤起，至「開戶家奴」兩諭下達之日，清帝及八旗王公貴族官員佔有大量包衣。包衣的主要來源有掠民為奴、逼民投充、民人因罪入官（或為清帝佔有、或賜予王公貴族官員、或發賣）、買民為奴、民人隨母改嫁於旗人或過繼於旗人。宗室王公一般都有上千包衣。例如統軍入關的攝政王睿親王多爾袞，僅「投充人」便有一千四百餘丁，連帶家口多達數千人。平南王尚可喜、靖南王耿仲明只收留其他王公官員等人的逃亡包衣就有一千多人。尚可喜因子尚之隆「蒙恩尚主」，遣派八百一十五名包衣進京服侍公主，他還有在遼東莊園耕地的包衣一千八百餘名。清初開國有功的大學士、一等子范文程，除去關內包衣外，在關東種地的包衣還有一百一十九戶達五百六十四人。順治五年，整個八旗滿洲有五萬五千三百三十丁，而包衣卻有二十一萬餘丁，加上其妻室兒女應有百萬之多。

早期上百萬的包衣主要是耕種家主莊園田地、納租養主，同時還有部分包衣從事家務勞動，隨主從征打仗，形成了「若無阿哈（包衣），主何能生」「滿洲籍家僕資生」的局面。康熙以來，由於滿洲官員、兵丁的陣亡和負傷等因素，一部分包衣被家主收為養子，令其披甲當差（包括少數為官作宦）、領取錢糧贍養主人。

由於廣大包衣激烈反對家主的非人待遇，不斷地大批逃亡，順治十年至十一年初，「一年之間，逃人多至數萬」，莊主不得不招民佃種。一部分旗人家道中落將地典賣，許多莊頭和包衣也暗中典賣主地。到了乾隆初年，八旗官員莊田和兵丁分地大多數已由僉丁撥莊的農奴制經營方式過渡到招民佃種收租的一般封建租佃制，「資佃耕種，收取租息」，代替了早年的「滿洲籍家僕資生」。

旗地的變化使很多舊日種地的包衣無地可種，需要莊主「養贍」。不少家主境遇惡化，自身尚且衣食不周，焉能供給包衣吃穿。有的還索取贖身銀兩，將包衣放出本戶令其自謀生路。從康熙中年以後，陸續有包衣脫離本主自行開戶，另載旗冊。到乾隆時，無論是北京八旗，還是外省駐防，這種「別載冊籍」的「開戶家奴」人數甚多，成為影響八旗制度的一個重大問題。

對於眾多的「開戶家奴」，處理辦法不外乎三種：一是將其釋放出旗載入民籍，從包衣變為「平民」「民人」；二是提高其身分，使開戶家奴與「正身旗人」（即非包衣的八旗滿洲人員）享受同等待遇，取消其「旗下世僕」之奴籍；三是維持現狀，因循苟且，不予解決。照道理第二條應是解決「開戶家奴」問題的中策，但是此策難以實行。近兩百年都是主奴有別，家主尊貴無比，包衣極為低賤，已經成為清朝社會生活中牢不可破的傳統，要想打破主奴之間的界限，化奴為主、奴主相等，那是絕對辦不到的，這一辦法根本無從談起。而且此時旗人的生計問題已很緊迫，人口增多，官職、兵缺有限，正身旗人尚難謀上一個領取錢糧的位置，如再開戶提高為正身旗人，人多職少的矛盾必然會顯得更加尖銳。

第一條釋放「開戶家奴」出旗為民應是最好的，可是阻力很大。儘管有些家主已經得到贖身銀釋放了包衣，有些包衣經過鬥爭已取得了「民人」身分脫離了旗籍，但是要讓大量「開戶家奴」擺脫家主的轄束出旗為民，可不是一件容易的事。乾隆的曾祖父順治帝福臨，便由於包衣是「先朝將士血戰所得」，而嚴懲收容逃亡包衣的「窩主」，重責諫阻的漢官。康熙帝也盡力控制包衣於八旗之內，根本不允許包衣出旗。連乾隆皇帝即位初期亦同樣實行列祖列宗保障家主權利的政策，於乾隆三年批准了一條新訂的「旗人開戶例」，規定：「凡八旗奴僕，原係滿洲、蒙古，直省本無籍貫，帶地投充人等雖有本籍，年遠難考，均准其開戶，不得放出為民。」這條法例講的是，凡係八旗滿洲、蒙古正身旗人（不論官民）的奴僕，無籍貫者或雖有祖籍但年代久遠難以考訂者，均不准出旗為民。第二年，他又批准了一個更為詳盡、更為苛刻使包衣很難出旗為民的法例。雖然乾隆本人曾經批准了維持舊制的法例，但隨著歲月的推移，他治理國政的才幹不斷增強、經驗愈加豐富，更加感到在「開戶家奴」問題上需要承認現實而有所改革。因此於二十二年二月初二日，連下兩道諭旨徹底解決「開戶家奴」問題，將他們釋放出旗為民，並允許宗室王公的包衣出旗。

遵照帝諭，戶部會同八旗都統會議後上奏，對開戶家奴出旗為民提出了下述具體建議：開戶家奴中，凡在京文武官員，由吏、兵二部定議將其調補漢缺，外任綠營將弁和文官，「即令出旗為民」；其係現今捐納候缺人員、進士、舉人、生員等，亦即准其為民；閒散人等，令各該旗詢明願入何處之籍，諮地方官令其入籍，仍造冊送戶部備查；其係現食錢糧之人，情願退糧為民者即令出旗，仍在當差者待缺出時裁汰。乾隆批准了這些建議。

這樣一來，大批「開戶家奴」和宗室王公的包衣被釋放出旗，轉入州縣成為民人，不再是旗奴了。像一等子范文程家，其子孫便遵依帝旨將關東莊園的包衣「恩放出戶家奴十四戶」，在蓋平等縣「入於民籍」。

乾隆二十四年，還頒布了「八旗戶下家人贖身例」，規定：「凡八旗戶下家人，不論遠年舊僕及近歲契買奴僕，如實係本主念其數輩出力情願放出為民，或本主不能養贍願令贖身為民者，呈明本旗諮部轉行地方官收入民籍，不准求謀仕官。至伊等子孫各照該籍民人辦理。」

以上措施，使八旗的旗下家奴人數迅速減少。順治五年，八旗有包衣二十一萬餘丁，相當於滿洲正身旗人的四倍，過了一百六十多年之後，滿洲人丁增加了三倍多，照此類推，包衣總數應為八九十萬丁，可是此時包衣才十七八萬丁。可見乾隆確實曾釋放了數以十萬計的包衣男丁及其家屬出旗為民。

這是清朝社會生活中的一件大事。乾隆皇帝在「包衣」這一關係到政治、經濟、軍事、民族關係等方面十分敏感的重大問題上，敢於突破祖制的束縛厲行改革，於國於民皆有裨益，無疑應給予充分的肯定。

另外，乾隆對家主殘酷殺害包衣之事非常不滿予以從重懲處。乾隆三年四月二十六日，刑部議奏：鑲紅旗滿洲三等護衛釋伽保圖姦家人破臉之妻金氏，因未能如願而將破臉毒打致斃，「實屬行止有虧」，請照故殺奴婢例革釋伽保之職。乾隆查閱案情後，認為擬議不當，下諭令將釋伽保發往黑龍江，並修改律例。

刑部之擬議及舊有家主故殺奴僕例，過分偏袒了不法主人。人命關天，怎能因故毆死包衣，家主僅以革職了結而遂得安然無恙？何況革職之罰又可以加級記錄抵消，如此凶手更是一無所失、萬事大吉了。因為有此律例，為官作宦之家主有恃無恐，可以任意打死包衣、可以任意姦淫奴婢僕婦，而包衣則因官府偏袒家主又有王法尚在，即使不幸慘死於主人之手亦無法伸冤叫屈，除了逃跑別無他法，只有忍氣吞聲遭受主子的虐待。這一律例助長了官員家主作惡之風，加劇了包衣的災難，也激化了主奴之間的矛盾，並且促使不少包衣被逼潛逃或直接武力反抗，打死打傷凶橫主人，從而影響到封建統治秩序的穩定。乾隆有鑑於此，果斷地更改舊律，令九卿重議。九卿遵旨議奏：家主圖姦僕婦不遂，毒毆奴僕致斃，將家主不分官員、平人悉發黑龍江等處當差。至於奴婢罪不至死，而家主起意打死奴僕，則將家主處以降級調用，「雖有加級，不准抵消」。乾隆帝批准此議，改革了行之多年禍害包衣之舊例。這不僅減少了家主對包衣的虐待，而且在促進滿族的發展上也起到了一定的作用。

02 改革皇莊制度，促進生產發展

任何制度都有一定的時效性，必須隨著實踐的發展而做出相應的變化，否則就會產生負面作用。對於一個明君來說，即便是祖宗家法也是可以改變的。只有這樣社會才能進步，家族才能適應社會的發展，家族的利益才能得到有效的保障。

乾隆九年，乾隆皇帝批准了一個非常重要的報告，即釋放皇莊壯丁出旗為民。乾隆的批示及其隨即遵旨施行的情況，反映出清朝政治、經濟等方面發生了重大變化。

其一，皇莊數量很多，作用很大。「口內莊頭」、盛京佐領、錦州副都統、熱河總管等所屬莊園皆歸內務府管轄為清帝私有，通稱為皇莊，亦名內務府官莊或簡稱官莊。清朝的皇莊，最初起源於進關之前清太祖努爾哈赤、太宗皇太極佔有的「拖克索」（即莊）。入主中原以後，世祖福臨、聖祖玄燁採取圈佔民田、調撥官地、逼民帶地投充、墾拓官荒等方式掠奪了巨量土地，僉撥大批壯丁（關外舊奴、投充人、緣罪無罪發遣人員、莊頭置買奴僕），設立了名目繁多的莊園。康熙中年，畿輔有內務府所轄糧莊四百餘所、銀莊一百三十二所、果園二百五十餘所、瓜菜園九十餘所，盛京有內務府糧莊三百餘所、果園一百三十一園，還有棉、靛、鹽、鹼莊六十所，以及盛京戶部、禮部、工部、三陵所屬官莊一百餘所，皇帝共擁有莊園一千六百餘所，佔地近六百萬畝，遍及直隸、奉天、吉林、黑龍江、山西及內蒙。此後不斷擴建，乾隆年間增至一千九百餘所，壯丁七萬餘名，以及老幼家口，人數當在二三十萬以上。

清朝皇莊之多及其「皇糧」數目之大遠遠超過了明朝的皇莊，從而能夠提供皇宮大部分消費用品，減少了向戶部要銀和向民間徵派。

一千六百至一千九百餘所各種類型的皇莊，六七萬名壯丁，六七百萬畝田地和大量山場牧場，在此基礎上徵收的「皇糧」名稱甚多且數量巨大，基本上能滿足清帝及其宮中所有人員的需要。「皇糧」的品種，有米、穀、豆、麥、芝麻、瓜、果、蔬菜、雞、鴨、魚、蛋、豬、鹿、油、鹽、布、草、石灰、木炭、柳條等一百餘種，總數極為龐大。康熙中年，僅畿輔的四百餘個糧莊，每年便上納租穀十餘萬石，並交雞、鴨、鵝六萬餘隻，蛋四十餘萬隻，草和秸八十萬餘束，燈油三萬餘斤，豬二千口。畿輔銀莊年交租銀三萬八千餘兩。各類莊園、牧場年貢魚、雉、鹿、狍、馬、牛、羊、駝、參、珠、皮張多達數百萬。這為清帝少向戶部、光祿寺要銀，少科派於民，「躬行儉約」，提供了豐厚的物質條件。

其二，更改祖制。從太祖努爾哈赤到康熙帝玄燁，皇莊在這四朝一百餘年中基本上是採取編丁隸莊耕種應役的農奴制經營方式。莊園的勞動者被稱為「壯丁」，身分為奴僕。他們在莊頭的管束下，耕種官地、交納皇糧，遭受皇室嚴格的束縛和野蠻的壓迫，事實上他們處於封建農奴的地位。落後的生產關係與剝削方式摧殘了壯丁、束縛了生產力，激起壯丁強烈的反抗。早在關外就有壯丁不斷地逃亡，入關以後更是大批外逃，有很多人還參加了反清抗爭，還有不少壯丁和莊頭爭控，「滋生事端」。這種落後的生產關係，在壯丁的反抗與漢族地區封建租佃制的包圍和影響下日益衰落，莊頭不得不大量出租和典賣莊地。到了康熙末年，皇莊採取莊頭招民佃種的租佃制已很普及。乾隆初年，原先是皇莊主要勞動力的壯丁竟成為脫離生產、需要莊頭養贍的「拖累」。據畿輔四百六十餘名莊頭的報告，他們所管轄的一萬六千八百餘名壯丁中，能常年幹活的壯丁僅二百九十餘名，不到壯丁總數的百分之二。正是在舊有的農奴制經營方式陷入窮途末路難以延續的形勢下，一向自詡為「敬天法祖」「以皇祖之心為心」的乾隆帝採取了非常明智的態度，對舊有的祖制果斷地予以改革，允許部分壯丁出旗為民，皇莊制度發生了極大的變化。

其三，促進生產。乾隆帝對皇莊的改革產生了強烈的影響，首先將大批壯丁釋放為民。據畿輔四百六十餘名糧莊莊頭向會計司呈報，遵照帝旨應撥出為民的有「盛京隨來陳壯丁」一萬零三百餘人，投充人二千零三十餘人，莊頭自置壯丁三千六百餘人，無罪撥莊壯丁一百八十餘人，共一萬六千餘人，僅留下壯丁九百餘人。奉天等地內務府莊園也放出大量壯丁。這樣一來，數以萬計原本處於農奴、奴僕地位的壯丁擺脫了農奴制枷鎖成為「良民」。他們有的赴邊外墾荒成為自耕小農，或在原地認租旗地民田耕種，大部分人的境況較前頗有改善。

其四，推動了封建租佃制的迅速發展。乾隆帝批准釋放大量壯丁出旗為民以後，畿輔、奉天、熱河等地內務府轄屬的各種莊園普遍實行了封建租佃制的經營方式，滿漢農民向莊頭承佃官地、繳納租銀，不與皇室發生直接聯繫，莊頭再向內務府納糧當差，佃農成為皇莊的主要勞動力。八旗王公官員的莊田也受此影響，租佃關係得到迅速發展。清朝初年，攝政王多爾袞和順治皇帝在關內強制移植、擴大的役使壯丁生產的農奴制徹底衰落，農奴制殘餘僅在旗地中佔有很小的比重了。

其五，減輕皇莊的租役。由農奴制到封建租佃制的轉化，決定了皇莊的分配關係也要相應發生變化。佃農在法律地位上是「凡人」、「民人」，自備耕牛、農具、種子，不是皇室的「包衣」（奴僕），人身依附關係比壯丁有所鬆弛，因此原來的剝削壯丁的方式必須改變，剝削率需要降低。這個變化主要表現為「皇糧」的折色增多，額租下降和雜差減少三個方面。

乾隆對皇莊實行改革，釋放大批壯丁為民，對舊壯丁和承種皇莊的滿漢佃民的壓迫剝削有了一定程度的減輕與緩和，這對促進社會生產的發展和滿族的進化起到了積極的作用。

03 因地制宜，解決西南民族問題

民族問題是一個至關重要的問題，也是愛新覺羅家族統治期間一直存在的問題。它很容易引起紛爭和戰爭，而戰爭又會更加激化矛盾帶來一系列的社會問題。乾隆在位期間，因地制宜地解決了與苗族之間的問題，維護了帝國西南部的穩定。

雍正去世後，遺留給乾隆最急迫的事莫過於西南和西北的民族問題。西南民族問題，即「苗疆用兵」，指的是貴州古州、台拱一帶苗族原土司叛亂。元明以來，中央在西南少數民族聚居地區，普遍實行土司制度。中央政府委令當地少數民族的首領為土官，土司允許世襲，中央政府徵以賦稅也可以驅使其眾。土司雖「大姓相擅，世積餘威」，但也必須憑藉中央政府給予的爵位、名號對部民「易為統攝」。

土司制度的建立是封建專制主義中央集權統治的拓展，也密切了西南少數民族地區與內地政治經濟文化的聯繫。但是土司制度畢竟是與農奴制相適應的落後的政治體制，土司擁有大量世襲的土地，強迫土民為其農奴耕田納賦當差。土民在政治上沒有人身自由。各土司之間為了爭土地與勞力常兵戎相見，接連不斷的戰爭給少數民族帶來了深重災難。明朝以來，為強化中央對西南地區的管轄，陸續對各土司實行改土歸流政策，罷撤土官，由中央派流官直接治理。雍正年間，採納雲貴總督兼兵部尚書鄂爾泰建議在西南更大規模地實施改土歸流，鄂爾泰制定改土歸流政策的基本點是要削弱土司的政治經濟特權。其具體內容包括：改土司為州縣，取消土官世襲制度；沒收原土官田產，發給土兵屯種；廢除原土司的土貢制度，土民向官府自報田產，按內地稅制計畝徵賦。

改土歸流削弱了少數民族地區割據勢力，同時也是促使社會政治經濟發展的進步，但是觸犯了土司利益，必然會引起土司的強烈反對。鄂爾泰以武力為後盾，剿撫結合加以推行。雍正四年（一七二六年）五月，他首先出兵蕩平廣順州長寨後建營駐兵、分扼險要，並乘勝招服黔邊東、西南的定番、鎮寧、永寧、永豐、安順等苗寨兩千餘。古州（今貴州榕江縣）的改土歸流遲至雍正七年（一七二九年）才著手，此處「自恃地險峻，出沒靡寧，擾害居民，劫奪行旅」，「為地方良善之患」，是「自古未歸王化之地」。又有人傳播說「改流升科，額將歲倍」，因此當地土司頑固地抵制改土歸流。當年三月，鄂爾泰平定古州，雍正當即嘉獎鄂爾泰與協助鄂爾泰執行改土歸流政策的貴州巡撫張廣泗。

雍正九年鄂爾泰返京。古州苗族頭人「伺公已北上，文武官弁又不善防範，致復作亂」。雍正十二年，當地謠言四起，說是「出有苗王」。十三年二月，所屬八妹、高表等寨「聽信謠言」，糾眾滋事。叛亂以古州、台拱為中心迅速蔓延，攻掠所至達凱里、施秉、黃平州、清平、餘慶、鎮遠、思州，震動省城。五月，雍正派湖廣、廣西、雲南、四川官兵兩萬名進剿，命貴州提督哈元生為揚威將軍統一調遣，湖廣提督董芳副之。同時還任命皇四子弘曆、皇五子弘晝、大學士鄂爾泰、張廷玉、戶部尚書慶復、禮部尚書魏廷珍、刑部尚書憲德、張照和工部尚書徐本等為辦理苗疆事務王大臣，令張照和副都御史德希壽立即趕到貴州指揮征剿。

張照是鄂爾泰的政敵，古州叛亂發生後鄂爾泰引咎辭去伯爵。張照到達貴州後，沒有集中全力征剿，而是費盡心思地進一步攻訐鄂爾泰。他一方面上書密奏「改土歸流非策」，另一方面策動哈元生也上疏彈劾鄂爾泰。哈元生是鄂爾泰一手提拔的，自然不願與張照合作。張照轉而支持董芳，在前方專主招撫。此時西南的改土歸流面臨著失敗的危險。

就在這關鍵時刻，雍正撒手而去。年輕的新皇帝面對群情洶洶，棄苗疆之論甚囂塵上而毫不動搖。他堅持用兵，果斷地採取三項措施力挽危局。

首先，迅速撤換前方主帥。八月二十四日，乾隆執政第二天隨即降旨調張照返京，以張廣泗總理苗疆事務，諭令速往辦理。乾隆用張廣泗代替張照，可謂知人善任。張廣泗，漢軍鑲紅旗人，以監生入貲授知府。雍正四年，協助鄂爾泰在雲貴實施改土歸流，次年擢貴州按察使，六年率兵討平都勻、黎平、鎮遠、清平叛亂，因功超授巡撫。十年，以副將軍之銜隨寧遠大將軍岳鍾琪出兵西路，討伐準噶爾部叛亂。出任苗疆總理事務大臣之前是湖廣總督。

其次，指示前方剿撫結合，停止濫殺無辜等暴戾行徑。區別已撫與凶頑、分清首惡和脅從，採取不同的政策以減少阻力有利於戰爭勝利。

最後，批駁「棄置」論，堅持改土歸流的政策。所謂「棄置」，絕不意味著讓它從中國分裂出去，而是對少數民族上層分子割據勢力聽之任之，放棄中央政府對它的行政管轄，從改土歸流倒退到土司制度之前的牽制政策，顯然不利於維護國家的統一和各民族之間經濟文化的交往。雍正因苗疆叛亂而後悔改土歸流，「以為以前原不應料理」，叛亂平定之後可以考慮「棄置」問題，純屬因噎廢食之論，也是張照「棄置」論的根源。乾隆對張照「棄置」論的批駁，表明他維護國家和民族統一的立場比雍正更堅定。

乾隆帝採取的另一重要措施是更換統帥，懲辦失職官將。他剛即位就將張照撤了下來，委任湖廣總督張廣泗為經略「統領軍務」，自揚威將軍哈元生、副將軍董芳以下俱令聽張「節制調遣」。他多次降諭慰撫張廣泗，寄予厚望、授予大權，言及苗疆用兵事關重要，因曠日持久、尚無頭緒，「是以命卿為經略，總統軍務，一切唯卿是賴」，並命張兼領貴州巡撫，增撥兵餉一百萬兩，使得張廣泗感激涕零發誓盡全力平苗報恩。乾隆多次下諭，指責張照擾亂軍務；副都御史德希壽隨聲附和；貴州巡撫元展成撫綏不當、玩忽公事、輕視民命，文武不和；揚威將軍、貴州提督哈元生不能預先防範，用兵又觀望遲疑、籌謀無術、調度失宜、稽遲軍務；副將軍、湖廣提督董芳仗恃張照之勢與哈元生「有意齟齬」。僅以招撫為事，皆令革職拿解至京嚴審定罪。如此賞罰嚴明，對保證平定苗疆起了很大作用。

乾隆帝對剿撫之間的關係做了禁止濫殺的明確規定，欲圖以「德」濟「威」。他於九月二十一日，諭總理事務王大臣和辦理苗疆事務王大臣，多次指責官兵不應焚毀被迫脅從的苗寨和屠殺老弱子女。他於十一月十八日再諭總理事務王大臣和辦理苗疆事務王大臣，命赦投誠苗眾之罪，讓他們傳諭經略張廣泗。這對勸說苗民降順和些微限制官軍的濫殺是有一定影響的。

在乾隆堅持主張用兵、改流的正確方針指導下，張廣泗認真總結了前面八九個月戰爭的利弊得失和經驗教訓，他建議集中兵力以整擊散。

乾隆完全信任張廣泗，對他的奏請全部批准。張廣泗擁有軍政大權，率領六省官兵放手進行征剿，先分兵三路攻上九股、下九股和清江下流各寨，「所向克捷」。乾隆元年春，又分兵八路剿滅抗拒之苗寨。直到秋天，先後毀除一千二百餘寨，赦免三百八十八寨，斬一萬七千餘人，俘二萬五千餘人，獲銃炮四萬六千餘及刀、矛、弓、弩、標甲十四萬八千餘，盡平苗變。原來黃平等州縣逃居鄰近省分的漢民陸續回到舊地。戰火紛飛、兵荒馬亂，連續折騰了一年多的苗疆事件終於平定下來了。

對苗疆地區的迅速平亂是乾隆即位以後的一大勝利。這位年方二十五歲剛剛主持朝政的青年君主，竟能在戰局不利的形勢下不受一群庸臣劣將的影響，摒棄他們妥協退讓的錯誤主張，甚至冒著違背父皇止兵棄地聖旨的危險堅持用兵、堅持改土歸流，毅然地更換統帥、懲辦失職官員，全權委付張廣泗率軍征剿，最終力挽狂瀾大獲全勝，完成了父皇未能完成的「最重要事件」。乾隆帝對此當然感到十分高興，厚賜有功官兵銀米，晉升張廣泗為貴州總督兼領貴州巡撫，授三等阿達哈哈番世職，並每年賞給養廉銀一萬五千兩。但是他並未沉醉於成功的喜悅之中，而是在積極地著手進行更為艱巨的工作。

征剿苗變並非易舉，未必能穩操勝算。以全國之力制一隅之地，遣派六省官軍對付數萬素無訓練的苗民，只要調度有方最終是能夠成功的，可是要治理苗疆則是一件有長遠意義的大事，顯然就更為艱難，必須採取正確措施才能真正穩定苗疆少起動亂。因此乾隆在平定苗變後，開始在苗疆地區實行與其他地區不同的新政策。首先，免除了苗賦；其次，強調尊重苗疆地區的風俗；第三個政策是在苗疆地區實行屯田。這幾項措施實施後，產生了良好的作用，苗疆地區從此基本上安定了下來。

04 平定金川，開黷武邀功先河

武力不是解決問題的最有效手段，最終也不一定能解決問題，大規模的動用武力反而會動搖國之根基。長期動用武力讓國庫為之拮据，而最終還可能是一無所獲。乾隆帝在金川長期用兵，帶來的是一系列惡果。

四川西部金沙江的上游有兩條大河，因山中出產黃金，俗稱為大小金川。藏族部落居住在這兩條河的附近地區。大金川首領嘉勒塔爾巴，於一六六六年被清廷授予嘉勒巴演化禪師職銜，統領部眾。他的孫子莎羅奔曾隨岳鍾琪部進軍西藏有功於清廷，一七二三年被授予金川安撫使的封號。莎羅奔依靠清廷的支持雄踞一方、聲勢漸盛，又將自己的女兒阿扣嫁給小金川首領澤旺，希望藉此控制小金川。一七四五年，莎羅奔曾捉拿了澤旺，之後被川陝總督慶復制止了，澤旺回到小金川。

乾隆十二年（一七四七年），莎羅奔起兵攻掠革什扎和明正兩土司地區。清廷命四川巡撫紀山派兵彈壓，大敗，遂命雲貴總督張廣泗為四川總督，統兵三萬分兩路由川西、川南進擊大金川。六月，進屯小金川之美諾（今小金縣城），以澤旺弟良爾吉（實為莎羅奔間諜）為嚮導，期以是年告捷。莎羅奔對清軍動向瞭若指掌，固守勒烏圍（今金川縣東），令其侄郎卡居噶爾崖（又作噶拉衣，今金川縣東南），倚山臨河，致清軍師勞無功。張廣泗復請增兵萬人。

十三年春，清廷派大學士訥親為經略前往督師，並起用岳鍾琪以提督銜隨行。訥親初至銳意進取，督軍竭力攻噶爾崖，總兵任舉、參將買國良戰死，軍士多有傷亡；又採取以碉逼碉、逐碉爭奪的戰法與土司相抗。張廣泗輕視訥親不知兵事，故意推諉，清軍株守半載無功。九月，乾隆帝弘曆聞奏，將張廣泗、訥親革職治罪，改授大學士傅恆為經略。

十二月，傅恆赴任，誅良爾吉（澤旺之弟），增調鄰省精兵三萬五千。十四年初，傅恆採用岳鍾琪建議，分兵兩路：北路出黨壩（今金川縣北）、瀘河（大金川別名），水陸並進；南路自甲索攻馬牙岡、乃當兩溝，避堅就隙，直逼大金川官寨，連克碉卡，軍聲大振。岳鍾琪兵至勒烏圍，乘莎羅奔恐懼親率十三騎入營勸降成功。接著，赦免莎羅奔父子仍命其為土司。第一次金川之戰遂告結束。

此後，兩金川土司仍時起戰亂。至乾隆中期，郎卡繼莎羅奔主持土司事務日益恣肆，攻掠小金川及革什扎土司，並拒絕四川總督的調解。為控制各土司，郎卡遂與綽斯甲土司官和小金川澤旺之子僧格桑結成三部聯姻。不久，郎卡病死，其子索諾木與僧格桑結好益堅。乾隆三十六年（一七七一年），索諾木誘殺革什扎土司官，僧格桑再攻鄂克什和明正土司。四川總督阿勒泰奉命率軍進擊，在打箭爐（今康定縣）半載按兵不進被治死罪。清廷命大學士溫福為定邊右副將軍，由雲南赴四川督師，以尚書桂林為四川總督，再度率兵征戰。

溫福由汶川出西路，桂林由打箭爐出南路，夾攻小金川。時僧格桑割地向索諾木求援，索諾木遣兵相救。清軍初戰順利，連奪關隘。三十七年五月，桂林遣部將薛琮領兵三千，攜五日糧，進入墨龍溝（今小金縣西南），被土司兵截斷後路。桂林聞警不救，導致全軍覆沒。清廷罷桂林職，授阿桂為參贊大臣，率軍深入直達小金川河南，以皮船宵渡，連奪險隘，直搗大營。十二月，清軍抵美諾，僧格桑勢窮，輾轉入大金川與索諾木合兵。清軍至底木達，澤旺降，小金川平。

乾隆帝命溫福為定邊將軍，阿桂、豐伸額為副將軍，合兵攻大金川，遭索諾木頑強抵抗。溫福又襲用以碉逼碉的戰法，建築碉卡數以千計，將兩萬餘兵四處分散，與索諾木對峙。三十八年夏，溫福以敵扼險不得進，屯兵於大金川東之木果木。索諾木指使小金頭人及諸土司集兵數千，乘機攻陷清軍提督董天弼的底木達營地，切斷清軍糧運，突襲木果木，奪取炮臺，四面突入，擊敗清兵萬餘。溫福中槍死，各碉卡守兵望風逃散，提督馬全、牛三畀戰死，兵士陣歿三千餘人，小金川得而復失。

乾隆帝聞敗，命阿桂為定西將軍，明亮、豐伸額為副將軍，舒常為參贊大臣，徵調健銳、火器營兩千人、吉林索倫兵兩千參戰。十月，阿桂統領各地兵數萬，以三路分進合擊小金川：自率主力為西路，攻美諾；明亮為南路，攻美諾西翼門戶僧格宗；豐伸額為西北路，攻宜喜（今金川縣西北），牽制大金川。阿桂督軍轉戰五晝夜直抵美諾，各路也所向克捷，至十一月初，再次降服小金川。

諸將移師進討大金川，大金川多年增碉築壘，防守嚴密。阿桂分兵三路，自率一部自小金川攻其東；豐伸額、明亮先後督兵自黨壩渡大金川上游攻其西北；領隊大臣富德督兵渡大金川下游攻其西南。三十九年正月至七月，阿桂又命部將海蘭察率兵五千，與領隊大臣福康安合兵分路進擊，屢克要寨，直逼勒烏圍屏障遜克宗壘。索諾木震懾，遂鴆殺僧格桑，獻屍乞赦，被阿桂拒絕。清軍攻遜克宗壘不到半年，遂改攻勒烏圍周圍其他山寨。四十年七月，清軍抵勒烏圍。勒烏圍碉堅壘厚，西臨大河，南有轉經樓，與北部官寨互為犄角，其東部山麓分層立碉，各設重兵把守。阿桂揮軍先擊其要害，破卡柵數十重，斷其犄角，又毀橋梯斷其退路。明亮在河西猛攻，封鎖水上通路。八月十五夜，清軍以火炮轟破勒烏圍，次日黎明，克轉經樓，索諾木與莎羅奔遁走噶爾崖。阿桂轉逼噶爾崖，與富德、明亮會師。十二月，清軍三路集於噶爾崖城下，斷水道圍困，大炮晝夜轟擊。索諾木計窮，於次年二月初四，率眾兩千餘人出降。

第二次大小金川之戰結束。此戰，清廷經多次籌畫，歷時數十年終獲勝利。但屢易將帥，戰法不當，且缺天時、地利、人和，致勞師糜餉。戰後，清廷改土歸流，廢除兩金川土司制，設廳委官，又置重兵鎮守，加強對該地區的管轄。

乾隆先後多次發動對大小金川的征剿，經年的戰事為當地居民帶來極大的災禍，清廷也遭受了重大的損失。戰爭的發動並非由於藏族居民反抗清廷，只是因為邊地出現了某些糾紛，這些糾紛原本是可以妥善處理的。乾隆帝輕率出動大兵，又一再拒不接受當地土司首領的投降，務期「盡滅」，以維護所謂的軍威國體，事實上也就是樹立乾隆帝的聲威。乾隆帝橫暴的鎮壓，遭到邊地居民的頑強抵抗。清廷先後處死大學士、總督等滿漢重臣三人，官員多名戰死，傷亡兵士數千。戰爭耗費軍需銀七百七十五萬兩，以致不得不動用各地的後備，使「財用枯窘」。清廷在付出巨大代價後，仍然不得不收兵納降，繼續承認當地土司的統治。軍事上的表面勝利，並不能掩蓋實質上的失敗。不必要的連年戰爭，不僅衝擊了乾隆初年保持的承平局面，也為此後的黷武邀功開了端緒。

05 平定叛亂，維護邊境安寧

在統治階級看來，民族矛盾就像一顆炸彈，說不定什麼時候會爆發，而民族的分裂卻是一個國家所不能接受的。該出手時就出手，這一點在愛新覺羅家族的前幾位統治者身上是一脈相承的。

天山南部，塔克拉瑪干大沙漠周圍分布著片片綠洲，當地居民引高山雪水灌溉。早在漢武帝出擊匈奴時，曾派張騫出使西域，清代所稱的回部，即漢代的西域地區。西元七世紀，伊斯蘭教興起於阿拉伯半島，元末傳入南疆，稱為回教，因此當地被稱為回部。清初「元太祖十九世孫阿不都拉哈汗為葉爾羌汗，以其弟分長吐魯番、哈密、阿克蘇、庫車、和闐、喀喇沙爾、烏什、喀什八城。惟是時元裔勢衰，回教勢力日益強大，由和卓掌握政柄」。噶爾丹興起後，兼併回部，將葉爾羌汗阿卜都里什特囚禁伊犁。康熙三十五年（一六九六年）清軍打敗噶爾丹後，阿卜都里什特從伊犁投奔清朝受到康熙帝的優遇，派軍護送經哈密返回葉爾羌故地。之後，瑪罕木特因不服從準噶爾部，又被策妄阿拉布坦敕令將瑪罕木特及其二子波羅尼都和霍集占拘禁伊犁，使所率部眾數千人種地交賦。清軍首入伊犁時瑪罕木特已死，波羅尼都和霍集占才被放出。由於二人係回部首領，令其仍回天山南麓統率當地回民。

不久，阿睦爾撒納在原準噶爾地區發動叛亂時，波羅尼都和霍集占卻乘機率領在伊犁種地的回民數千人眾逃回喀什噶爾。清政府認為他們此舉是為逃避戰亂，因此積極進行招撫。乾隆二十一年，定邊右副將軍兆惠得到此消息，意識到波羅尼都和霍集佔有叛亂跡象，派副都統阿敏道率索倫兵一百、厄魯特兵三千前去招撫。波羅尼都原本願集合所部歸附清朝，霍集占卻因曾幫助阿睦爾撒納叛亂，並認為清軍初定準噶爾無力征討，應該在此時獨立，不然將永久受制於人。當時，波羅尼都對霍集占說：「我家三世為準夷所拘，蒙天朝釋歸，得統所部，此恩何可忘也？」霍集占反對道：「我方久困於準夷，今屬中國，則又為人奴，不如自長一方。」霍集占還反過來煽動波羅尼都說：「若聽大皇帝諭旨，你我二人中必有一人喚至北京以為質，當與禁錮何異？莫若與中國抗拒，地方險遠，內地兵不能即來，來亦率皆疲憊，糧運難繼，料無奈我何。且準噶爾已滅，近地並無強鄰，收羅各城，可以自立。」波羅尼都接受了霍集占的蠱惑。當阿敏道率索倫和厄魯特兵行至庫車時，霍集占關閉城門，並欺騙阿敏道說：我們關閉城門，是怕你帶來的厄魯特士兵騷擾，若將厄魯特兵撤回就開門投降。阿敏道輕信了這種謊言，命隨行的三千厄魯特兵撤退，僅帶百名索倫兵入城，霍集占藉機將阿敏道及其所帶士兵逮捕。不久又殺害了阿敏道，公開舉起叛清的旗幟。

二十二年（一七五七年）年底，乾隆命兆惠為定邊將軍，車布登扎布為副將軍，負責平定南疆叛亂。當時，兆惠因沙喇伯勒地方還有相當一部分的阿睦爾撒納叛軍沒有消滅，便請求乾隆允許他和副將軍車布登扎布徹底解決北路厄魯特叛亂各部，待騰出手以後再進軍天山南路解決霍集占兄弟。乾隆遂改派兵部尚書雅爾哈善為靖逆將軍，率上萬清軍先向天山南路進軍。整個戡亂過程是十分艱難的。

二十三年五月，雅爾哈善所率清軍前進至庫車時遭到叛軍的頑強抵抗。庫車叛軍頭目阿卜都克勒木是霍集占的心腹，率一千騎兵，再加上城內回眾，依仗庫車城倚山而築、地形險要，城牆又用沙土堅實密築，清軍大炮轟擊不倒，因此抗拒不降。雅爾哈善命部下招降無效後，當即命清軍將庫車城四面包圍，接著發起攻擊。霍集占聞知庫車被圍後，率八千人馬越阿克蘇戈壁來援，清軍在城南截擊叛軍，殺死援軍上千人，霍集占也被打傷後逃進庫車城。提督馬得勝用挖地道炸城的方法，從城北一里處開始掘入，因雅爾哈善急於成功，竟下令讓士兵連夜點燈挖掘，被城中叛軍發現後用水灌入地道，挖掘地道的士兵全部被淹死。雅爾哈善無計可出，只好採取長期圍困的辦法，寄希望將敵人困死城中。新降清的維吾爾人提醒雅爾哈善防敵突圍，主張在城西鄂根河和北山通戈壁處設伏兵擒敵，可惜未被採納。數日後，霍集占果然乘夜黑從城西涉鄂根河逃走，「侍衛噶布舒報知順德訥，而順德訥必俟天曉往追」，喪失了活捉霍集占的極好機會。叛軍頭目阿卜都克勒木也乘夜逃走了，最終僅剩老弱婦稚出城投降。乾隆得知庫車之役的結果大發雷霆，將縱敵逃跑負主要責任的雅爾哈善、哈寧阿、馬德勝和順德訥四人處死，任定邊將軍兆惠全權指揮平叛。

兆惠接到乾隆的命令率所部清軍急速奔赴庫車，此時霍集占已退守葉爾羌，因此兆惠一路順利。經阿克蘇，該城首領頗拉特降；至和闐，其城主霍集斯將以前曾擒獲達瓦齊獻給清軍，當兆惠領兵到來，霍集斯即刻開城迎降，並招降了烏什城。乾隆聞訊，當即宣布封霍集斯為公爵，賞戴雙眼孔雀翎。

霍集斯之降，使乾隆陷入對平叛前景盲目樂觀的歧途中，以為擒獲霍集占指日可待。他甚至命令定邊右副將軍車布登扎布回游牧地休息，不必參加平叛。尤其是乾隆得知霍集占率兵撤退時，隨行人馬僅有三千左右，叛軍士氣低落，沿途毀棄軍器、宰殺馬駝，怨聲載道等情形後，更認為「賊黨俱已離心，大功自可立奏」。他竟不顧天氣嚴寒、清兵連續作戰等不利因素，諭兆惠「橋梁雖毀，我兵或浮渡或拴筏無不可者。兆惠宜努力前行，乘回眾離心，渠魁自當就縛」。兆惠所率雖有上萬清軍，由於庫車、和闐、阿克蘇、烏什等城需分兵守衛，兵力已失去大半。乾隆卻鼓勵兆惠驅兵急進，「葉爾羌、喀什噶爾相繼投誠，亦未可定」，甚至幻想會出現維吾爾人擒霍集占來獻的奇蹟。在這種急於求勝的思想指導之下，兆惠率四千清軍行至葉爾羌時陷入了叛軍重圍之中。

十月初三日，兆惠率清軍至葉爾羌城外。為對抗清軍，叛軍方面由霍集占守葉爾羌，波羅尼都守喀什噶爾以互相支援。霍集占將葉爾羌附近村莊人民的糧草全部移進城中，還欺騙城中維吾爾人說清軍見人就殺，並散布「伯克霍集斯已被殺」等謠言以煽動叛軍拼死抵抗。叛軍在人數上遠遠超過清軍，而葉爾羌城比庫車城大幾倍，四面有十二個城門，兆惠所帶清軍只能圍城一面。清軍從烏什長途行軍一千五百里，來到葉爾羌已是人困馬乏。兆惠通過俘虜口中得知霍集占牧群盡在南山，因此派清軍先奪取牧群。清軍渡喀喇烏蘇河（譯名黑水），大約過去四百人時忽然橋斷，大批叛軍向清軍進攻，過河的清軍都拼死戰鬥，並泅水退回。將領高天喜、鄂實、三格、特通額戰死，兆惠所騎戰馬兩次中槍死，他的臉部及頸脛負傷，只好被迫收軍退回營地。

霍集占率馬步騎萬餘人把清軍團團圍住，清軍紮營在黑水河邊，因此又稱黑水營之圍。清軍雖被圍困，所幸攜帶軍糧可供兩個月，於是兆惠掘壕結寨，固守待援。霍集占圍住清軍，波羅尼都也從喀什噶爾率軍趕來，企圖一舉殲滅清軍。叛軍首先決河水灌清軍營地，兆惠則派兵挖渠將水引入下流，且又掘地得泉水因此解決了飲水問題。叛軍一計未成，又生一計，在清軍四面樹起高臺四座，向清軍營地施放贊巴拉特鳥槍，清軍安營林中也搭起高臺與之對射。叛軍所射槍彈多擊中樹木，清軍伐木做飯，「每斫一木，即墜落無數」，彈藥反而不缺。清軍又在營地中挖出維吾爾人埋藏糧食二十餘處，每處有米數石，軍心較為穩定。霍集占率叛軍久攻不下，雙方相持達三個月之久。

乾隆從駐守阿克蘇的辦事大臣舒赫德處得知兆惠被圍的消息，立即命令富德為定邊右副將軍，阿里袞、愛隆阿、福祿、舒赫德俱授為參贊大臣，「無論何隊兵丁，唯擇馬力有餘者作速前往」，以盡快解兆惠之圍。他把兆惠輕敵深入的失誤算在自己身上，實事求是地做了自我批評，並且封兆惠武毅謀勇一等公，賜紅寶石帽頂、四團龍補服，以鼓舞士氣。

二十四年（一七五九年）正月初六，富德率兵至呼爾，途中遇到霍集占和波羅尼都率五千騎兵的截擊。為解圍而來的清軍勇氣倍增，無不以一當十，波羅尼都被清軍打傷抬回喀什噶爾。但清軍遠道奔襲馬匹乏力，戰鬥到初九逐漸不能追擊。恰巧在這天夜裡，參贊大臣阿里袞送馬趕到，合軍抵葉爾羌河岸。兆惠在圍中聽到數十里外槍炮大作，知援軍趕到，趁夜選精兵千名造雲梯衝出營壘，殺死叛軍上千人，與富德合軍後率餘部隊還阿克蘇休整。

兆惠率軍退回阿克蘇，經過休整與補充軍需，乾隆於二十四年六月，命令兆惠和富德兩路並進，兆惠領兵由烏什取喀什噶爾，富德由和闐取葉爾羌。兩路清軍合計有兩萬人，在數量上佔有一定的優勢。經過葉爾羌之戰，霍集占兄弟對清軍的戰鬥力存有畏懼之心，一聽說大隊清軍前來，慌忙把葉爾羌和喀什噶爾兩城燒毀，脅迫大批人眾逃往巴達克山。乾隆得知霍集占兄弟逃跑的消息，傳諭兆惠令清軍急速追襲。

之後的戰事證明，乾隆的判斷和決策是非常英明的，此時叛軍已呈土崩瓦解之勢。八月，明瑞率九百清軍在霍斯庫克嶺與叛軍六千相遇，清軍奮勇鏖戰，叛軍則毫無鬥志，紛紛越嶺逃竄。富德等率清軍一直追擊到巴達克山部所屬的葉什勒庫勒諾爾山。清軍一面發起進攻，一面樹起招降大旗，廣大維吾爾人眾畢竟不甘心流落異國他鄉，便紛紛下山投降。霍集占起初還在山頭攔阻，後來見大勢已去，只好與波羅尼都攜餘黨幾百人逃至巴達克山。

乾隆得知霍集占兄弟逃到巴達克山的消息，當即命富德陳兵巴達克山邊界，以武力索取叛軍魁首。最後，霍集占被殺，波羅尼都被俘，但巴達克山人以「我回部經教，凡派罕帕爾子孫不得執送人」為由抵制清軍。因而，乾隆敕諭巴達克山汗素勒坦沙，素勒坦沙汗迫於清政府的外交和軍事壓力，於十月份交出霍集占首級，並說波羅尼都屍首已被人竊走了。至此，清軍平定了回部叛亂，宣告取得徹底勝利。

清政府統一了天山南北廣大區域，為開發大西北、促進統一的多民族國家的發展奠定了必不可少的堅實基礎。但是事情並沒有就此結束，這一偉大事業才剛剛開始。緊接著，乾隆帝又做了長期不懈的努力，花費了大量人力、財力和物力，採取了種種措施為建設、鞏固大西北做出了極大的貢獻。

06 大興文字獄，禁錮世人的思想

文字獄在雍正、乾隆父子身上，可謂一脈相承、子繼父業，這兩位愛新覺羅氏的掌門人，選擇了同樣的方式去實現同一個目的。然而，從這個政策的效果來說，他們的努力並沒有達到預期的目的。

乾隆繼任皇帝後，為了加強封建專制主義統治大興文字獄，以達到在思想上控制和愚弄人民的目的。

對進步的、敢於抨擊時政的知識分子橫加迫害，首先是從他們的著述入手。字字挑剔，欽定「逆案」，致使許多文人志士慘死於文字獄之害，其中最其代表性的一例發生在乾隆二十年的胡中藻案。

胡中藻是江西新建縣人，乾隆元年（一七三六年）考中進士。曾是乾隆初年輔政大臣鄂爾泰的門下，他先後擔任過翰林、內閣學士，陝西、湖南、廣西學政等官職，在當時文人中享有很高的聲望。在乾隆初年被捲入統治階級集團內部派系鬥爭之中，因此引起了乾隆皇帝對他的注意。

乾隆對胡中藻的迫害，最初從查辦他的文章開始。胡中藻是當時著名的詩人，著有《堅磨生詩鈔》四本。於是，乾隆命令協辦大學士、禮部尚書蔣溥秘密查辦此書，從中字字挑剔以確定其逆反罪行。乾隆二十年（一七五五年）二月，乾隆命令廣西巡撫衛哲治將胡中藻在任廣西學政時所出的試題與詩文一併嚴行查抄，迅速上奏，並令他嚴加保密。衛哲治在接到密旨後，自然不敢怠慢，將胡中藻在乾隆十三年任廣西學政以來一年多時間所出的試題和倡和詩三十六首各抄錄一本，秘密送給乾隆。三月初，乾隆又命令陝甘總督赴甘肅巡撫衙門，將與胡中藻往來書信、詩文送往朝中。三月十一日，乾隆命總理王大臣對曾為《堅磨生詩鈔》作序的禮部侍郎，在上書房行走的張開泰「嚴加訊究」。

乾隆經過一系列的準備工作，從胡的詩鈔及書信等文中字字琢磨，羅列了一系列胡中藻「叛逆」罪狀。在三月十三日，他召集朝中大學士、九卿、翰林、詹事、科道等廷臣面諭，指責胡中藻有叛逆之心，聲稱他的「悖逆之詞」要比雍正時的查嗣庭、汪景祺、呂留良還要多。並從《堅磨生詩鈔》中摘出一些詩句，逐句加以指剔。比如，詩文中的「一世無日月」，被認為是影射清朝統治的黑暗；「又降一世夏秋冬」，被認為是詛咒清朝將為新的朝代所代替。再如，詩中還有這樣幾句：「南斗送我南，北斗送我北」「雖然北風好，難用可如何」「至雲揭北斗，怒竅生南風」，乾隆指剔這些詩句中的「北」都是暗指清統治，詩中南北分提，重言反覆，這是對清統治的不滿和攻擊。又有「亦天之子亦菜衣」，認為在「天子」句中用兩個

「亦」字悖慢已極，是對皇帝的最大不敬；「一世璞誰完，吾身甑恐破」「若能自主張，除是脫韁鎖」「一世眩如鳥在籞」「虱官我曾慚」「直道恐難行」等詩句，都被認為是胡中藻對朝廷發洩不滿。

乾隆一方面從胡中藻的詩句中摘取一些可疑的字句，字字進行挑剔，羅列他的罪名；另一方面，還從胡在擔任學政時所出試題中大做文章。如胡中藻在任廣西學政時，曾以「乾三爻不象龍說」作為試題。乾隆皇帝認為「乾隆」是他的年號，「龍」與「隆」同音，題中的「乾不象龍」顯然是對他的譏諷與惡意攻擊。此外，乾隆又從試題中挑出許多處，都認為是另有所指、別有用心，完全是十足的大逆不道。

乾隆為胡中藻羅列了一大堆「叛逆」的罪狀後，下令將胡中藻交給大學士、九卿、翰林、詹事、科道等廷臣共同嚴審具核。廷臣上承乾隆皇帝的旨意，將胡中藻按著「大逆罪」，「擬以凌遲處死」，其親屬「男十六歲以上皆斬立決」。弘曆接到廷臣的擬判後，又裝出一副仁慈的姿態說：「朕自登基以來，從未因為文字制罪於人，只是因為胡中藻的詩鈔內連篇累牘的無非卻是誹謗、詆毀朝廷之詞，因此不得不申明憲典，以儆囂頑。」但對胡又格外開恩，免其「凌遲」，「著即行處斬」，以此儆戒天下後世。另外，與胡中藻詩文唱和的甘肅巡撫鄂昌則被「賜死」。已死的大學士鄂爾泰被撤出賢良祠，不准再入賢良祠。

乾隆從胡中藻的詩文中刻意挑剔，對胡強加叛逆的罪名並予以處死。他自覺很難讓人心服口服，又擔心因此引發事端，於是特命江西巡撫必須嚴密捉拿共犯，並做好防範準備。到此時，乾隆初期著名文字獄——胡中藻案宣告結束，由乾隆帝欽定的這場「逆案」無辜地殺害了許多人。這就是封建專制主義的強制，更加禁錮了人們的思想，讓人民俯首在自己的統治之下。

據《清代文字獄檔案》記載，乾隆年間所興文字冤案數超過其父祖竟達六十餘案，的確是冤獄橫興，濫殺無辜。乾隆實行的這種文化專制政策，帶來了嚴重惡果，不僅窒息了人們的思想，而且破壞了文化學術思想界自由探討、勇於創新的傳統，使許多文人提心吊膽，不但不敢議論時政，也不敢撰寫富有教育性質為前車之鑑的政治歷史書籍，逃避現實而埋首於故紙堆，煩瑣的學風惡性膨脹，以致後來龔自珍發出了「避席畏聞文字獄，著書都為稻粱謀」「萬馬齊喑究可哀」的歎息。

07 取締「邪教」，維護統治秩序

哪裡有壓迫，哪裡就有反抗。在愛新覺羅氏統治期間，民間的反抗一直沒有停止過，對反抗的鎮壓也同樣也一直在進行。在一次次反抗與鎮壓的過程中，愛新覺羅氏的統治基礎也在不知不覺地動搖著。

乾隆前期，社會階級矛盾雖未尖銳化，但人民的反抗鬥爭卻沒有停止。民間的秘密宗教成為群眾的反清組織。在各地秘密傳播的宗教，有大乘教、羅教、宏陽教、收元教、長生道等。這些秘密宗教與元末以來的白蓮教相比較，在教旨、信奉對象、教儀、經卷和組織形式上既有許多相似之處，又各具特徵。由於他們的信仰背離了封建正統思想，他們的行為和組織更是與封建政權相對立，因此被清朝視為「邪教」。在各種秘密宗教中，大乘教傳播最廣泛，這自然引起了乾隆的關注，並堅決予以取締。

大乘教的組織最早是在貴州被揭露的。乾隆十一年（一七四六年）閏三月，貴州總督張廣泗密奏，雍正時雲南大理雞足山「妖人」張保太，「妄刻《皇經注解》及《先後天圖》，惑人入教，行蹤詭秘」，張保太雖於雍正十年（一七三二年）事發被雲南地方官拿獲，「監斃獄中」，但黨羽流入貴州、四川傳及各省，要求降諭查緝。

張保太，又作張保泰，原是雲南大理府太和縣秀才。康熙二十年（一六八一年）間，在雞足山開堂倡教，法號道岸，釋名洪域。他所傳大乘教，又稱無為教，屬於白蓮教的支派。張保太師從四十八代祖師楊鵬翼，原是雲南騰越州生員。張保太得楊鵬翼傳教，時為第四十九代收圓祖師。據上述張廣泗奏書，張保太於雍正十年被逮入獄監斃。但是，據直隸總督那蘇圖奏報，常州府江陰縣長涇鎮西來教首犯夏天佑於乾隆四年（一七三九年）被逮捕，他供稱：乾隆三年夏天，佑曾親往雲南面見張保太，年已八十餘歲。也就是說，乾隆初張保太還活在人間。又據十一年七月，乾隆說：「如雲南之張保太因從前遇赦釋放，今日遂至蔓延」。這裡所謂「遇赦」，當指乾隆登基時的特赦。再據乾隆十一年九月，雲南總督兼巡撫張允隨奏：「滇省火官會，臣自乾隆六年將張保太拿禁監斃後，即檄令全省通行嚴禁。」可見，張保太不是死於雍正十年，而是死於乾隆六年之後。

張保太大乘教從雲南傳播到貴州、四川、江蘇、江西、湖北、湖南、山西等地。張保太死後，雲南由其子張曉繼承衣缽。貴州的首領是魏明璉和其妻魏王氏，也即魏齋婆，他倆得張保太「左右中官授記」。魏明璉死後，魏王氏以右中官兼領左中官接法開堂。在貴州受封於張保太的還有承中授記唐世勳、上繞授記呂仕聘、果位護道金剛授記魏之璧，退職千總雷大鳴被授為上繞執事。可見其內部已形成一套組織機構，雲貴大乘教還有固定的聚會日期。張保太大乘教內，除天官、地官、水官三會外，又添一火官會，每逢會期齊集建醮。其中，火官會期是每年四月十五日。

四川大乘教首領劉奇，即劉權，又名劉元亨。他曾隨張保太到瀘州學「無生最上一乘教」。張保太死後，大乘教內部傳說劉奇是「張保太轉世」，「張保太已借劉奇之竅，臨凡度眾」，因此劉奇在四川及其他各地教徒中享有很高聲望。四川大乘教內還有法船、瘟船、鐵船組織。法船首領是劉奇本人，瘟船首領是僧人雪峰，鐵船掌教是朱牛八。

江蘇的大乘教傳播極為廣泛。江陰縣原有西來教，教頭夏天佑是張保太弟子，於乾隆四年（一七三九年）被取締。宜興有僧人吳時濟倡立龍華會，會內骨幹杜玉梁等人各有「授記封號」。震澤、寶山、嘉定等地有燃燈教。太倉州燃燈教首領王一岩，素來宗張保太。王一岩死後，由妻王徐氏接法開堂。王徐氏自稱是「活佛臨凡」，稱她的外甥女周氏是「觀音轉世」，他們與四川劉奇保持密切往來。王徐氏多次遣人入川與劉奇通聲息，並且還給劉奇送「香金紗衣」。

湖廣鄰近貴州，當地大乘教傳自貴州有很多教徒。湖北教首是金友端，湖南教首是莫少康等人。

大乘教也傳播至直隸與北京。對於大乘教在各地傳播，地方官初時不以為意，他們認為大乘教徒「不過吃素念經，並無別情」，「託名燒香禮拜，經文亦不過尋常勸世之語」。但是在乾隆的心目中，大乘教是危險的異端：「從來左道惑眾，最為人心風俗之害，理應嚴加懲創，庶足儆頑悖而安善良。」並且他還意識到「邪教」蔓延必將從思想上、政治上對封建統治都構成極大威脅。

因此當乾隆接到張廣泗報告時，就下令對大乘教的清查取締。乾隆十一年六月六日至八日，他下了九道諭旨指示雲南、貴州、四川、江蘇、直隸、湖廣、江南、江西、山西等地緝拿大乘教首領。在乾隆的旨意下，雲南省總督兼巡撫張允隨逮捕了張曉及劉奇的徒弟劉鈞和要犯楊聲等六人。張曉、劉鈞被凌遲處死，楊聲等斬立決。張允隨還派兵看守張保太、楊鵬翼埋屍處，準備到定案時毀墳戮屍。

貴州省總督兼巡撫張廣泗是這一案件的「發奸擿伏」者，深得乾隆賞識，清查尤其賣力。他經過秘密查訪，緝拿了張保太徒弟張二郎。從審訊張二郎獲得口供得知火官會聚期，遂於乾隆十一年四月十五日會期之際逮捕了貴州大乘教首領魏齋婆等人，魏齋婆經審訊又供出大乘教內部組織情況以及某些掌教人情況。四川大乘教首領劉奇，湖廣教首莫少康、劉選升、孫其天，北京呂齋婆等人，都是魏齋婆供出的。張廣泗還上奏，法船首領已捕獲，瘟船首領僧人雪峰已獲旋斃，唯鐵船首領朱牛八難以緝獲。牛八實乃朱字，朱牛八顯然非真實名字，而是含有懷念朱明王朝、反清復明深意的化名，白蓮教經常散布牛八復位的傳說。

四川巡撫紀山，從一名鐵船教徒胡恆口供中認定，朱牛八在貴州羅貢生家被招為女婿。乾隆諭令張廣泗緝拿，張廣泗於仁懷、黔西一帶細訪無蹤。仁懷縣安羅里雖有一家姓羅，非貢生，當地佃戶多係苗人，並沒有秘密教派的傳播。

紀山對大乘教追查不熱心，多次受到乾隆斥責。他雖然逮捕了劉奇，卻未「搜查陳奏」，且誤信鐵船不與劉奇大乘教同派，「並非通達聲氣」。乾隆斥紀山：「汝辦理此等事，甚不滿朕意」。此後不久，紀山看到張廣泗咨文才知道鐵船教原是大乘教中的支派，察覺到問題的嚴重性，立刻上奏：「將劉奇供出在川之王清直、王之璧、張萬學等十四名迅速密拿。在雲南、貴州、直隸、江南、江西、湖廣、山西之胡大思、朱牛八、呂齋婆等十九名密咨該省查拿。」

除上述重點地區外，保定、湖廣、江西、山西以及廣東等地，也在黑風腥雨中追捕大乘教要犯，燒毀「謠書偽讖」。乾隆十一年，由於為首犯雲南張曉、四川劉奇、貴州魏齋婆、江蘇王徐氏等均已抓獲正法，脅從犯亦分別治罪，乾隆宣布「邪教」追查結束，但邪書應繼續收繳。

乾隆十三年（一七四八年）正月，福建建安、甌寧二縣發生了老官齋教徒暴動。福建老官齋是羅教支派，羅教是明代正統至嘉靖時，山東即墨人羅清創立的。羅清又名羅靜、羅懷，被信徒尊稱作羅祖。羅清著有《苦功悟道卷》《歎世無為卷》《破邪顯證卷》《正信除疑卷》《泰山不動卷》，共五部六冊。羅教的教義，既吸收佛教的「空論」，把「真空」作為宇宙本源，又吸收宋儒思想，把無極、太極作為宇宙本源，認為「萬般都是無極化」，所以羅教又稱無極教、太極教。無極聖祖也就成了福建老官齋崇拜的神靈。

福建老官齋傳自浙江，官府視它為大乘教。乾隆前期，慶元縣姚氏後裔姚正益每年來閩傳教一次，教徒奉姚氏若神明。最初教徒不多，僅遺立村會首陳光耀即普照的齋明堂一處，後又有周地村的千興齋堂、芒田村的得遇堂、七道橋的興發堂、埂尾村的純仁堂等相繼建立，各堂教徒人數不等，或數十人，或百餘人。「各堂人教命名者，每名收香火銀三錢三分」，每月朔、望各聚會一次。

老官齋徒聚會吃齋，地方官本不在意。乾隆十二年（一七四七年）十一月，齋明堂會首陳光耀等搭蓋篷廠，聚集鄉民，點燭念經，被鄉長告發。甌寧縣派兵擒獲陳光耀等。齋明堂頭人被捕，其他各堂首領人心惶惶，怕陳光耀在審訊中將他們供出，因此被通緝的逃犯葛竟仔夥同妻舅魏現、七道橋會首黃朝尊、教徒宋錦標之妻女巫嚴氏（**法名普少**）等商議攻城劫獄。嚴氏「素能降神，又能舞劍召魔」，她遂謊稱坐功上天受師父囑咐，彌勒即將下降治理，用以動員教徒。葛竟仔、魏現等又私造偽札兵符旗幟，設立元帥、總帥、總兵、副將、游擊、守備、千總等職，搜集鳥槍、刀、槍、器械、火藥，製造包頭綢布，人手一塊，上繪「無極聖祖圖記」。乾隆十三年正月，嚴氏再次假託降神，讖語說彌勒佛要入府城。魏現等遂以「神言煽惑同會」，他們約定十四日齊集各堂，十五日各執刀槍器械，抬迎菩薩進城，由居住在城內的教徒、畫匠丘士賢為內應。葛竟仔還同時封鎖各村口，挾各處鄉民入夥。十五日上午，千餘名教徒在芒田村祭旗，嚴氏乘轎張蓋率眾先行。魏現、黃朝尊、官月照等會首，指揮教徒扛抬神像，手執大小藍白旗，上書「無為大道」「代天行事」「無極聖祖」「勸富濟貧」等，直奔建寧府城。

最先向官府報告老官齋徒發動暴動消息的，是一位布販張國賢。正月十四日，他挑著四十餘匹布，在離縣城四十里地方被老官齋徒扣押，張國賢逃回府城稟報。知府徐士俊起初並不相信，到後來接到塘兵報告才派兵趕往鎮壓。途中老官齋徒隊伍被打散，紛紛逃竄進山，官兵又進山搜捕三百餘人。

對於老官齋徒暴動，乾隆頗為注重。他接到地方官奏摺後將徐士俊革職，並親自過問對漏網的老官齋要犯的追捕。在堵截暴動隊伍時，為首的魏現逃跑了。乾隆指示說：「此一犯不比他人，必當弋獲。」對於其他參加暴動的教徒，乾隆也指示「即多戮數人，亦使奸徒知所畏懼，不特孽由自作，亦除暴安民，理當如是」。在乾隆督促下，閩浙總督喀爾吉善派兵四出搜捕魏現等要犯。五月二日，魏現終於在深山老林中被逮捕。參加暴動的老官齋徒，共被抓獲三百名，打死和自縊的九名。喀爾吉善擬定對暴動教徒分別六等治罪：首惡凌遲，助謀立斬，以邪教誘惑愚民絞候，被脅同行充發烏喇（即服差役），知情不報流徙，僅吃齋食未知暴動事者概緩查拿。擬罪結果，計凌遲一名，立斬四十九名，立絞六名，絞候一名，發遣烏喇者八十八名，枷責九十九名，罪犯家屬沒為奴發遣烏喇十九名，共兩百六十五名，其餘或被監斃或自縊。處以刑罰如此之多，特別是處以死刑者居之多，充分暴露了統治者的殘暴。

老官齋徒暴動雖說規模小、時間短，並沒有給清朝造成任何威脅，但乾隆從中悟出清查「邪教」的緊迫性。乾隆十三年，他下令各地官員留心察訪，一有訪聞即行擒捕，不可稍存怠忽。乾隆此諭後，全國各地加強了對民間宗教的追查。

通過取締各種教派活動，乾隆將各種反清勢力逐一扼殺，鞏固了自己的統治。然而民間的反抗並沒有因此而絕跡，隨著統治秩序的惡化，反抗越來越激烈，不斷動搖著愛新覺羅家族的根基。

08 寵信和珅，敗壞帝國吏治

和珅與乾隆的關係的確很奇怪。乾隆面對和珅這樣的貪官居然視而不見，任其為所欲為，敗壞祖宗基業。也許個人的喜好要比整個愛新覺羅家族的利益更重要吧。

和珅是中國歷史上最著名的貪官。和珅出生在一個並不富裕的武官家庭，但他與弟弟和琳從小都受到較好的教育，十幾歲時被選入咸安宮官學，接受儒學經典和滿、漢、蒙古文字教育。和珅天資聰穎、勤奮努力、成績突出，因而得到老師吳省蘭等人的器重。乾隆三十四年，二十歲的和珅繼承祖上三等輕車都尉的爵位。第二年，參加順天府科舉鄉試未能考中舉人。不過，沒有功名的和珅之後卻因頗有才學主管了許多文化、教育事業。

乾隆三十七年十一月，二十三歲的和珅被任命為三等侍衛（**正五品**），這成為他人生的一個重要轉捩點。皇帝的侍衛很多，但為什麼和珅會得到乾隆的賞識？

《庸庵筆記》記載：某日乾隆要外出，倉促中找不到儀仗用的黃蓋（**或一說「雲南急呈奏本，緬甸要犯逃脫」**），乾隆責問：「虎兕出於柙，龜玉毀於櫝中，誰之過與？」這是引用

《論語》中的一句話，來責問「是誰的過錯」。眾侍衛都嚇得不敢出聲，只有和珅應聲說道：「典守者不得辭其責也！」意為「執掌此事的難辭其咎」。這句答話，正好是《四書》中對上句話的注解「豈非典守者之過邪」。和珅做了巧妙的變通，用在這個場合顯得自然貼切。乾隆大喜，當即將他升了職。

另一說法是，某日乾隆在轎中背誦《論語》忘了下文，和珅順口背了出來，乾隆很是歡喜。總之，年輕的和珅英俊瀟灑又頗有才學，可能在某一偶然的機遇中引起了乾隆的注意，從此時來運轉、飛黃騰達。

乾隆四十一年（一七七六年）正月，授戶部右侍衛。三月，命在軍機大臣行走，四月，授內務府總管大臣。乾隆四十三年，又兼步軍統領，和珅更加春風得意。他對皇帝的起居體貼入微，「皇帝若有咳唾之時，和珅溺器進之」，真是拍馬有術。四十五年，乾隆帝想要嚴飭貪污之風，命和珅查辦雲南總督李侍堯貪污案，他風馳電掣地跑到雲南拷問李家僕人，竟然查出證據。隨後，又面奏雲南鹽務、錢法、邊防等政務情況，「多稱上意，並允行」，立即升任戶部尚書，議政大臣。這一年五月二十日，乾隆帝又特意下諭旨：「尚書和珅之子賜名豐紳殷德，指為十公主之額駙，賞戴紅絨結頂，雙眼孔雀翎，穿金線花褂，待年及歲時，再派結髮大臣，舉行指婚禮。」

和珅既無文治，也無武功，論資歷、門第威望、才幹和人品均不及阿桂、嵇璜、王杰、福康安等人。但是，從乾隆朝後期深受皇帝寵信並委以大權，主要原因是他擅長揣摩帝意、迎合君旨、玩弄權術，故能博取皇帝歡心蒙受特寵。乾隆五十五年（一七九〇年），有個叫尹壯圖的官員上書反映各省庫藏空虛的情況。和珅立即出來打棍子（**在政治上打擊迫害別人**），奏請「命壯圖往勘各省庫」，並派親信慶成同行。結果尹壯圖以「所奏不實」降職，和珅更得寵信。官庫雖然空虛，皇帝卻少不了白花花的銀子。於是和珅又多次為乾隆獻策聚斂增收，並以「宰相」自居，兼任屬於皇帝內務府包衣專差的崇文門稅務鹽督，為皇上守住這個重要的進財口。

有了皇上的寵信和關照，和珅便更肆無忌憚地攬權索賄。他一人得道便雞犬升天，弟封公爵、子尚公主，連僕人也家財萬貫、橫行霸道，而且拉攏黨羽、排斥異己。他和大學士傅恆的兒子、皇后的內侄福長安勾搭一起，輕而易舉地使福長安進入軍機處做他的幫手。和珅的姻親蘇凌阿是個老耄昏聵、卑鄙無恥的老官僚，在任總督時「每接見屬員，曰：皇上厚恩，命余覓棺材本來也」，這樣一個只要錢不要臉的傢伙也被和珅提為大學士。吳省蘭、李璜、李光雲是和珅以前的老師，此時也都身居高官。

阿桂任首席軍機大臣時，和珅還有所顧忌，阿桂死後，和珅升任首輔便恃寵弄權、獨霸軍機。以前朝臣奏章要直達御前，由皇帝親自拆開。但和珅卻下令以後奏章需繕寫兩份，副本要交軍機處，從此上奏的管道也就被他一手控制了。

和珅不但具有政治野心，而且對金錢、財貨更為貪婪。他公開向屬員索要賄賂，連皇子永錫想承襲肅親王爵位也要給他送禮才求得獲准。他甚至連宮廷進貢物都劃歸己有，「四方進貢之物，上者悉入珅等，次者始入宮也」。連他家的私活也從步軍統領衙門抽調兵丁，多時竟達上千人。

乾隆四十七年（一七八二年），御史錢灃奏劾和珅的黨羽——山東巡撫國泰貪污、侵蝕公帑的罪行。和珅急忙通風報信，讓國泰借挪搪塞。但是錢灃機智地發現官庫銀錠規格雜亂，不合統一標準，最終抓獲了真贓使國泰伏法，而錢灃從此不得升遷，最終抑鬱而死。

乾隆五十一年（一七八六年），陝西道監察御史曹錫寶上書彈劾和珅家奴劉全，上書說：「和珅家奴劉禿子本係車夫，管理家務，『服用奢侈、器具完美，苟非侵冒主財、克扣欺隱，或借主人名目，招搖撞騙，焉能如此。』」由於事機不秘被和珅得知，馬上指使劉全藏贓，連夜毀屋重造。由於調查失敗，曹錫寶反被乾隆帝譴責，革職留任。

乾隆末年吏治腐敗，貪官之首便是皇帝最寵信的和珅。但和珅持權恃大，忘記了太上皇年事已高，該為自己預備退路。在乾隆帝有意選顒琰繼位時，和珅早早打探到這一消息，在宣布此事的頭一天送給顒琰一柄玉如意，表示自己對此事勞苦功高。乾隆帝退居幕後，和珅專權更甚，嘉慶帝有什麼事反而要託和珅轉告父親。嘉慶帝的老師朱珪由兩廣總督升任大學士，嘉慶皇帝寫詩祝賀，沒想到和珅向太上皇告狀說嘉慶帝在向下屬「市恩」，結果朱珪降為安徽巡撫，嘉慶帝也因此得罪了父親。嘉慶帝隱忍不發，表面上更重視和珅。

嘉慶四年（一七九九年）正月初三，太上皇乾隆弘曆駕崩。次日，嘉慶帝命和珅與戶部尚書福長安輪流看守殯殿，不得擅自出入，實施軟禁。接著又下了一道突兀的聖旨，命令著實查辦圍剿白蓮教不力者及幕後庇護之人。當天就有大臣領會到皇帝的意圖，於是彈劾和珅的奏章源源不斷送到嘉慶帝手中。嘉慶帝宣布和珅的二十條大罪，當即下令逮捕入獄。

嘉慶帝本要將和珅凌遲處死，但由於皇妹和孝公主（和珅兒媳婦）的求情，並且參考了董誥、劉墉諸大臣的建議，改為賜和珅獄中自盡。為避免政壇風波，嘉慶帝宣布對能棄惡從善的和珅餘黨一律免於追究。

經查抄，和珅財產的三分之一價值二億二千三百萬兩白銀，玉器珠寶、西洋奇器無法勝數，有些珍品比皇宮甚之。民間諺語說：「和珅跌倒，嘉慶吃飽。」

09 傳位不交權，帝國遍烽火

權力的魅力，是這些身居高位的人無法抵擋的。一個年近九十的老頭子，為了滿足自己的權力欲，死抱著權力不放。面對著江河日下的帝國只知享樂，不顧繁華盛世掩蓋下的江山已是千瘡百孔，愛新覺羅家族的危機就在盛世中悄無聲息地來臨了。

乾隆皇帝二十五歲登基，處處以皇祖康熙為楷模，理刑處政都以康熙聖訓為金科，甚至一言一行都效仿他的祖父。

乾隆還多次表示，若蒙蒼天保佑能執政六十年，就立即將皇位傳給兒子，不敢超越皇祖執政六十一年的年限。

時光荏苒，這一承諾很快需要兌現了。乾隆六十年（一七九五年）九月初三這一天，高宗在勤政殿召見皇子、皇孫及王公大臣，宣布立皇十五子嘉親王永琰為皇太子，以明年為嘉慶元年。他還命令將「永」字改為「顒」字，取吉祥宏大之意，希望他的繼承人發揚康乾盛世的光輝普照天下萬民。

經過幾個月的充分準備，丙辰（一七九六年）的年初終於迎來了授受大典，也就是傳位儀式。嘉慶陪同太上皇先到奉先殿堂子行禮，隨後遣官祭告太廟，最後即舉行正式儀式。在太和殿乾隆親自將金光閃閃的皇帝玉寶交給嘉慶皇帝，嘉慶帝雙膝跪地，頭微垂，用雙手接過父親手中的玉璽，群臣高呼「萬歲」。太上皇受賀結束後回宮，嘉慶帝正式即位，接著又是群臣祝賀。嘉慶帝又將太上皇頒寫的傳位詔書頒行天下，並對有功人員予以封賞，整個儀式完成。這一年，乾隆已八十六歲高齡，嘉慶帝三十七歲。

乾隆當了太上皇，按年齡及以往朝代的規制來說就應頤養天年不再處理政事了，更何況新皇帝已不是個孩子，完全有能力處理國家大事。但乾隆人老心不老，他在退位前後曾多次說自己身體很健康仍能處理大事。乾隆四十三年（一七七八年），他發了一道諭旨，表示到期傳位，但緊接著又為自己將來訓政大造輿論，他說：「朕今年春秋六十八，康強一如往時，自然應該代替上天愛養百姓，治理百官，以不負祖宗的重託。現在距乙卯年（即乾隆六十年）還有十七年，為日還長，我怎麼能有息肩（即休息、退休之意）之想法呢？如果朕的精力始終這樣旺盛，每天都很勤勉，這不正合了朕的意願，這難道不是很好嗎？」

乾隆六十年（一七九五年），高宗在傳位詔書中對後事做了種種安排後，緊接著又宣布：「朕仰承上天保佑，身體健康，一日不至倦勤，一天也就不敢怠倦。歸政後，凡遇有軍國大事，及用人行政等大端，豈能置之不問，仍須朕躬親指教。至於嗣皇帝，只能朝夕聆聽訓諭，將來知道有所秉承，不致出現差錯，這難道不是國家的大福？」他認為顒琰統治經驗不太豐富，還需學習。但顒琰也不是無事可做，乾隆覺得自己年近九旬，對於登降跪拜等禮節已經做得不太好了，因而須將「郊、壇、宗、社諸祭祀」的行禮事交給顒琰來做，也算「人盡其才」。乾隆還命令部院衙門及各省題奏章疏，連引見文武官員等尋常事也要「嗣皇帝一同批閱」，以便效法乾隆的所作所為。

乾隆不服老，事實上是不願放棄權力，因而直到他死也沒有離開養心殿。早在乾隆三十七年（一七七二年），高宗就在宮中外東路興修寧壽宮作為歸政之後當太上皇時的休養之所。但乾隆退政後並未真的歸政休養，而是改歸政為訓政，這就為他繼續留住養心殿找到了理由。按清代禮制，皇帝退位之後應該遷出養心殿，移居寧壽宮，而讓新皇帝移居養心殿，即使訓政也應如此。但乾隆不願離開養心殿，讓嘉慶居住在毓慶宮，並且還提出兩點理由：一是「寢興六十養心慣」，即位之後居養心殿已六十年了，最為安全吉祥；一切照舊，應當繼續居住養心殿，諸事便利。二是「已便兼亦欲人便」，養心殿在乾清門西邊、遵義門之內，召見王公大臣、六部九卿及引見官員等，便由乾清門進，趨走甚近，若在寧壽宮則相距較遠，不便利。乾隆還一再聲明，自己年近九旬，若將來幸越期頤或稍覺倦勤，即當遷居寧壽宮。但他並沒有這樣辦，最後仍死在養心殿寢宮。

太上皇帝大權不放，事事讓嗣皇帝嘉慶學習效法，這可難為了嘉慶。在乾隆去世前的三年間，嘉慶忍堅耐勞、韜光養晦，的確有帝者之風。據朝鮮《正宗實錄》記載，嘉慶元年（一七九六年）三月十二日，朝鮮國王召見朝鮮赴大清國進賀使李秉模等人時，詢問太上皇及新皇帝有關情況，再現了當時的真相。朝鮮國王問李秉模說：「太上皇精力還好嗎？」李答：「還好。」又問：「新皇帝仁孝誠勤，譽滿四方，是這樣嗎？」秉模回答說：「狀貌和平灑脫，皇笑他也笑。於此可知大概了。」李秉模接著報告說：「太上皇帝派和珅閣老對我們宣旨說：『朕雖然歸政，大事還需回國問國王平安，由於道路遠，不必派人來謝恩。』」

太上皇雖然把持大政不放，使兒皇帝變成木偶一般，畢竟已經是年近九十歲的人了，記憶力明顯衰退。書狀官洪樂遊報告朝鮮國王說：「太上皇帝容貌氣力不很衰老，但卻健忘異常，昨天的事今天就忘記了，所以他身邊的人都無所適從。新皇帝平時與臨朝時總是沉默寡言，喜怒也不形於色。但開經筵時，卻虛已聽受。」偌大一個帝國，由一個年近九旬的老人統治著，不能不說是一種悲哀。

出於權力旁落的恐懼心理，也為了不讓嘉慶帝操持政權，和珅出主意讓嘉慶帝每天陪太上皇看戲遊樂。當時白蓮教起義遍及川、楚、陝幾省，清軍禁旅大戰疆場，天下已無太平可言。從此，康乾盛世最終走到了它的尾聲。

第七章　嘉慶　大廈將傾　難挽狂瀾

清仁宗嘉慶名愛新覺羅・顒琰（一七六〇——一八二〇年），乾隆皇帝第十五子。嘉慶於乾隆三十八年（一七七三年）被密建為皇儲。乾隆五十四年被封為嘉親王。乾隆六十年九月，被正式宣布立為皇太子。第二年正月初一日，受乾隆帝禪位即帝位。其後，朝政仍被太上皇乾隆帝控制，顒琰暫時居住在毓慶宮。嘉慶四年（一七九九年）正月，乾隆帝死後開始親政。

面對乾隆末年危機四伏的政局，嘉慶帝打出了「咸與維新」的旗號，整飭內政、整肅綱紀，誅殺權臣和珅，詔求直言，廣開言路，袪邪扶正，褒獎起復乾隆朝以言獲罪的官員。要求地方官員對民隱民情「纖悉無隱」，據實陳報，力戒欺隱、粉飾、怠惰之風。但是對內政的有限整頓，並沒有從根本上扭轉清朝政局的頹敗。與他的祖、父相比，嘉慶皇帝是一位既沒有政治膽略又缺乏革新精神，既沒有理政才能又缺乏勇氣的平庸天子。嘉慶朝上承「勵精圖治、開拓疆宇、四征不庭、揆文奮武」的「康乾盛世」，下啟鴉片戰爭、南京簽約、聯軍入京、帝后出逃的「道咸衰世」。清朝社會的固有矛盾已經積累了一百八十年，嘉慶皇帝扮演了大清帝國由極盛轉為衰敗的歷史角色。

01 殺權臣，新皇登基樹權威

經過長久的等待，嘉慶終於成為了愛新覺羅氏的掌門人，有權力去做自己想做的事情了，那位「千古第一貪」遇到了剋星。不論為公為私，嘉慶都有理由殺掉和珅，然而殺一個和珅對於整個吏治來說是遠遠不夠的。

和珅是大清王朝諸多大臣中最為貪婪的一個，他的名字幾乎成了大貪官的代名詞。經查抄，和珅財產的三分之一，價值二億二千三百萬兩白銀，玉器珠寶、西洋奇器無法勝數，相當於當時清政府國庫十五年收入的總和。

和珅生於乾隆十五年（一七五〇年），比乾隆小三十九歲，鈕祜祿氏，滿洲正紅旗人。家原住在北京西直門內驢肉胡同，父親曾任福建副都統。和珅十幾歲時，有幸進咸安宮官學，學習儒家經典和漢、滿、蒙文字，受到良好的教育。他勤奮學習，對經史子集非常在行，精通滿、蒙、藏、漢四種語言，為他以後的發跡奠定了基礎。後來，被大學士、刑部尚書英廉看中召他做了孫女婿。乾隆三十五年（一七七〇年），和珅參加了順天府鄉試，未能考中舉人。但由於他出身滿洲便做了宮廷三等侍衛，開始出入宮廷。這個差事給和珅接近乾隆提供了機會，也是他人生的一個重要起點。

和珅有六種才華：審案、理藩、外交、理財、文化、千叟宴。拿審案來說，乾隆朝有個李侍堯，主政雲南時組織了一個嚴密的貪贓枉法關係網，乾隆派和珅作為欽差大臣前去辦案。和珅到雲南後，先把李侍堯安撫好，接著在老百姓中調查，僅用三天就掌握李侍堯貪贓枉法的相關證據，很快地了結此案。再如文化，和珅作為官修《四庫全書》的「正總裁」，文化鑑賞力很高，發現並刊印了《紅樓夢》；他善於作詩，精於模仿乾隆筆跡，現在有很多「乾隆御筆」都是和珅留下的。當時的文壇大家袁枚曾這樣誇獎和珅：少小聞詩禮，通侯及冠軍。彎弓朱雁落，健筆李摩雲。

隨著乾隆的年齡越來越大，執政時間也越來越長，身邊的宮女、妃嬪、太監都少有文化，不能同他談詩文、品書畫、論佛經，也不能幫他處理軍國大事和進行多種語言文字交流。因此和珅對老年乾隆來說，是沒有一個人可以替代的。由於乾隆的寵信，和珅的官職扶搖直上，在清朝近三百年歷史上是空前絕後的。

和珅升官的同時，也在為自己挖掘墳墓。和珅靠乾隆寵信發跡，也必然隨乾隆升天而自斃。嘉慶早在做皇子嘉親王時就對和珅不滿。嘉慶繼位後，由於乾隆還健在，他沒敢動手。嘉慶四年（一七九九年）正月初三日，乾隆駕崩於紫禁城養心殿。嘉慶帝顒琰在乾隆死日親政，在辦理大行皇帝乾隆大喪期間，採取斷然措施懲治權相和珅，舉朝上下大為震驚。

乾隆做了四年太上皇，仍牢牢地把持著實權。這時的和珅依然受寵，但是畢竟形勢已發生了變化。和珅在乾隆與嘉慶間採用「四手」：第一手是緊緊依靠太上皇乾隆；第二手是討好嘉慶皇帝；第三手是限制嘉慶皇帝的權勢；第四手是防止嘉慶日後對自己進行懲處。所以，他在乾隆和嘉慶之間、在嘉慶面前和背後，都是「兩面派」的表現。

嘉慶當皇子時被定為儲君。和珅密知此事，於乾隆公布嘉慶為皇太子的前一天，送給顒琰一柄如意，暗示自己對嘉慶繼位有擁戴之功。嘉慶笑在臉上，恨在心裡，老奸巨猾的和珅是乾隆的寵臣，而且朝廷上下的勢力盤根錯節，因而不便動手。嘉慶在乾隆死後短短的十五天裡，就把一個被先帝恩寵三十年的「二皇帝」加以懲治，舉措得體、乾淨俐落，最後取得了勝利。

既然和珅是治世之能臣，那為什麼還會在乾隆皇帝死後僅十五天，就被嘉慶皇帝查抄並賜死了呢？民間有種說法：和珅跌倒，嘉慶吃飽。表面上看來，和珅是由於過於貪婪、富可敵國惹來了殺身之禍，事實上他不過是嘉慶皇帝樹立帝王權威的政治犧牲品而已。可以說，只要和珅處於一人之下、萬人之上的地位，即便他不是大貪官一樣也得死。因為清朝一直有新皇帝即位，即誅殺前朝重臣、樹立新皇帝權威的傳統。

乾隆皇帝臨死時，跟嘉慶皇帝說，他只給嘉慶留下了一個人——和珅，如果你想一世無憂就把和珅留下，讓他替你理財、看守百官；如果你想超越我，樹立帝王權威就把和珅殺了，那天下還有誰敢不聽你的號令。嘉慶選擇了後者。

嘉慶懲治和珅案沒有株連，也沒有擴大化，這是嘉慶的聰明之處；但他只把和珅當作個案處理，而沒有以此作為契機進行制度性的改革，這是嘉慶的平庸之處。

02 勤於政務，積弊太深無力回天

面對父親留下的爛攤子及千瘡百孔的大清帝國，嘉慶皇帝試圖重塑往日的輝煌，維護祖宗的基業。他勤於政事，只可惜資質平庸，他沒有能力阻止國家在下坡路上滑落的速度。

嘉慶上臺之後所面臨的是一個危機四伏的爛攤子，為了改變這種局面，他以「勤」為萬事之根本，處理政務更是連半天也不肯延擱。嘉慶從親政以後，立即提出要勤政戒惰，他自己更是事無巨細都躬自總攬。每天天未亮就已經在秉燭批閱奏章了，稍事用過早膳後就召臣問政，往往多達十餘人，批覽奏書幾十件，由此而常常忙得忘記了吃飯，甚至還忘記了睡眠。為了宣導勤政、革除陋習，他在嘉慶十一年發布諭告要求王公大臣要像他一樣勉力勤政。在這點上，他還頗具他的皇祖雍正皇帝「事業狂」的遺風。

嘉慶帝在諭告裡說：從天子到普通老百姓，都要以敬勤為立身之本。如果君王勤勞，那麼國家就能大治，反之則會使國家處於危險；大臣們勤勞，那麼政務就處理得有條不紊，否則就會導致政務鬆弛，處事沒有章法；如果讀書不勤，那麼就一定學不到東西；農民如果貪惰的話，那麼就一定沒有收穫。百行百業，事雖異而道理卻是相同的。

嘉慶帝以勤為萬事之根本，一直認為勤能補拙、勤政勿惰。嘉慶帝曾經私下對他的心腹直隸總督顏檢說，古今中外的官員都是貪污腐化的多、懶惰偷閒的多，這實際上已成為國家最大隱憂，必須加以整頓。

嘉慶對於官員們辦事效率低下、對經辦的事情任意拖延耽擱極為不滿。嘉慶六年，內務府處理膳房一件罰款的小事竟然拖延了四十天，他曾為此而大發雷霆。嘉慶帝從在自己眼皮底下發生的這件事情看出了朝廷中執政效率是何等的低下，辦事推諉、互相扯皮現象又是何等嚴重。嘉慶十三年，嘉慶帝親自書寫整治八旗子弟的誡文，告誡八旗人不要忘記祖上。

楊懌是受到嘉慶重用的大臣，曾在大理寺卿出任多年的翰林，之後調任湖北學政。有一次，楊懌奉旨回京拜見嘉慶皇帝，那時正值酷暑，京城異常炎熱。楊懌曾掀簾入室時，看見嘉慶帝正在搖扇揮汗。他跪拜請安，嘉慶立刻把扇子擱置一旁，便開始詳細地向他詢問他任上的政務情況，儘管熱得汗如雨出，嘉慶帝卻始終沒有再把扇子拿起。等到楊懌曾出門的時候，汗水已浸透了皇帝的龍袍。

還有一次，也是因為京城天氣炎熱，管理宗人府的睿親王淳穎擔心嘉慶帝勞累過度，私自把宗人府遞上需要引見的官員奏摺撤去。誰料嘉慶得知後大怒，於是把淳穎召來，道：「朕剛剛四十來歲，儘管日理萬機也從未感到這麼做有多辛苦，只是引見這麼幾個人，比起祖先的艱苦創業，實在算不上勞累。」隨後斥責淳穎太偷懶了，下令將他交到宗人府嚴加議處。他還就這種陋習時弊訓諭諸臣，說以後凡是內外衙門有上奏的事件，只要收受了就要立即直接交到他面前聽候批示，不准隨意耽擱或者擅自撤掉。如果再有人敢像淳穎那樣做，一經查出就要從重治罪，絕不寬貸。

嘉慶帝從小就養成的克勤用勞的習慣，面對著嚴峻的國情怎敢掉以輕心呢？總之，為了挽救清王朝由盛而衰的頹勢，他時刻在想方設法矯正乾隆後期的種種積習弊政。

然而，為政之道怎一個「勤」字就夠了？嘉慶從乾隆手中接過的是一個爛攤子，在盛世的表象下掩蓋的是一個吏治腐敗、貪污成風、各地起義不斷的政權。雖然嘉慶上臺之後迅速地除掉了和珅一黨，實行一系列的除舊布新的措施，對於改變乾隆後期的種種弊政起了一定的作用，然而卻無法從根本上扭轉清代中衰之勢。從嘉慶帝個人來說，他始終開不出一個根治日趨嚴重的腐化和怠惰的藥方，對一大批「屍祿保位」的官僚只能警告、恫嚇，最終還是徒呼奈何而已。他對西方殖民主義者的侵略有一定的認識，但對於一個日趨衰弱的封建古老國家，不可能真正有效地對付外來侵略者，此後只能沿著衰敗的道路滑下去。

在嘉慶一朝，貪贓枉法、吏治腐敗，與之形影不離，尾大不掉。和珅被除掉後，在各級政府中的官吏貪污腐敗現象非但沒有好轉，反而越演越烈，幾乎接近失控的狀態。這與嘉慶帝本人不無關係，因為他既沒有乾隆的威望、魄力和手腕，又對貪污腐敗打擊不力，所以這一頑疾成為嘉慶中興夢破滅的主要原因。

再有，在當政的二十五年裡人禍天災此伏彼起，使嘉慶疲於應付。治理河患成為治理國家重要的組成部分，高昂的付出和投入帶來的卻是無盡的憂慮和苦惱。

洪災過後，腐敗也像洪水一般向他襲來，導致一有洪災必有腐敗，令嘉慶帝不知所措。黃河養育著億萬中華兒女，在這片廣袤的大地上生生不息，人民要求治理它。治理它吧，費用浩繁，有關官員視之為個人發財良機，使得治洪工程幾乎變為他們發家致富的聚寶盆。不管它吧，洪水成災，生產遭到破壞、百姓流離失所，對社會穩定構成嚴重的威脅。嘉慶朝的河患頻犯頻治，可總是不能徹底根除，治理河患的開支一直是軍費以外最浩大的一宗，因此河患成了嘉慶帝一塊揮之不去的心病，如同夢魘一般緊緊糾纏著他。嘉慶沒決心、沒魄力、沒智慧處理，一些貪官酷吏得到了降職或革職處分，但舞弊侵蝕之風依然如故。嘉慶沒有辦法懲治這幫貪官，河患又不得不治理，所以就只能開捐例斂錢，明知這種做法使吏治更加敗壞，卻也不得不為。

嘉慶朝幾次開捐例都以河費為由，而搜刮來的錢財又使這幫治河大吏更加奢侈，河務之事依然無望，這使得素以「節儉」「愛民」自居的嘉慶帝留給後人一個莫大的笑柄。種種原因導致的河患問題，始終成為他難以診治的難題。

嘉慶帝晚年總結自己的為政之道時說：「朕圖治維殷……所謂為政不在多言，無奈衰敝之勢已成定局。」

第八章　道光　以儉德著稱　守其常而不知其變

道光帝，愛新覺羅・旻寧，嘉慶第二子，一八二〇——一八五〇年在位，廟號宣宗，年號道光。即位時，正值外國侵略者覬覦中國，鴉片害人病國，吏治腐敗、農商凋零。他曾多次下令禁止鴉片入口，並禁止各省種鬻罌粟，熬製煙土。一八三四年詔令各省復興書院，查保甲、修水利、嚴禁扣餉派兵積弊。但整個封建制度已病入膏肓，上下因循苟且，管理唯知苛剝，軍備戎務廢弛，租賦日漸加重，階級矛盾和民族矛盾十分尖銳。他驕傲自大，對世界形勢懵然無知，在位期間簽訂了《南京條約》等一系列的不平等條約，中國一步一步地淪為半殖民地。他病死時，正處於太平天國革命爆發前夕。

道光所處的時代，正是新舊兩個時代的交替時期，歷史給他創造了一個施展抱負和才幹的舞臺，可惜他無法力挽狂瀾，未能成為放眼看世界的人，未能領導中國應對變局走向富強。

01 父親猝死，有驚無險接權力

一次權力的交接，基本上就意味著一次驚心動魄的鬥爭爆發。雖然到了嘉慶時代，清朝的權力交接制度已經固定了，但是凡事都有意外，而一次意外對於權力交接來說卻是一件十分敏感的事情。

嘉慶二十五年（一八二〇年）七月二十五日夜晚，六十一歲的嘉慶帝猝死於承德避暑山莊。醫案說他是中暑而死，野史說他是給雷電擊死。無論如何，嘉慶時代已經結束了。正當眾人為皇帝猝然棄世不知所措之際，他們又發現了一件更令他們驚慌的事情：皇位繼承人到底是誰，老皇帝沒有任何交代，於是眾人唯一的指望全落在了「鐍匣」裡的傳位詔書上。

鐍匣傳位詔，是雍正皇帝吸取自己兄弟為儲位相爭相殘的教訓而發明的。乾隆帝也遵循了這一原則，按照雍正帝和乾隆帝的做法是將傳位詔書放在一個密封的匣內，此匣藏在乾清宮正大光明匾的後面。

軍機大臣們都知道嘉慶皇帝早就照著父祖的方式寫下了傳位詔書，只是他沒有把鐍匣放置在正大光明匾後。這倒不是說他不想放在那裡，而是由於宮中二十幾年來遭遇小偷、刺客、火災，風波不斷，他壓根就對掛那塊匾的安全一千個一萬個不放心，寧可把匣子走到哪帶到哪。

然而問題是，皇帝的行李有千萬件，誰也不知道嘉慶帝把那個匣子放在了哪裡！

驚慌之下，皇子龍孫和王公重臣們就在嘉慶帝的屍身旁邊鬧了起來。

內務府大臣禧恩首先站了出來，認為國不可一日無主，此時應盡快立定新君。他隨後提議，皇次子綿寧不但年長，還是嘉慶帝的元配皇后所生，在幾個皇子中最出色，理應由他繼承皇位。此言一出，有人贊成也有人反對。反對者正是軍機大臣戴均元、托津，他們認為這一做法有違祖制，只怕會惹出亂子。

僵持一段時間之後，終於有人又想出了一個圓滑的法子：一面在山莊中尋找，一面派人向遠在北京城的嘉慶帝皇后鈕祜祿氏報信，看她的主張。主意一出，當即得到了回應。就在當天深夜，鈕祜祿皇后的親哥哥、內務府大臣和世泰帶著兩名首領太監連夜趕回北京皇宮。

嘉慶帝死時，他的兒子有四個：最大的是元配喜塔臘皇后所生的皇次子綿寧，最小的是如皇貴妃所生的皇五子惠親王綿愉，除此之外，就是鈕祜祿皇后所生的兩個兒子，一個是二十五歲的皇三子惇恪親王綿愷，一個是十五歲的皇四子瑞親王綿忻。

皇位究竟要傳給誰，選擇權擺在了鈕祜祿皇后的面前。鈕祜祿皇后怎麼也不會想到哥哥給自己帶來的竟是丈夫的噩耗，更沒有想到由於皇宮多年來安全屢出意外，竟使得傳位詔書不知去向，使這樣一個關係大清王朝傳承的微妙選擇擺在了自己面前。

當然，這也是她的一次機遇，一切就看她的決定了。

決定很快就做了出來。鈕祜祿皇后選擇的不是自己的兒子，而是丈夫與元配妻子所生的綿寧。隨後，鈕祜祿氏第一次以皇太后身分發布了一道懿旨。這道旨意於七月二十七日迅速送至承德，送到了皇次子綿寧的手裡：「大行皇帝龍馭上賓，皇次子智親王仁孝聰睿，英武端醇，見隨行在，自當上膺付託，撫馭黎元。但恐倉促之中，大行皇帝未及明諭，而皇次子秉性謙沖，予所深知。為降諭旨，傳諭留京王大臣，馳寄皇次子，即正尊位。」

事實證明，鈕祜祿太后的這一項選擇不但理智，而且明智。因為正當她在北京城裡寫下這道懿旨之時，避暑山莊的人也最終找到了鐍匣——準確地說，那不是人們熟悉的鐍匣，而是一個太監攜帶的沒有任何特色的小金盒，然而裡面裝的確實是貨真價實的傳位詔書。這份詔書寫於嘉慶四年（一七九九年）四月初十清晨卯時，嘉慶帝在那一刻選定的繼承人正是皇次子綿寧，並且一直沒有更改過。算起來，那時候的綿寧還只有十六七歲。

假如傳位詔書真的找不到，那麼皇太后的決定就是不可違背的了。而鈕祜祿太后指定的皇位繼承人與嘉慶帝傳位詔書上的繼承人完全一致，不得不使人佩服她的見識與眼光。她沒有在這個時候抱著僥倖心理冊立自己的兒子而是循公辦事，不但使皇室避免了一場政治危機，也使自己的家族和兒女逃過了一劫。更重要的是，她以此在新皇帝綿寧（旻寧）的心目中樹立了她作為母親形象的地位。從此以後，旻寧（道光帝）對這位僅比自己大六歲的繼母十分尊敬，對與她有關的一切都千方百計地周全，無論她有什麼樣的要求和願望都竭盡全力地滿足。

相比之下，在傳位詔書沒有找到、在皇太后態度不明確之前，對旻寧繼承帝位的權力不表態甚至質疑的朝臣們可就沒有這麼幸運了。道光帝正式登基並且將眾事理出頭緒之後，就開始和他們算帳了。九月初七，道光帝就以「擬遺詔錯誤」為由，令托津和戴均元退出軍機處，文孚、盧廕溥留用，四人一起交刑部嚴議。經過一系列的調整，最終只有文孚一人平平安安地在軍機處幹到了自願退休為止。

就在朝臣們膽戰心驚紛紛倒楣的同時，鈕祜祿氏卻平穩舒服地過起了皇太后的日子。她於當年十一月移居壽康宮，十二月得到了「恭慈」的徽號，之後繼續主宰著整個後宮。

02 提倡節儉，因小節害大局

在道光登上皇帝之位時，愛新覺羅家族在下坡路上已經走得很遠了，此時的大清帝國需要的是一個有魄力的強勢君主，需要的是一個能力挽狂瀾的掌門人，可惜道光並不具備這種素質。他只會注重小節，而無法左右大局。歷史選擇了道光，而道光卻無法改變歷史，這對大清帝國和愛新覺羅家族來說是一齣悲劇。

雖然是擁有絕對權威的最高統治者，富有四海，但道光皇帝卻是一位非常節儉的人。

道光即位後，首先想到提倡節儉、力戒奢靡，希望滿族臣民都能「返本還淳」，恢復入關前淳樸節儉的舊風俗，文武百官及天下百姓都以儉樸為榮，從而使國庫豐盈，恢復祖宗的盛世，於是帶頭從吃、穿、用上提倡節儉。從吃上，取消皇帝每餐至少有二十幾樣菜肴的慣例，每天每餐最多准許做四樣菜，有時只要一碗豆腐燒豬肝。

道光如此節儉，一開始文武百官將信將疑，直到道光兩次大宴群臣，親眼目睹的赴宴官員才相信道光是來真的。一次是皇后生日，道光設宴賞賜內廷諸大臣，大臣以為皇后的生日應該不會馬虎，定能一飽口福。誰知面前就放著一碗打滷麵，搞得赴宴的文武官員哭笑不得。另一次，是大學士長齡平定「回疆」叛亂班師回朝，文武百官認為道光高興定會好好慶祝一番，誰知每張桌上只擺了幾樣質低量少的小菜，又使得百官不敢動筷。從此，百官上朝都裝出節儉的樣子。有一次，道光問及頗受寵信的大學士曹振鏞，在家吃雞蛋要花多少銀子，曹振鏞竟說因自幼患有「脹氣病」，生平從未吃過雞蛋。

從穿上，道光服飾的節儉在歷代君王中也實屬罕見。以前清代皇帝冬季常穿珍貴毛皮罩衣，道光以為「出風」（**皮衣邊上露出皮毛**）部分純係裝點好看，因此想改製。誰知，官員卻上奏「改製罩衣，需要白銀一千兩」。道光立即改變主意，下令：「改製花費既多，著暫免，此後新製概勿出風」。隨後，又將此事上諭給當值的軍機大臣，致使京城大小官員從此十幾年間冬季穿著毛皮罩衣不敢有「出風」的人。道光為了節儉長年多穿舊褲，日久膝蓋處先行磨破，就令內務府差人給他補上一塊圓形補丁。於是大臣們也跟著盡力「節儉」，不管褲子是真破了還是假破了，紛紛在膝蓋處打起補丁來，套褲打補丁之風盛行一時。

從用上，取消為皇帝準備御用硯臺四十方的慣例。御用毛筆歷來都是特製紫毫筆，道光覺得紫毫筆珍貴難得，即命令此後不再徵用，御用筆改換為普通臣民常用的純羊毛或羊毛與一般的兔毛相間合製而成的毛筆。如此儉樸，在歷代封建帝王中簡直是筆中紫毫，「千萬毛中選一毫」了。

道光力行節儉，卻事與願違。表面上看能在一定程度上影響統治階級上層的一部分人，多少遏制了奢侈之風的惡性發展。但經康乾盛世之後的奢靡之風業已形成，要再想讓吃慣了滿漢全席的文武百官回去挖野菜誰也不願意，為了給道光一點面子只好裝模作樣，「儉外奢中」。傳統的節儉觀絲毫無助於「起弊振衰」，大清王朝不可避免地在腐敗的道路上越走越遠。

曹振鏞是道光皇帝最信任和重用的大臣，也是當朝的頭號人物，他有句名言「多磕頭，少說話」，這是他官運亨通的秘訣。他非常善於揣摩道光的意圖，因此處處投其所好。

科舉是自隋以來中國帝制時代最重要的一項人事制度，明清八股取士已經難以選拔人才，但到了道光時代更是登峰造極。曹振鏞多次主持過科舉，只以不違反政治原則為標準，看重文章的細枝末節，而真正有創見、有才華的人反而無法錄取。由於道光喜歡楷書，當時的殿試「專尚楷法，不問策論之優劣，甚至有抄襲前一科鼎甲策仍列鼎甲者」，結果導致「末學濫進，豪傑灰心」。

道光皇帝倦於政事，再加上年事已高，沒有足夠的精力處理政務，於是曹振鏞建議他對臣子們「指陳闕失」的奏章可「擇其最小節目之錯誤者譴責之」，使臣子們感到皇帝「察及秋毫」，才會變得畏懼、恭順、不敢言。於是道光帝吹毛求疵，從此言路閉塞，「奏章中有極小錯誤，必嚴斥罰俸降革」，導致「中外震驚，皆矜矜小節，無敢稍縱」，大臣們幾乎都成了「多磕頭，少說話」的庸碌之輩，所上奏章也「語多吉祥，凶災不敢入告」。

曹振鏞不僅自己身體力行「多磕頭，少說話」的官訣，甚至勸誡本應直言敢諫、彈劾權貴的御史：「道光初，曹太傅振鏞當國，頗厭後生躁妄。門生後輩有入御史者，必戒之曰：『毋多言，毋豪意興！』」繼曹振鏞執政的是穆彰阿，人稱其「在位二十年，亦愛才，亦不大貪，唯性巧佞，以欺罔蒙蔽為務」。曾國藩上奏批評道光時代：「九卿無一人陳時政之得失，司道無一折言地方之利病，相率緘默。」

道光皇帝與曹振鏞的確是一對完美的君臣，彼此相知相契，只是他們共同創造的是一個萬馬齊喑、平庸、衰敗的時代。時人龔自珍一針見血直斥這個貌似治世實為衰世的時代：「人心混混而無口過也，似治世之不議」，不僅找不到有才能的文武大臣、有才能的文人、有才能的老百姓、有才能的工匠、有才能的商人，甚至連有才能的小偷、流氓、強盜都沒有，不僅君子少，就連小人也少，因為所有的人實在是太平庸了。偶爾出現了有才能的人，「則百不才督之、縛之，以至於戮之。戮之非刀、非鋸、非水火，文亦戮之，名亦戮之，聲音笑貌亦戮之……徒戮其心，戮其能憂心、能憤心、能思慮心、能作為心、能有廉恥心、能無渣滓心」，就像一個沒有縫隙的黑屋，所有的人在裡面一起昏睡，根本不知道外面的世界正在發生的巨大變化。鴉片戰爭在道光執政的第十九個年頭爆發了，最後以簽訂《南京條約》賠款割地而告終。

道光處於內憂外患歷史轉折的關鍵時期，按理說要敢於衝破傳統思想文化羈絆，並具有足夠膽識去開拓未來，他卻偏偏「守其常而不知其變」。在中國即將進入一個「三千年未有之變局」，面臨空前危機之際，道光不思進取，他的庸碌、瑣碎、氣度狹小的個性和作為卻倒行逆施地惡化了整個政治環境，讓中國進入了一個平庸乏味、扼殺人才的衰敗時代。

03 平叛固邊陲，天朝顏面無存

隨著大清王朝的沒落，一些固有的矛盾又開始浮出水面。邊疆又開始出現動亂，這時的大清帝國還是果斷地出兵進行了平亂，保住了邊疆的安寧。但是武力並沒有從根本上解決問題，在內憂外患的干擾下，一紙協議讓曾經的統治者們顏面無存。

當年清朝平定準噶爾叛亂時，曾經被準部俘虜的維族各城首領大小和卓木（波羅尼都和霍集占）逃回了老家。他們為了恢復過去的地位，遂於乾隆二十二年（一七五七年）煽動叛亂活動。次年，清朝派軍平叛，最終於一七五九年將這次叛亂鎮壓下去。之後，清政府在喀什噶爾等地設置參贊大臣、辦事大臣及劣讃大臣，他們受伊犁將軍的管轄。

嘉慶十五年（一八一〇年），逃亡浩罕的大和卓木波羅尼都的孫子張格爾，在英國侵略者的支持下潛入喀什噶爾，煽動維族上層反動分子發動了一次武裝叛亂。英國侵略者企圖通過張格爾把新疆變成他們的殖民地，因此提供武器並積極訓練張格爾叛軍。另外，張格爾還和浩罕國的統治者進行勾結，答應事成之後割讓喀什噶爾，並平分喀什噶爾等四城的人口和財產。

道光六年（一八二六年），張格爾叛軍佔領了天山南路的喀什噶爾、英吉沙爾、葉爾羌、和闐等城。英國侵略者也隨之而入，並對張格爾進行著嚴密的監視和控制。

張格爾自稱賽亦德・張格爾蘇丹，宣布為南疆統治者。英吉沙爾（今英吉沙）、葉爾羌（今莎車）、和闐（今和田）三城相繼為叛軍攻佔。張格爾控制南疆後，「殘害生靈，淫虐婦女，搜索財物，其暴虐甚於前和卓千倍萬倍」，與他入疆之前的宣傳完全相反。廣大維吾爾族人民強烈反抗，轉而支持清軍。佔領葉爾羌的叛軍有五六千人，進攻阿克蘇（今屬新疆）。阿克蘇辦事大臣長清，派參將王鴻儀率兵六百人阻擊，在都爾特（今阿瓦提北）被叛軍所殲，王鴻儀戰死。當叛軍進至距阿克蘇僅八十里處，企圖強渡渾巴什河時，由庫車及喀喇沙爾（今焉耆）來援之達淩河、巴哈布兩部清軍到達，在當地維吾爾族人民自發組織的數百抗叛部隊協助下，擊退渡河叛軍，並進至南岸紮營。叛軍多次進攻均被擊退，被俘斬千餘人。叛軍不敢東進，東部局勢趨於穩定。道光帝命伊犁將軍長齡為揚威將軍，署陝甘總督楊遇春、山東巡撫武隆阿為參贊大臣，調集吉林、黑龍江、陝西、甘肅、四川五省兵三萬會攻叛軍。十月間，陝西等地清軍萬餘到達阿克蘇，開始轉為攻勢作戰。時叛軍三千人據守阿克蘇西南約二百五十里之柯爾坪（今柯坪），該地西南通巴爾楚克（今巴楚）、喀什噶爾，是清軍進軍必經之路。長齡派陝西提督楊芳以突襲方式攻佔柯爾坪，打開了西進的通道。返回時，和闐伯克伊敏亦率當地群眾二千餘人擊敗叛軍，收復和闐，清軍因大雪封路無法馳援，後又為叛軍奪佔。

七年二月六日，清軍主力開始西進。二十二日，在大河拐擊敗三千人後，次日又擊敗叛軍二萬於渾阿巴特（今伽師東），二十五日再殲叛軍萬人於沙布都爾，二十八日進至渾河（今博羅和碩河）北岸，距喀什噶爾城僅十里。叛軍十餘萬阻河列陣，亙二十里。清軍用聲東擊西戰術，先以一部騎兵在下游渡河，將敵軍注意力引向下游，之後以主力乘夜暗由上游急渡突襲敵陣地，叛軍潰逃。清軍乘勝疾進，於三月初一日收復喀什噶爾城，初五日收復英吉沙爾，十六日收復葉爾羌，五月收復和闐，前後殲滅叛軍近三萬，至此清軍收復喀什噶爾等四城。道光二十八年，張格爾逃至喀爾鐵蓋山（今喀拉鐵克山）被清軍擒獲，最終張格爾叛亂平定。

這場戰爭歷時十年。清廷在武力平叛張格爾之後，迫令浩罕國放棄他們的特殊權益要求，禁止他們在新疆的一切貿易，並且還沒收了他們的茶葉和大黃藥材。浩罕國原本想利用張格爾向新疆延伸勢力，沒想到地盤沒要著連生意也做不成了，哪裡肯甘心，於是在一八三〇年再次入侵新疆。新疆大漠之地，不說派兵難，後勤補給也難。為了穩定邊疆，清廷無奈之下只有和浩罕國談判並達成如下協議：

（1）浩罕在喀什派駐一個代表，另在其他五個城市裡派有商務代理人；

（2）這些官員對於該地方的外國人（**多半是浩罕來的**）有領事、司法和員警權力；

（3）他們有權向這些外國人徵收貨物稅。

此外，清政府還賠償一切沒收之物。

這與鴉片戰爭的結局極其相似，堂堂天朝大國竟與浩罕國做出如此協議，實在是令人扼腕唏噓！

04 禁煙失敗，民族國家蒙羞

在道光時代，西方的殖民者開始大量向大清輸入鴉片，導致國庫空虛，國民的精神萎靡，士兵的戰鬥力喪失。禁煙活動勢在必行，可惜道光帝懼怕外國勢力軟弱求和，簽訂了《南京條約》，這讓整個民族的臉面盡失。曾經的八旗雄風，成了一種永遠的回憶。愛新覺羅家族、曾經強勢無比的天朝大國成了列強眼中的待宰羔羊，正被一口一口地吞噬著。

道光即位後，西方殖民者為了扭轉在對華貿易中的不利地位，為贏得巨額利潤開始費盡心機、不擇手段地將大批鴉片運進中國。隨著鴉片的不斷輸入和煙毒的日益氾濫，中國人民的身心健康被嚴重摧殘了，非但民不聊生，國庫也越來越空虛。

道光十八年（一八三八年），鴻臚寺卿黃爵滋上書主張以死罪嚴懲吸食者，道光帝令各地督撫各抒己見。林則徐堅決支持黃爵滋的嚴禁主張，提出六條具體禁煙方案，並率先在湖廣實施，成績卓著。八月，他上奏指出，歷年禁煙失敗在於不能嚴禁，並警告：「若猶泄泄視之，是使數十年後中原幾無可以禦敵之兵，且無可以充餉之銀。」林九月應召進京，在連續八次召見中力陳禁煙的重要性和禁煙方略。十一月受命為欽差大臣，前往廣東禁煙，並節制廣東水師，查辦海口。

道光十九年（一八三九年）正月，林則徐抵達廣州。他會同兩廣總督鄧廷楨等傳訊洋商，令外國煙販限期交出鴉片。採取撤買辦工役、封鎖商館等措施，挫敗英國駐華商務監督義律和煙販的狡賴，收繳英國躉船上的全部鴉片。四月二十二日（六月三日），開始在虎門海灘銷煙，二十天中銷毀鴉片一萬九千一百七十九箱、兩千一百一十九袋，共計二百三十七萬六千兩百五十四斤。在此期間，林則徐注重了解外國情況，組織翻譯西文書報，供制定對策、辦理交涉參考。所譯資料，先後輯有《四洲志》《華事夷言》《滑達爾各國律例》等，成為中國近代最早介紹外國的文獻。為防範外國侵略，林則徐大力整頓海防積極備戰，購置外國大炮加強炮臺，搜集外國船炮圖樣準備仿製。他堅信民心可用，組織地方團練，從沿海漁民、村戶中招募水勇操練教習。七月因義律拒不交出殺害中國村民的英國水手，又不肯具結保證不再夾帶鴉片，他下令斷絕澳門英商接濟。義律訴諸武力，挑起九龍炮戰和穿鼻洋海戰。林則徐親赴虎門布防，督師數敗英軍。十一月遵旨停止中英貿易，道光十九年十二月實授兩廣總督。此時他已覺察英國正蓄意發動侵華戰爭，以所得西方消息五次奏請令沿海各省備戰。

道光二十年（一八四〇年）六月，鴉片戰爭開始後，英軍攻粵閩未有戰功，改攻浙江，陷定海，再北侵大沽。道光帝驚恐求和，歸咎林則徐在廣東「辦理不善」，屢次下旨斥責。九月林則徐被革職，留粵備查問，但仍奔走察看要隘，籌募壯勇守衛廣州，反對欽差大臣琦善畏敵求和，繼而向主持粵戰的奕山上防禦建議，但不被採納。英國殖民者於一八四〇年正式挑起了第一次鴉片戰爭。洋槍洋炮的殖民者以少勝多擊敗腐敗無能的清軍，雖屢有抵抗，但在整個鴉片戰爭中中國軍隊沒有守住一個英國人攻擊的地點，沒有奪回一個英國人佔據的地點。一八四二年，在英國侵略者的軍艦上簽下中國近代史上第一個屈辱的不平等條約《南京條約》。

由於抵抗外侵的戰爭軍費支出大，加上賠償銷毀英國的鴉片煙費，本已十分拮据的國庫開支瀕於崩潰。原本道光試圖整頓吏治，但都遭到百官反對而最終不了了之。在此情況下，戰後的道光就更顧不了那麼多，只有默認各級官吏大肆搜刮民脂民膏了，這樣正合腐朽墮落的官員的胃口。之前在鴉片輸入過程中，各級官吏就無視朝廷禁令，袒護中外鴉片販子從中漁利，致使煙毒迅速瀰漫全國。有了道光的默認，這些提籠架鳥、吸食鴉片、精神萎靡的官員就更不會管什麼國格、人格，也就開始變本加厲地巧取豪奪了。

05 因循守舊選擇接班人

在風雨飄搖中，道光也要著手選擇自己的接班人了。面對暮氣深沉的國家，選一個好的掌門人無疑是改變現狀的恰當機會。可惜的是，道光帝的決定無法讓愛新覺羅家族重振雄風。

道光皇帝共有九個兒子，先前三個都死了，第四個皇子便是奕詝。若論長幼，應立四皇子奕詝為太子，可六皇子奕訢無論是口才、文才、武功都比奕詝強，因此道光一直拿不定主意，多次對四皇子和六皇子掂量考驗。道光三十年春，這天風和日麗，道光要帶領六個皇子去南苑打獵，意在考驗各個皇子文才武略和應變能力，以便確立皇位。

皇帝要選太子，這已是公開的秘密了，因此六個皇子各做準備都想取得父皇的歡心，以便將來取得皇位，尤其是四皇子奕詝和六皇子奕訢更是競爭的對手。

道光皇帝是一個很節儉的人，一輩子沒有到外面巡遊、狩獵。但這一次，道光皇帝提出要率皇子們到京郊的南苑狩獵，奕詝明白這是父王為選皇儲故意設的一道考題。自己的箭法不行，腿又是瘸的，明顯比不贏老六，怎麼辦呢？他的老師杜守田就給他出主意說，既然你的箭法不如老六，就乾脆什麼都不射，到時候皇帝肯定會問你為什麼，你就說春天來了，母獸都懷著崽，不忍心殺生。

第二天，道光帶領六個皇子來到南苑，傳旨開始圍獵。諸位皇子各顯身手，直追得那些飛禽走獸東奔西跑、亂蹦亂飛。其中，六皇子奕訢幾乎箭無虛發，滿載而歸，而四皇子奕詝卻是兩手空空，一無所獲。道光帝不由龍顏大怒，大聲呵斥。奕詝因有老師提前安排，不慌不忙地奏道：「兒臣以為目前春回大地，萬物萌生，禽獸正是繁衍之期，兒臣不忍殺生害命，恐違上天好生之德，是以空手而回，望父皇恕罪。」道光帝聽罷，心想這倒是我沒有想到的，他卻想到了，倘若讓他繼位，必能以仁慈治天下，不禁轉怒為喜，當下誇獎了四皇子的仁慈之心。

又過了幾年，道光憂慮成疾，自知不久人世，急喚諸皇子到御榻前答辯。消息傳開，四皇子和他的老師杜守田都知道這是最關鍵的一次較量了，能否登基在此一舉，必須做好充分準備。杜守田要奕詝到時伏地痛哭以表忠孝。

次日，六位皇子被詔於龍床前，果然道光提出了一些安邦治國的題目讓諸皇子回答，誰都比不上六皇子答得頭頭是道，道光甚為滿意，卻發現四皇子一言不發。道光一問，他頭一扭淚如雨下說：「父皇病重，龍體欠安，兒臣日夜祈禱，唯願父皇早日康復，此乃國家之幸、萬民之福，此時兒臣方寸已亂，無法思及這些。倘父皇如有不測，兒臣情願龍駕而行，以永侍身旁。」說完淚水漣漣。

道光聽了心中甚為感動，心想此真孝子仁君，於是決心立四子奕詝為太子，這就是二十歲登基的咸豐皇帝。

最後，奕詝當了皇帝。但道光在遺詔裡也封了老六為「親王」，這在清朝眾多親王中絕無僅有，可見其尊貴。或許在道光的潛意識中是希望把身後的江山交給兩個兒子共同治理，取長補短。但道光沒有想到皇四子當上皇帝後，對文武兼備的「皇弟」長期排擠壓制，直到臨死前也沒放過，道光的良好願望成了弄巧成拙的歷史遺憾。

對當時的朝廷和愛新覺羅家族來說，道光選擇的接班人是不合時宜的。如果是像漢朝文帝景帝之時，也許他的這位皇子會是盛世明君，慈愛萬民、休養生息，可是此時的大清內憂外患、狼煙四起。而治國平天下，光有柔腸是遠遠不夠的，還需要俠骨、雄心、鐵腕，而不是一位生活在童話裡的王子。如果當時道光能看清時勢選奕訢為儲君，也許這位強硬的王子，能對軟弱的家族注入一點新鮮的血液，不至於在後來的歲月裡如此般地慘敗，可惜一切都沒有回頭路了。

第九章 咸豐　苦命天子在位多蹉跎

咸豐帝奕詝，道光十一年（一八三一年）生於北京圓明園。道光於一八五〇年病死，他於同月繼位，第二年改年號為「咸豐」。

咸豐剛剛即位，就於咸豐元年（一八五一年）元月爆發了太平天國農民起義。正在咸豐鎮壓太平天國之時，英、法兩國於咸豐六年（一八五六年）再次對華宣戰，史稱「第二次鴉片戰爭」。而俄國卻趁火打劫，蠶食中國領土。對於英、法、俄等國的侵略軍，咸豐又妥協求和，被迫和各侵略國簽訂了《天津條約》《北京條約》《璦琿條約》等不平等條約，迫使清政府進一步對外開放國門，並割讓了大片土地，使中國進一步淪為半殖民地社會。

01 力圖革興，罷免穆彰阿

新官上任三把火。咸豐帝接手大清帝國之後面對的是滿目瘡痍的國家，效法祖宗的勤政風範試圖力挽狂瀾。他罷免了父親的重臣穆彰阿，把鴉片戰爭的責任推到一個臣子的身上，企圖以此來打開振興的大門，然而積重難返的大清帝國蹣跚地走向深淵的步伐卻沒有絲毫停留。

年輕的奕詝初登皇位，頗有點大幹一番的味道。他極力效法祖宗的勤政風範，從《實錄》中看，他此時的工作極為勤奮，每天都有許多諭旨下達，其中有不少是親筆寫的朱批、朱諭。他暗下決心一定要守住這份祖業，重顯祖宗昔日榮光。咸豐帝在上臺後的八個月，便主演了一場好戲——罷免首席軍機大臣穆彰阿。

穆彰阿（一七八二－一八五六年），字子樸，號鶴舫，郭佳氏，滿洲鑲藍旗人。出身於滿族官僚家庭，父廣泰，官至內閣學士、右翼總兵。

穆彰阿於嘉慶十年（一八〇五年）中進士，選庶吉士，累遷禮部侍郎，歷任兵部、刑部、工部、戶部侍郎。道光初年，受到道光帝的信任，由內務府大臣擢左都御史、理藩院尚書，兩署漕運總督，繼授工部、兵部、戶部尚書等職，並自太子少保晉太子太保，充上書房總師傅，拜武英殿大學士。他於道光七年（一八二七年）入軍機處學習行走，次年授軍機大臣，蟬聯十年，至道光十七年又升任首席軍機大臣。「終道光朝，恩眷不衰」，前後擔任軍機大臣有二十餘年。

穆彰阿長期當國，專擅大權。對上奉承迎合，固寵權位；對下結黨營私，排斥異己。他利用各種考試機會招收門生、拉幫結派，形成一個極大的政治勢力集團。《清史稿》記載「自嘉慶以來，典鄉試三，典會試五。凡複試、殿試、朝考、教習庶吉士散館考差、大考翰詹，無歲不與衡文之役。國史、玉牒、實錄諸館，皆為總裁。門生故吏遍於中外，知名之士多被援引，一時號曰穆黨」。

在禁煙運動和鴉片戰爭期間，穆彰阿主張維持鴉片走私現狀和對外妥協投降，在道光帝的對外決策中起著極大的負面作用。鴉片戰爭爆發前，他包庇鴉片走私和官吏受賄，阻撓禁煙，對於道光帝授予林則徐以欽差大臣的大權極為嫉妒。

戰爭爆發後，穆彰阿極力打擊以林則徐、鄧廷楨為代表的抵抗派，主張向英國侵略者求和。他先贊同琦善對英軍妥協求降，之後更支持派遣耆英等為代表與英國侵略者簽訂南京條約，繼而與美國、法國等簽訂其他不平等條約。在林則徐被任命為欽差大臣派往廣州查禁鴉片時，穆彰阿雖不敢公然反對和出面阻撓，卻暗地裡伺機進行破壞。當英艦北上大沽口進行威脅時，他看到道光帝「意移」，即由主戰動搖為傾向於妥協，便以「開兵釁」的罪名加給林則徐，表示贊同和議，促使道光帝「罷林則徐，以琦善代之」。

而當琦善在廣州向侵略者委曲求全，擅自與義律談判賠款與割讓香港的問題敗露，以致被革職鎖拿回北京等候審判時，他又示意直隸總督訥爾經額等出面要求道光帝對琦善從輕處理；直到奕經被任命為揚威將軍派往浙江主持戰事，他又保舉琦善隨軍「戴罪立功」。另一方面，他顛倒黑白、混淆是非，在鴉片戰爭和戰後推波助瀾連續製造冤案，阻撓抗英反侵略鬥爭的進行，林則徐、鄧廷楨被遠戍伊犁，在臺灣堅持抗英鬥爭的姚瑩、達洪阿被革職押解進京，都與他從中陷害有關。

穆彰阿在戰爭進行期間持消極態度，反對對英軍侵略進行自衛反抗。江浙每一敗仗警報，他就「相顧曰：『如何！』蓋謂不出所料也」。等到戰爭結束時，他又公開表示，「兵興三載，糜餉勞師，曾無尺寸之效，剿之與撫，功費正等，而勞逸已殊，靖難息民，於計為便」，竟全盤否定東南沿海四省軍民浴血抗戰、流血犧牲的反侵略鬥爭。而也正是他的勸說，道光帝才接受英國侵略者所提出的全部不平等條款。之後，他更進而支持戰後一系列不平等條約的簽訂。當時的愛國士人曾賦詩道：「海外方求戰，朝端竟議和，將軍伊里布，宰相穆彰阿。」反映了人們對他作為投降派首要人物的一般看法。

穆彰阿對於道光末年的政治敗壞，應負有無可推卸的責任。一八五〇年十二月一日，咸豐帝終於動手了。這一天，他打破向皇太貴妃（**即其養母博爾濟吉特氏**）請安後再辦公的慣例，首先頒下一道《罪穆彰阿、耆英詔》的朱諭。這份文件的分量不亞於一次政變，紫禁城為之震動，空氣也變得凝重起來。

通過罷免穆彰阿、耆英，咸豐帝表述了其全新的對外政策：將起用對外強硬的官員，使用強硬的手段來對抗英國等西方國家。他的這種全力保住並盡可能挽回國家權益的意向是值得肯定的。但就實際舉措而言，以為用忠擯奸即可抗「夷」的策略則顯得十分幼稚。對外強硬取決於武力的強大，若非如此只是一種虛張。

此道諭旨頒下後，安徽布政使蔣文慶、前漕運總督周天爵、福建學政黃贊湯亦先後上奏，提出具體計謀，咸豐帝皆發下，令沿海各省參照執行。蔣文慶建議：一、沿海各省將備弁兵，日日講求訓練；二、沿海地方官，力圖團練之法；三、仿造臺灣定例，道、府地方府節制轄地駐軍。周天爵判斷英國再犯有三個方向，即長江、天津、山海關。他建議用木頭或石料製作三十萬斤大炮，並在戰術上誘敵登岸，用火攻、陸戰制敵。黃贊湯要求在糧餉、器械、義勇上早做準備，以便早定出奇制勝的計謀。

咸豐帝的諭旨只令籌防，而未言及如何籌防。蔣文慶、周天爵、黃贊湯的計謀未能切中要害，甚至不著邊際，與戰時杜守田的「木簰火攻法」相類似。然而聖旨是不能不執行的，各地的做法也就陽奉陰違、各行其道。咸豐帝對此也無能為力，他制定不出像樣的海防政策來，地方官也沒有制敵良策，只好各行其是了。

雖然咸豐還在做著中興大夢，試圖力挽狂瀾。但是罷免一個穆彰阿，對已經死氣沉沉的大清帝國來說已起不到任何作用了，這個東方帝國正越來越迅速地滑向深淵。

02 聞風而逃，釀華夏千古奇恥

面對強敵入侵，愛新覺羅的子孫居然望風而逃，置國家民族不顧，作為在馬背上奪得天下的愛新覺羅家族來說，這不得不說是一種悲哀。對外敵的恐懼，預示了這個家族最終的結局。

咸豐當政，對外碰到的最大難題是英法聯軍入侵北京。咸豐四年（一八五四年），英、美、法三國向清政府提出修改《南京條約》等要求，遭到清廷拒絕。咸豐六年（一八五六年），英國藉口「亞羅號」事件進犯廣州，被擊退。

咸豐七年（一八五七年）十一月，英法聯軍攻陷廣州。兩廣總督葉名琛兵敗被俘，解送印度加爾各答，後死於囚禁。

咸豐八年（一八五八年）三月，英法聯軍及英、法、俄、美四國公使，抵達天津大沽口外，要求所謂「修約」。咸豐令直隸總督譚廷襄「以夷制夷」：對俄示好，對美設法羈縻，對法進行誘勸，對英嚴辭責問。譚廷襄奉旨行事，結果未能成功。四月，英法艦隊在俄、美支持下攻陷大沽炮臺，逼近天津，清軍八千餘人潰敗。

此時，咸豐想起當年同英國簽訂《南京條約》的耆英，但英、法卻拒絕同耆英談判。咸豐無奈，只好派大學士桂良、吏部尚書花沙納為欽差大臣，赴天津談判。五月，欽差大臣桂良、花沙納分別與英、法、俄、美等國代表簽訂中英、中法、中俄、中美《天津條約》。條約樣本奏上，咸豐雖然憤怒卻不得不批准。他在憤怒之下令耆英自盡，算是找了一隻替罪羊。

同時，沙俄西伯利亞總督穆拉維約夫也趁火打劫，兵逼璦琿（今愛輝），約黑龍江將軍奕山談判邊界事務。俄用武力迫使奕山簽訂中俄《璦琿條約》，割去黑龍江以北、外興安嶺以南中國領土六十萬平方公里，並將烏蘇里江以東四十萬平方公里中國領土劃為所謂中俄「共管」。

咸豐九年（一八五九年）五月，英、法藉口換約又率軍艦到大沽口。英法艦隊進攻大沽炮臺，清提督史榮椿下令開炮還擊，重創英、法艦隊，擊沉四艘、擊傷六艘，死傷四百餘人，重傷英艦隊司令何伯。英法聯軍在美艦掩護下狼狽退走。咸豐見大沽獲勝，盡毀《天津條約》。之後，英、法兩國都在調兵遣將，準備新的侵略。

咸豐十年（一八六〇年）春，英軍一萬八千餘人，法軍七千餘人，陸續開赴中國。不久，佔舟山、攻煙台。六月，英法聯軍再向大沽進攻。清僧格林沁率兵守大沽，而疏防北塘。僧格林沁上奏要在大沽同英法聯軍決戰，咸豐諭旨：「天下根本，不在海口，而在京師。」七月，英法聯軍由北塘登陸。咸豐戰和不定，痛失殲敵良機。英法聯軍攻陷塘沽後，又攻佔天津。咸豐派大學士桂良、直隸總督恆福為欽差大臣，赴天津談判。英、法提出天津開埠、賠款等要求。桂良擬好接受條款奏報，咸豐諭先退兵、後訂約。英法聯軍以談判不成向通州進軍。八月，咸豐派怡親王載垣、兵部尚書穆蔭為欽差大臣，前往通州議和。載垣接受英、法要求，但英、法又提出向皇帝親遞國書，被載垣拒絕，於是談判失敗。載垣、穆蔭拘囚英使巴夏禮等解到北京。英法聯軍繼續進攻，大戰於通州張家灣，僧格林沁戰敗，退到通州八里橋。英法聯軍六千餘人進犯八里橋，僧格林沁、勝保兵再敗。

英法聯軍進逼北京，咸豐帝讓皇六弟、恭親王奕訢為欽差大臣，以便辦理和局。咸豐心生一計：暗示大臣奏請「秋獮木蘭」。初八日，咸豐以「秋獮木蘭」為名，從圓明園啟程奔往熱河，授權恭親王辦理與各國換約事宜。英法聯軍進至北京德勝門外，二十二日（十月六日），攻佔圓明園，總管園務大臣文豐投福海自盡。奕訢奏請放還巴夏禮等。這個事件影響重大：

第一，簽訂中英、中法、中俄《北京條約》，又訂中俄《璦琿條約》，將黑龍江以北、外興安嶺以南中國領土六十萬平方公里，並將烏蘇里江以東中國領土四十萬平方公里，割給了俄國。之後，俄國又佔去巴爾喀什湖以東四十四萬平方公里土地。

第二，英、法兩國索賠白銀一千六百萬兩。

第三，九月初三日（十月十八日），英法聯軍焚毀圓明園，大火沖天，數日不熄。圓明園慘遭焚劫，使中華園林之瑰寶及珍藏之文物珍品，或慘遭劫掠，或化為灰燼。

第四，英法聯軍侵入京師，這在中華歷史上是破天荒的第一次。英法聯軍侵入京師，使得大清廟社震驚，圓明園三遭焚掠，京師百姓遭殃，中華文明受辱。這是中華千古未有之奇變，也是民族千古未蒙之奇辱。

可是，咸豐皇帝是怎樣對付英法聯軍侵略的呢？

第一，咸豐沒有下詔決戰。他沒有作戰決心，也沒有周密部署。起初，英軍一萬八千餘人，法軍七千餘人，陸續開赴中國邊境。咸豐皇帝沒有發布詔書動員軍民積極抵抗，也沒有派軍隊守住天津塘沽海口，反而在圓明園慶祝他的三十壽辰，在正大光明殿接受百官朝賀，並在同樂園連演四天慶壽大戲。咸豐和王公大臣沉醉在園內的聽戲歡樂中，英法聯軍卻加緊了軍事進攻。

第二，咸豐沒有政治韜略。咸豐戰和不決，小勝即驕。打了敗仗，簽訂《天津條約》；略獲小勝，又撕毀條約；再打敗仗，又拒絕妥協。沒有使天津談判當即解決，而支持肅順、載垣、穆蔭一夥將英使巴夏禮等誘擒到北京，導致事態進一步擴大。

第三，咸豐沒有身守社稷。面對英法聯軍六千餘人犯八里橋，咸豐沒有動員兵民「勤王」，全力守衛京師，而是準備逃跑。當年，明成祖朱棣遷都北京，原因之一是「天子守國門」，抵禦入侵。明朝的崇禎皇帝在社稷危難之時，既不遷都逃跑，也不巡狩圍獵，而是登上煤山自縊而死，發出「朕死無面目見祖宗，自去冠冕，以髮覆面」的哀歎。而咸豐皇帝在大敵侵入之時，不盡職守、不守國門，卻帶領老婆兒子、軍機大臣、王公貴族逃之夭夭，美其名曰「巡狩」。

咸豐皇帝不僅沒有國君的使命感，也沒有歷史的責任感。咸豐皇帝在英法聯軍侵入北京的歷史責任上，不但有過，而且有罪，他應是《北京條約》簽訂的直接責任者。咸豐在外敵入京、義軍蜂起、社稷多難、江山危急之時逃離皇都北京，躲在避暑山莊，而且恐懼洋人，拒不回鑾返京，從而鑄成大錯。

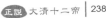

03 沉迷美色，為中華民族埋下禍患

面對內憂外患，咸豐帝很快就失去了初登大寶時的雄心，整天沉迷於女色。赫赫有名的慈禧太后就在這個時期走進了宮廷，受到了咸豐的寵愛，為後來專權鋪就了道路。這對愛新覺羅家族來說可謂雪上加霜。

咸豐帝剛剛即位時也是想有所作為。然而，波瀾壯闊的太平天國起義如此猛烈地蕩滌著大清江山，極大地動搖了封建統治秩序；英、法、美、俄列強攻城掠地，加緊在軍事、經濟、文化等方面入侵中國。面對內憂外患的交織纏繞，國家時運空前艱難，才識平平的咸豐帝絞盡腦汁卻無濟於事，眼睜睜地看著大清國這輛破爛沉重的馬車在茫無邊際的泥潭裡越陷越深。咸豐帝很快地喪失了精氣神，對大清徹底失去信心，索性沉湎於美色之中。

不久，咸豐帝對後宮內保有天足的旗籍后妃們便失去了興趣。他渴望弄到一批江南小腳美女供自己享樂，但是早在順治年間孝莊皇太后就留下一面鐵牌，赫然警示：「敢以小腳女子入此門者，斬！」歷代子孫無一膽敢拔去此鐵牌，咸豐帝雖色膽包天，也不敢動它分毫。但他很

快有了新主意，將那面討厭的鐵牌無聲地粉碎了。

他暗遣心腹宦吏，到江浙一帶花重金購買了數十名美女。祖上不允許小腳美人逾越那面鏽跡斑駁的鐵牌進入紫禁城，他便將她們引入圓明園的行宮之中。按照祖上通例，皇帝一般在三四月間入住圓明園，到八月間完成木蘭秋獮之後返回紫禁城皇宮。

小腳美人的吸引力實在太大了，咸豐帝哪裡按捺得住！總是一過新年就急匆匆地趕往圓明園，直到十月份才依依不捨地從那群嬌俏豔麗的江南尤物中鑽出來，頗不情願地回到紫禁城。

咸豐帝為了女色自娛，在衝破祖訓方面可謂是獨具匠心。他追求淫樂不知滿足，並且充滿想像力。「上好色，下必獻之。」善於拍馬的臣子將幾個特別美貌的女子弄進圓明園，咸豐帝龍顏大悅給她們一一上了封號，這就是民間傳聞的所謂「四春」：杏花春、武陵春、牡丹春、海棠春。咸豐帝在溫柔鄉裡樂不思蜀，過著紙醉金迷的生活。有了「四春」的陪伴，咸豐帝的鬥志更加消沉了，他開始肆無忌憚地縱情聲色。

咸豐除了這四春外，還寵愛所謂的「天地一家春」慈禧。慈禧在咸豐二年的選秀中進入宮廷，之後受到了咸豐的寵愛，而這個權力欲極強的女子在後來通過一系列手段將大權集於自己手中，奉行所謂的「量中華之物力，結與國之歡心」的無恥政策，讓國家的尊嚴蕩然無存，徹底將大清帝國推向了深淵，咸豐帝實在是愧對其列祖列宗。

04 判斷錯誤，辛酉政變遺禍無窮

謝幕的時候到了，咸豐將權力移交給了唯一的兒子。為了讓最高權力不外落，他為兒子設計了權力平衡構架。作為一個父親，咸豐帝的設想是好的，但由於他沒有看清當時家族內部的實際情況，他的安排並沒有取得預期的結果。在他去世後，發生了辛酉政變，家族的最高權力也就旁落他人。

一八六〇年八月十六日，咸豐一行終於逃難到達熱河行宮，住進了清帝在熱河的寢宮——煙波致爽殿。咸豐十一年（一八六一年）正月初二日，咸豐詔定二月十三日回鑾，又規定了啟鑾後詳細的行程安排。留守在京城的王公大臣們都期盼皇帝盡快回宮，一來人心大定，二來可以使咸豐早日擺脫肅順等人的左右，為下一步行動創造條件。但令他們失望的是，皇帝的病情又有反覆，並進一步惡化。

咸豐十一年七月十六日下午，咸豐帝病情突然加重，昏厥不醒、奄奄一息。經御醫緊急搶救，直到晚上才慢慢甦醒過來。到半夜時，皇上吃了一副藥後精神略有好轉，但他知道這是迴光返照，死神已在向自己招手。為了使皇子能夠順利地當上大清國的皇帝，咸豐皇帝急忙派人把大阿哥、宗人府宗令、御前大臣和軍機大臣召來臨終託孤。咸豐諭：「立皇長子載淳為皇太子。」又諭：「皇長子載淳現為皇太子，著派載垣、端華、景壽、肅順、穆蔭、匡源、杜翰、焦祐瀛，盡心輔弼，贊襄一切政務。」以上就是歷史上著名的「顧命八大臣」或「贊襄政務八大臣」。載垣等請咸豐帝朱筆親寫以昭鄭重，而咸豐帝此時已經病重不能握管，遂命廷臣承寫朱諭。咸豐在病逝前，授予皇后鈕祜祿氏「御賞」印章，授予皇子載淳「同道堂」印章（**由懿貴妃掌管**）。

為什麼此時才立大阿哥為皇太子呢？雖然清朝皇帝在立嗣君時，一直沿用雍正建立的「密儲制度」，但咸豐帝除了大阿哥載淳之外別無他子，所以一直沒寫密詔。現在他自知命在旦夕，如不臨時變通，自己一旦突然崩逝將會出現爭奪皇位之慘劇，他寵愛的獨苗兒子將無以安身，國脈很難在本支永傳。因此決定把這件事定下來，使大阿哥能名正言順地成為皇位繼承人，並任命八大臣專責輔弼太子。一八六一年八月二十二日凌晨，咸豐病逝於承德避暑山莊，卒年三十一歲。

咸豐這樣安排是費盡心思的。兩位皇太后和幼帝為一方，八位贊襄政務大臣為一方，不突出任何一方，缺了任何一方又不可。這既不是垂簾又不是輔政，而是「垂簾輔政，兼而有之」。然而令咸豐料想不到的是，他選擇的託孤大臣在隨後不久的辛酉政變中很快地就走下了歷史的舞臺。而造成這一切的結果是，咸豐沒有看清朝廷內部的形勢。當時朝廷的主要政治勢力可以分為三股：

一股是咸豐臨終顧命、贊襄政務的八位大臣，主要為兩部分人：載垣、端華、肅順、景壽四人為宗室貴族、軍功貴族；穆蔭、匡源、杜翰、焦祐瀛四人為軍機大臣。當時軍機大臣共有五人，其中，文祥兼戶部左侍郎（肅順兼尚書），因上言力阻「北狩」而被留在北京，是軍機大臣中唯一被排除在贊襄政務大臣之外者。

第二股是咸豐帝的幾位兄弟。咸豐死時，道光九個兒子中健在的還有五阿哥惇親王奕誴、六阿哥恭親王奕訢、七阿哥醇郡王奕譞等，這幾位親王尚年富力強。他們同朝中顧命大臣以外的勢力聯合起來，成為朝中一股強大的政治勢力。

第三股勢力，就是六歲的同治皇帝和兩宮太后——東太后慈安和西太后慈禧。他們雖是孤兒寡母，在帝制時代卻是皇權的核心。咸豐在臨終之前，特製「御賞」「同道堂」兩顆印章作為日後頒布詔諭的符信。換句話說，奏摺「經贊襄大臣擬旨繕進，俟皇太后、皇上閱後，上用『御賞』下用『同道堂』二印，以為憑信」。這兩顆印章，「御賞」之章，為印起；「同道堂」之章，為印訖（結束）。將「御賞」章交皇后鈕祜祿氏收掌，而將「同道堂」章交皇太子載淳收掌，因載淳年幼，「同道堂」章實際上由其生母懿貴妃掌管。咸豐的旨意是，在他死後由皇后鈕祜祿氏、懿貴妃葉赫那拉氏與八大臣聯合執政，避免出現八大臣專權的局面，也避免出現皇后鈕祜祿氏與懿貴妃葉赫那拉氏專權的局面。皇后鈕祜祿氏與懿貴妃葉赫那拉氏的實權在八大臣之上，因為她們都有對於八大臣所決策軍政大事不予蓋章的否決權。

很明顯，如果皇后鈕祜祿氏與懿貴妃葉赫那拉氏不加蓋「御賞」和「同道堂」這兩顆章，八位贊襄政務大臣是發不出「詔書」和「諭旨」的，贊襄政務八大臣之議決均不能生效。相反地，由內臣擬旨而不經過顧命八大臣同意，只要加蓋「御賞」與「同道堂」兩章即能生效。

從表面上看，這是一個權力平衡的結構，但咸豐沒有把自己兄弟的勢力納入「贊襄政務」的權力系統內。比如說，用恭親王奕訢「攝政」或「議政」或「輔政」或「贊襄」，後來情況也許就會不一樣。

一八六一年十一月一日，慈禧等人發動政變宣布解除肅順等人的職務，當場逮捕了載垣、端華，並派人去路上逮捕肅順。慈禧很快地發布上諭，否認了咸豐遺詔，下令將肅順斬首；讓載垣、端華自盡；另外五大臣則被革職或充軍。八大臣的第一個重要罪狀就是「不能盡心和議……以致失信於各國」，也等於向侵略者表示她是「盡心和議」的賣國賊。接著，宣布廢除八大臣原擬的祺祥年號，改明年（一八六二年）為「同治」元年，表示東、西二太后共同治理朝政。慈禧之號也是從這時開始使用的。這一年正好是辛酉年，故又稱「辛酉政變」。而發生此事的地點又在北京，故又稱「北京政變」。

從此，慈禧登上了歷史舞臺，在半殖民地的中國進行了四十七年的統治。她上臺的第一樁罪行，就是「借師助剿」，和外國侵略者共同血腥鎮壓了著名的太平天國革命。中國歷史上許多不平等條約，如中英《煙台條約》、《中法新約》、中日《馬關條約》、《中俄密約》、《辛丑合約》等，都是在她統治時期與外國簽訂的。她的篡政和統治，使近代中國蒙受了無窮無盡的屈辱。

咸豐皇帝臨終前沒能正確平衡主要政治力量之間的關係，導致辛酉政變的發生，從而出現皇太后「垂簾聽政」的局面，影響中國歷史近五十年，咸豐的責任不容推卸！

第十章　同治　傀儡皇帝　因病早亡

同治帝載淳，是咸豐與葉赫那拉氏的獨生子，生於咸豐六年（一八五六年）。咸豐十一年，咸豐皇帝病逝於承德，六歲的載淳即位，是為同治帝。由於同治尚幼，故兩宮太后「垂簾聽政」至同治十二年親政，次年卒，年僅十九歲，謚號「穆宗」。

同治帝在位十三年，在此期間，清朝政府依靠曾國藩、李鴻章、左宗棠等一批重臣，鎮壓了太平天國起義等一系列農民起義。同時，興辦洋務新政，大清帝國出現了迴光返照似的瞬間興盛。

01 權力爭奪，母子反目

歷史上母子之間爭奪權力的事情並不多見，對於那個時代來說，女人當政是讓人難以接受的。而在愛新覺羅家族的暮年，同治帝和他的母親卻為了爭奪最高權力而反目成仇。面對強勢的母親，軟弱的皇帝終歸無可奈何。

咸豐駕崩後，早有預謀的慈禧與奕訢聯手對付輔政八大臣。結果，遺詔尚在，屍骨未寒，改變中國近代歷程的「辛酉政變」便發生了。

三天後，皇太子載淳在太和殿舉行登基大典，改「祺祥」為「同治」。到十二月二日，慈禧和慈安在奕訢等大臣的多次「敦請」之下，打破了清代留傳下來的禁止女性干政的祖制，共同「垂簾聽政」，從此慈禧太后便將大權抓在了自己的手中。

同治雖為一朝天子，但有慈禧太后垂簾聽政，自己的聖旨如同廢紙，親政的念頭始終縈繞在心頭，但苦於沒有機會。同治十二年，十八歲的同治帝在種種條件具備的情況下親政了，但程序是相當的複雜，前後經過了半年的準備。

慈禧垂簾十餘年把持朝政，用榮華富貴籠絡了一批朝臣，他們與慈禧早已結成依附關係，因此這批臣子對慈禧撤簾歸政也有不安之感。

同治十一年（一八七二年），垂簾聽政的慈禧每天日理萬機，一國的大事都要親自處理，因此身體狀況不是很好。同時，皇帝在選后問題上憋了一肚子火，自己中意的人選竟被慈安選中的人選所代替。眼看皇帝大婚後就要親政，慈禧已感覺到形勢嚴峻，這一切使她焦慮不安，情緒十分不佳，常常因「聖體違和」，不能臨朝聽政幫助小皇帝處理政事。

慈安太后雖然位居東宮正位，地位高於慈禧，但她對玩弄權術沒有太大的興趣，甚至可以說根本沒有興趣。垂簾聽政原非慈安本意，因而當同治帝大婚後就想立即撤簾歸政。但她也深知慈禧嗜權如命的個性，因而不能自作主張，免不了要向慈禧做一番「思想工作」，講明歸政後頤養天年的好處。

慈禧雖然心中很不願意，但慈安的倡議很有道理，再厚著老臉不歸政也說不過去了，萬不得已只好勉強同意隔年撤簾歸政。

此時，慈禧看到形勢已經明瞭，不免也自我安慰一番，心想同治帝雖然對自己不是很親近，但畢竟是親生兒子，一些關乎國計民生的大事應該會跟自己商量的，這樣大權不還在自己手裡嗎？這樣想心裡寬慰了許多。

同治和大臣們一看慈禧太后答應歸政，內心激動不已，都認為慈禧太后明事理、顧大局。為了報答慈禧和給予她心靈上的安慰，於是藉著大婚的喜慶氣氛，在同治十一年十月舉行隆重盛典，給慈安、慈禧兩太后敬上徽號，慈安徽號為「端裕」，慈禧徽號為「端優」。

同治十二年（一八七三年）正月二十五日，對同治帝來說是個幸運的日子，兩宮太后正式在這天宣布撤簾。二十六日，又是一個不平常的日子，年輕英俊的同治帝御臨太和殿，接受王公以下文武官員的朝賀，從此以後他就是大清朝名副其實的最高統治者了。

同治帝操權柄後，有一股新官上任三把火的味道。他在親政的第三天，就下令整頓財政，嚴禁內務府動支戶部款項；諭令各省督撫舉薦人才，以備任用；下令各地整頓釐金，嚴禁官吏侵漁百姓；讓言官踴躍進諫，廣開言路，以備採擇……他一改過去懶散的習慣，召對大臣、細覽章奏，兢兢業業、井然有序，就連御史考試也親自與他的師傅徐桐商量試題。

同治帝親政後，當然不會忘記太后歸政的大恩大德。他在親政不久後又一次舉辦大典，再次給兩宮太后恭上徽號，慈安太后加的是「康慶」，慈禧加的是「康頤」。而且還主動增加了撥給兩宮太后的「交進銀」，從原來的每年銀十萬兩增至十八萬兩。

但慈禧並不滿足於此，她孜孜以求的是能夠擁有朝廷大權。而同治帝在這一點上卻毫無表示，他獨自處理朝政從不請示、彙報。慈禧剛開始還能忍受，還能自我安慰一下。但忍耐是有限度的，後來她發現同治帝不是自己想像的那樣聽話就忍不下去了。她把同治帝召來大加訓斥，而同治帝性格剛強、執拗，她要干預政事，同治帝偏不吃她這一套，因此母子倆的矛盾越積越深了。慈禧更加不給同治帝好臉色了，更是動不動就訓斥，而且越發厲害。同治帝為此非常傷心，終於認清了自己生母的真面目，沒想到自己的努力換來的卻是這樣的結果，因此對母親的感激之情蕩然無存。

令同治更為惱火的是，慈禧蠻橫地干涉他的私生活。同治八年，同治帝已年滿十四歲，按照慣例就該舉行大婚了，大婚之後就要親政。西太后權力欲極強，視權如命，她不願歸政給同治，所以對同治的婚事也一再向後推延。到同治十一年（一八七二年），同治帝已經十七歲了，西太后無論如何也沒有理由再拖下去了，只好為同治帝議婚。

當時，在備選的女子中侍郎鳳秀之女富察氏相貌出眾，而侍郎崇綺之女阿魯特氏，雖然相貌上較富察氏遜色，但雍容華貴、舉止端莊。東太后嫌富察氏輕佻，十分喜歡阿魯特氏，意立阿魯特氏為皇后；西太后則不喜歡阿魯特氏，因為阿魯特氏是西太后的政敵鄭親王端華的外甥女，不願把皇后的位子給予這樣的人，所以意欲立富察氏為皇后。東太后告訴西太后說：「鳳秀的女兒太輕佻，怎能選為皇后呢？只能當一個貴人。」這話正刺中了貴人出身的西太后的痛處。兩太后爭議不下，就讓同治拿主意，結果大出西太后的意料，自己的親生兒子竟不向著自己，同治表示喜歡阿魯特氏要選她為皇后。九月，同治舉行了大婚典禮，阿魯特氏被封為孝哲毅皇后，富察氏被封為慧妃。

結婚以後，同治和孝哲毅皇后相敬如賓、情投意合。孝哲毅皇后不苟言笑、氣度端凝，同治十分欽佩和敬重。宮中沒事的時候，同治常常向皇后提問唐詩，皇后都能對答如流，同治心中極為喜歡。西太后卻不能理解兒子的心情，有意挑撥他們夫妻之間的關係，因此不僅婆媳關係不好，也使母子關係進一步緊張。西太后多次向同治說：「皇后太年輕，不懂禮節，皇上不要常到中宮去以免妨礙政務。」並且還極力讚揚慧妃賢慧，要同治多加眷愛。不僅如此，西太后還派人時時刻刻監視同治。同治對其干涉自己私生活的做法非常不滿，偏偏不聽母親的話，索性獨自一人居住在乾清宮，以示對母親的抗議。

02 同治中興，老邁帝國不甘掙扎

在痛苦掙扎中，年邁的帝國迎來了迴光返照似的繁榮，朝廷上下都沉醉在這虛幻的成就中。然而外患未除、內部矛盾依然激烈，愛新覺羅家族的前途仍然是一片黑暗。

「同治中興」是指清朝中葉後，同治帝在位期間（一八六二－一八七四年）的中興階段。適逢一八六〇年清政府與英法媾和，及太平天國被消滅（一八六四年），政治上出現了一個和諧時期，大開洋務運動。亦有人把清代咸豐至同治時期定為咸同中興作為一個中興的階段，但現今普遍都認為中興時期主要在同治統治年間。

同治三年（一八六四年），慈禧依靠曾國藩、左宗棠、李鴻章等漢族軍閥統率的湘軍、淮軍，撲滅了太平天國起義的烈火，使行將就木的滿清王朝又延續了下來。從一八六四年太平天國農民起義失敗，到一八九四年中日甲午戰爭爆發，愛新覺羅氏又「太平」了三十年。在這三十年中，雖然在光緒十年（一八八四年）爆發了中法戰爭，但戰爭的結局未造成割地賠款，受到戰爭刺激的中國社會各階層人士加快了海軍的建設，使洋務運動蓬勃發展起來。

洋務運動舊稱「同光新政」。一八六〇年後，在中外聯合鎮壓太平天國革命的過程中，清朝封建集團中逐漸形成了一批具有買辦性的官僚軍閥。他們在與外國資本主義打交道的過程中，不僅認為清政府與外國侵略者的矛盾可以調解和妥協，「借洋助剿」鎮壓國內人民的反抗，而且還可以採用一些資本主義生產技術，以達到維護搖搖欲墜的封建統治的目的。這部分人就是當時清政府內當權的洋務派，他們從十九世紀六〇年代至九〇年代所從事的洋務，史稱洋務運動。

主持和提倡辦洋務的洋務派，是在鎮壓太平天國革命的過程中，在外國侵略者扶植下發展起來的清朝統治集團中的一個派別。起初人數不多，但他們的勢力與日俱增。在朝廷裡是總理各國事務衙門的大臣奕訢和文祥等人，在地方上則是握有實權的大官僚曾國藩、李鴻章、左宗棠、張之洞等人。其中以曾國藩為首的湘系集團和以李鴻章為首的淮系集團，以及後起的張之洞集團影響較大。

洋務運動的內容很龐雜，涉及到軍事、政治、經濟、外交等，而以「自強」為名，興辦軍事工業並圍繞軍事工業開辦其他企業，建立新式武器裝備的陸海軍為主要內容。從十八世紀六〇年代開始開辦江南製造局、福州船政局、安慶內軍械所等近代軍事工業。但是，洋務派在興辦軍事工業的過程中遇到了難以解決的問題，最主要的就是資金、原料、燃料和交通運輸等方面的困難。

因此，洋務派在「富國」的口號下，從十九世紀七〇年代起採取官辦、官督商辦和官商合辦等方式，開辦輪船招商局、開平礦務局、天津電報局、唐山胥各莊鐵路、上海機器織布局、蘭州織呢局等民用企業。與此同時，洋務派在一八八四年開始籌畫海防，初步建立起南洋、北洋和福建海軍。在洋務派控制了海軍衙門以後，又進一步擴建北洋艦隊，修建旅順船塢和威海衛軍港。

洋務派所經營的近代工業企業，是以不改變封建生產關係為前提的。所辦企業具有很強的對外依賴性、封建性和一定程度的壟斷性，於是洋務派要在中國興辦近代工業企業和籌辦海防都不得不在工業技術、資本乃至管理上受帝國主義的左右和牽制。因而就加深了帝國主義對中國政治、軍事和經濟的控制，洋務派也加速了自身的買辦化。這樣的企業，不僅無法避免自身遭到破產的命運，而且嚴重地阻礙和壓制了中國近代民族工業的發展。

辦「洋務」三十年間，中國被迫開闢的通商口岸，由一八六〇年前的七個增加到一八九四年的三十四個，外國的進口額也由一八六四年的五千一百餘萬兩，激增為一八九四年的一億六千餘萬兩。在進口貨物中，十八世紀八〇年代前鴉片佔首位，十八世紀八〇年代後棉織品躍居第一，鴉片退居第二，但絕對數仍一直上升。出口的貨物，十八世紀八〇年代前主要是茶和絲，十八世紀八〇年代後棉花和大豆逐步增長。中國被迫加速了捲入世界資本主義的漩渦，成為它們的商品銷售市場和廉價原料產地。

中國近代民族資本主義工業和洋務運動是在同一個過程中艱難地成長起來的，這主要是受中國近代經濟規律制約的結果，對洋務派來說是事與願違的。隨著近代工業的興建，引進了資本主義國家的一些近代生產技術，一批近代產業工人在中國社會出現了，在洋務派創辦的新式學堂裡造就了一批掌握自然科學的知識分子和工程技術人員。由於創辦企業可獲得利潤，還吸引了一些官僚、地主、商人投資了近代工業，客觀上對中國資本主義發展起了積極作用。

從表面上來看，自強運動搞得轟轟烈烈，「廟堂之上清議頗有正風」，而且財政收支又出現了盈餘，好似一間東倒西歪屋經過補漏裱糊之後，又「煥然一新，儼然華居矣」！同治中興的政局反映到北京城區，就是連內城、外城都產生了畸形繁榮。在太平天國起義的戰爭中，清廷財政緊張，王公、官員一度只發半俸，八旗兵丁的錢糧也頗為緊缺。再加上物價飛漲，故街市蕭條。太平天國起義失敗，清廷的財政收支出現了盈餘後，北京城中上起王公大臣，下至八旗兵丁，又重振寄生城市的享樂頹風。茶館、酒樓、飯莊、戲園、妓院、寶局（賭場）比比皆是，燈紅酒綠、紙醉金迷，吹拉彈唱徹夜不息，呈現出末代的繁榮與豪華。

03 英年早逝，榮辱成敗歸空

在對母親的無奈、對列強的痛恨中，同治皇帝撒手人寰。他的去世，終於讓最高權力集中到了他母親的手中，慈禧太后也就可以隨心所欲地呼風喚雨了，而歷史留給愛新覺羅家族的時間已經不多了。

同治帝生性喜鬧好動，自控力極差。獨居乾清宮以後，過去的許多惡習又死灰復燃，而且變本加厲，同治帝在個人生活上逐漸走向了墮落的深淵。

綜觀中國歷史上的皇帝，清朝的皇帝可算是最勤於政事的，也是最累的。皇帝微服私訪體察民情，在民間時有所聞。同治帝沖齡踐祚，熱衷微服出行，不是像他的祖宗那樣為了國家和百姓，而是單純為了享樂和獵奇。

起初，同治帝常去的地方是琉璃廠。同治帝經常微服出行到這裡，買一些自己喜歡的書畫珍玩。這在常人看來，宮中的生活太單調，出來走走也未嘗不可，感覺一下外面的世界，再選一些自己喜歡的字畫也純屬正常。

微服出宮雖然影響皇帝的名聲，對皇帝的身體沒有造成太大的傷害，但後來事情的發展就出格了。獨居乾清宮以後，同治帝微服出宮的次數越來越頻繁，而且在兩個人的誘導下私遊的場所發生了根本性的變化，從而使同治帝走向墮落的深淵，這兩個人就是：恭親王奕訢之子載澄和翰林院王慶祺。

在載澄和王慶祺等人的引導和慫恿下，同治帝不僅在宮內恣意取樂，而且微服出宮到煙花柳巷去漁獵女色。同治帝在載澄等人的唆使下微服私遊，一到南城那些煙花柳巷便大開眼界。只見梨頰嬌姿，招搖過市；紅肥綠瘦，眼花撩亂；打情罵俏，此起彼伏；淫聲浪笑，不絕於耳；胭脂氣息，十里飄香；王公大臣，你來我往；富商巨賈，熙熙攘攘。真可謂萬紫千紅、熱鬧非凡。再與枯燥沉悶、拘於禮法的宮中相比，簡直有天壤之別。從此以後，私遊興致大增，三天兩頭溜出宮去直奔南城享受男歡女愛。

同治帝從小生活在宮中大院，風不著，雨不著，皮膚自然白淨，並且在出宮時往往穿黑色衣服，越發襯托得神采奕奕、英姿勃勃，而且出手大方，因而所到之處很受妓館老鴇和妓女們的歡迎。同治帝只是想以妓館聲色來填充他內心的極度空虛和壓抑，並不想在溫柔鄉里沉溺太深，但有的事情並不是自己想控制就控制得了的。由於他幾乎夜夜銷魂，日子長了再有鹿肉補著也吃不消，因此身子早已被掏空，四肢無力、氣血雙虧。同治十三年春天，他去西山掃墓踏青時，在路旁數以萬計跪迎的官吏、百姓面前竟直不起腰來。與此同時，王公大臣在養心殿上看到的已不再是大婚初始那個相貌英俊、精神煥發的青年天子，儼然成了一個面黃肌瘦、言語遲緩的小老頭了。

同治十三年九月，太監在給同治洗澡時發現他肩背等處有很多斑疹，同治當即宣太醫李德立。李德立心裡一驚，根據他的經驗這斑疹可能是梅毒疹，但這種事涉及帝德清名，他無論如何也不敢說。於是他草草開了一副清熱解毒的藥，同治喝了之後果然有效，紅斑慢慢消退了。

十月二十一日，同治去了一趟西苑回來就感冒了，從此一病不起。三十日，同治的臉上突然出現了紅疹，下午太醫李德立和御醫莊守和前來診脈，兩宮皇太后也來了，只見同治兩頰潮紅、瘦如骷髏。

兩名御醫輪流給同治切脈，過了一會兒，李德立稟告太后：「皇上脈息浮數而細，係風瘟閉索，陰氣不足，不能外透之症。」接著，寫下了脈案，脈案中並未說明同治患的是天花，只是含糊地寫下「發熱頭眩，皮膚發出疹形未透，有時氣堵作絕」等，這樣既可以說是天花，也可以說是痲疹，總之未能做出最後診斷。他還開了一副由小生地、元參、牛蒡子、葛根、荊芥、麥冬、金銀花、連翹、枳殼、甘草、川鬱金等十一味藥配製而成，以五把蘆根作為藥引的方劑「益陽清解飲」。同時，讓同治避風調理。

第二天，同治果然全身發出了花疹，尤其是頭部和脖子，全是密密麻麻的紫色瘡疹。下午，兩位御醫在脈案中明確寫出：「病症係天花二朝之喜」。十一月初二日，朝廷正式發布這個消息。

不久，同治病情惡化，最後用藥無效，結束了十九年的短暫人生，將一個爛攤子留給了後人。民間對同治的死因有不同看法，一說同治死於梅毒，這都已經不重要了，重要的是同治的死，終於讓慈禧重新執掌了權力。

04 病危之際，母親奪權

父死子繼，這種封建皇權觀念深入人心。然而，同治英年早逝，沒有留下子嗣。最高權力的歸屬就成了一個疑問，對最高權力一直虎視眈眈的慈禧太后，自然不會錯過這樣的良機。在同治帝彌留之際，慈禧小動手腕就讓兒子中了自己的圈套。在權力面前，母子之情也成了或有或無的東西。

同治帝患病不起，不能上朝處理政事，國家大事怎麼辦呢？同治皇帝為了不被別人利用，隨即諭令軍機大臣兼帝師李鴻章代自己批答奏章。忠心耿耿的李鴻章一向深受同治帝倚重，他代皇上處理朝政，絲毫不敢獨斷專行，每天向同治帝早請示晚彙報。

但是，李鴻章畢竟是漢臣，無論從大清祖宗家法還是從民族心理上說，李鴻章批閱滿文奏章都是不合體的。過了五天，同治帝詔命恭親王奕訢代為批答滿文摺件。恭親王奕訢既有資歷又有能力，是滿族親貴群臣中最理想的人選，同治帝對此極為滿意。然而慈禧太后卻不甘寂寞，她唯恐同治帝一旦駕崩後，權力就會落入恭親王之手。她明白這對她是極為不利的，因為她與奕訢有說不清的糾葛和恩怨，於是她積極策劃重新奪權的活動。

十一月初八日，慈禧太后召軍機大臣、御前大臣和帝師們前往養心殿東暖閣探視同治帝。同治帝聽到屋內有許多人走動，便有氣無力地問道：「什麼人前來覲見？」眾位大臣急忙給皇上叩頭請安。令大臣們預料不到的是，他們的皇帝竟是這樣的一種狀況：滿臉密布著顆粒飽滿的紫紅斑疹，連脖子、手臂上也出了許多，簡直慘不忍睹。奄奄一息的同治帝連眼睛也不能完全睜開，只露出一絲微弱的光。諸位大臣心中頓感不安，因而只說了一些安慰寬心靜養的話就告退下。

慈禧太后很快地又宣群臣上殿，諸位大臣都不明白慈禧葫蘆裡賣的什麼藥。慈禧見眾臣都已到齊，很嚴肅地說：「歎政事的裁決、奏摺的批閱，沒有皇上親自處理，朝政日漸荒廢，哀家這些日子為此吃不好飯、睡不好覺，不能總是這樣，總得想出個好辦法來。為了國家社稷，不知眾位大臣有什麼好辦法？」

大臣們聽到這番話，明白了慈禧的意圖。她剛才召集大家看望皇上，無非是想讓大家都知道皇上的病情已不能正常處理奏摺。不是皇帝已安排好了嗎？而且也沒出現大的問題，為何又提出要別尋良策？答案是明擺著的：慈禧太后想自己專權了。

看見眾位臣僚各懷心思，慈禧就加強攻勢步步進逼。她說，皇上患病的原因就在於經常微服私遊、尋歡作樂，身體患了重病，想必各位大臣早有耳聞，可是為何不加諫阻？皇上親政以來，規定每日去弘德殿讀書，帝師們應對他多加約束，為何皇上在外私遊、無故曠課，你們也不早稟報？慈禧這一席話把大臣們給鎮住了。實際上大家心裡都清楚得很，不過鑑於慈禧淫威不敢明說罷了。

慈禧見眾位大臣沒提出什麼反對意見，更加囂張起來，她故伎重演，拿出了女人的看家本領。在眾臣面前一邊哭泣、一邊訴說，說這些天來自己怎樣日夜侍候皇上，怎樣為皇上病情憂心如焚，怎樣為大清的江山社稷勞心費神。總之，她極力向大家表白，只有她才能擔當起皇上的託付，代為批答奏上。奕訢等朝廷重臣在與慈禧的幾次較量中已經吃盡了苦頭，所以面對慈禧淋漓盡致的表演只能俯首貼耳、言聽計從，當即一致提出「請兩宮皇太后權時訓諭」。

慈禧太后見預謀得逞，正準備請眾臣擬寫奏摺，轉念一想，同治帝畢竟在名義上仍是大清皇帝，沒有皇上的明諭她的垂簾聽政就是不合法的。薑還是老的辣，於是還沒等奕訢等人退出，她就召回他們說：「此事重大，應先徵得皇上同意。明天你們可將奏摺面呈皇上。」做好了諸位大臣的工作並不等於就可以垂簾聽政了，還必須取得同治帝的同意發布明諭告示天下才行。

為了能夠得到同治帝的同意，使自己名正言順地垂簾聽政，當晚慈禧以探望病情為名來到養心殿東暖閣，對同治帝做了一番思想工作。她提起了恭親王力阻修園一事，勸同治帝不可對奕訢過分信賴。同治帝一則年輕幼稚，二來有病在身，在慈禧的百般挑撥下疏遠了奕訢，但萬萬想不到的是他進了比奕訢更為陰險狡詐的圈套。

第二天，當恭親王把奏請太后訓政的摺子遞上去時，同治帝當下批准了。他對眾臣說：「朕說話吃力、行動不便，不能親理國政。朕愧對愛新覺羅的列祖列宗。然而天下事不可一日鬆懈，故擬請太后代閱奏摺。等朕過了百日之喜，病情稍緩再出來辦事。望諸臣勤政廉明，不要辜負了朕的隆恩。」此時的同治皇帝還沒有明白其中的奧妙，真是幼稚啊！

十一月十日，同治帝發布上諭，明令內外陳奏事件一律由皇太后批閱裁斷。從此，慈禧又一次堂而皇之地執掌起了大清的權柄，為再次垂簾奠定了基礎。

在載淳死去的當天，慈禧即偕慈安召集皇親貴戚於養心殿西暖閣舉行會議議立嗣君。御前會議上，慈禧宣布：「奕譞長子，今四歲矣，且至親，予欲使之繼統。」

王公大臣們十分清楚，慈禧置祖宗家法於不顧，力排眾議將奕譞長子載湉立為嗣君是有很深用意的。首先，載湉是一個四歲的吃奶孩子，他能做些什麼？這樣一來，嗜權如命的慈禧極易控制小皇帝，從而為慈禧再次垂簾、攬政製造了藉口。

其次，載湉與慈禧有雙重血緣關係，將來也是干預朝政的一個理由。一方面，載湉是咸豐帝的親侄子，同治帝的叔伯兄弟，在宗室譜系上同屬道光帝一脈，自然在繼統人選中佔據優勢。另一方面，載湉的母親是慈禧的胞妹，載湉不僅是慈禧的內侄，又是慈禧的外甥，親上加親，非比尋常。

此外，載湉的父親奕譞在辛酉政變中，為慈禧剪除政敵立下了大功，為人又謹慎保守，對慈禧言聽計從，不像恭親王奕訢總是跟慈禧作對。

皇子定好了，後面的事情只是走走形式而已。當天晚上，四歲的載湉被太監們迎入宮中，繼承大清皇帝之位，並按照慈禧的旨意定年號為「光緒」，取光大統緒之意。

第十一章 光緒　維新為興國 慈禧手中囚

載湉是醇親王的兒子、慈禧太后的內侄。登基時僅有四歲，兩宮太后慈禧、慈安「垂簾聽政」。至光緒十六歲，慈禧「歸政」，但仍實掌大權。

作為一個年輕奮發的君主，光緒皇帝以社稷為重，推行變法，不輕易退縮妥協以求自保，為了變法信念在危急時刻置生死安危於度外。變法雖然失敗了，但對當時社會發展起了積極作用。打破了封建專制主義的思想禁錮，啟開了中國思想解放的先河；在經濟上，光緒接受了維新派發展民族資本主義的主張，為中國民族資本主義的發展掃清了道路；在文化教育方面，開辦學堂，改革科舉制度，派人出國留學、遊歷等，使知識分子擴大了眼界，給長久封閉的國家帶來了一些西方的先進思想、理論和技術。光緒皇帝不愧為近代中國第一個效仿西方來變革中國的開明皇帝。

01 年幼進宮，在痛苦中成長

為了不讓自己的權力受到威脅，慈禧選擇了一個年幼的孩子，作為愛新覺羅家族新的名義上的掌門人。為了讓這位年幼的皇帝永遠聽自己的話，慈禧對他的教育嚴格而苛刻，而這樣培養出來的接班人是無法承擔扭轉乾坤的重任的。

愛新覺羅·載湉在慈禧太后的安排下成為大清國的皇帝，為了使立載湉為帝的安排合法化，慈禧依照封建王朝新皇帝即位必須履行的程序，在太和殿為載湉舉行了一個登基典禮，並頒諭布告天下。年幼的載湉就這樣走出了無憂無慮的王府，置身於變幻莫測的紫禁城，成為清王朝入關以來的第九代皇帝，登上了歷史舞臺。

眼見大局已定，慈禧太后再也沒有任何顧忌，她以光緒帝的名義發布上諭，再次恢復了由東、西兩宮皇太后共同實行「垂簾聽政」的統治局面。光緒皇帝就這樣還在年幼無知的時候，在一種特定的歷史條件下被推上了皇帝的寶座，成為慈禧的一個政治工具，並在位長達三十四年之久。

光緒雖然年僅四歲就當了至尊至貴的皇帝，可他並不像一般富貴人家子弟那樣嬌慣任性、自由自在。慈禧太后為了使大清江山千秋萬代永遠流傳下去，就要培養造就一個稱職的皇帝來管理國家。為了自己能一直掌權，當然也要製造出一個馴服的皇帝來作為工具。為了達到這雙重目的，她對光緒的管教是極為嚴格的。除了從小派人教導他各種禮儀和處理政務的方法外，還讓他讀很多書籍，以掌握足夠的知識來駕馭百官、統治人民。

翁同龢是一位十分稱職的老師，他不僅學識淵博，而且道德文章也足為師表。他從來不以帝師的身分向光緒提什麼要求，有時光緒主動升賞他，他還常常極力辭謝。翁同龢很會調動學生的學習積極性，當光緒真有成績就表揚；有了缺點則不直接批評，而是婉言勸告使他不覺得難堪，容易接受。這種方法是翁先生苦心琢磨出來的，小孩子也有自尊心、上進心，鼓勵往往比批評更有推動作用，而這個方法對光緒來說就有更深的意義。光緒從小離開親生父母，到宮裡後慈禧對他非常嚴厲，從別人身上也很少得到關懷和溫暖。老師的親切勉勵和循循善誘在他的心靈上留下了深刻的印象，所以長大以後對翁同龢依然有著特別的好感和信任。很多和別人不能講的話，只有跟這位老師講；有些委屈無處表白，也只能在老師面前哭訴，翁同龢則能想辦法給以排解和安慰。

一個六七歲的小孩子，整天讀書、寫字、練習騎射，自由玩耍的時間實在是太少了。師傅還要常常指點他的言行舉止要符合宮廷禮儀，不能隨便嬉笑打鬧，那樣會有失天子身分。小皇帝的生活被弄得毫無樂趣，經常發脾氣。有時不肯去念書，翁同龢只好哄他，說是有圖書看。

那時候，沒有今天如此豐富多彩的童書、畫冊之類，只有翁同龢自己畫的一些圖畫，什麼天人交戰圖、農耕圖、流民圖之類，這也就非常難得了。翁同龢給他照圖畫進行一些講解，藉機進行勤政愛民的教導，從而調動小皇上的學習興趣。

當然，光靠圖書還不能完全吸引住光緒好玩的童心，有時也不得不用強制的方法來約束，這就要讓太后來執行了。皇上每天讀書的時間、內容、寫的文章、對的對子都要詳細記錄交太后閱覽。出了差錯，老佛爺是不客氣的，師傅要負責任，小皇上也要遭斥責。因此光緒學習還是比較努力的，一般的古書都讀過。他很聰明，掌握的知識很豐富，古詩也寫得不錯。

光緒的興趣很廣泛，他也學過英文。據在宮廷工作過的德齡說，光緒天資穎悟，記憶力超強，很快就能閱讀短篇故事。他的英文書法十分出色，只是發音不是很清楚。德齡精通英文，在歐洲居住過，因此她的評價是有權威性的。光緒的音樂天賦也很出色，他能彈奏一些鋼琴曲子。但在慈禧太后的淫威下，是不允許他在這些方面有更多發展的。少年光緒帝雖然「穎悟好學」，但由於受到慈禧太后的限制，因而不能得到充分的發展。

在塑造光緒小皇帝的過程中，慈禧首先是確立她與載湉之間的人身依附關係，以便日後對光緒進行長期的控制。為此，當載湉被接入宮中以後，慈禧太后便不顧人倫之情、骨肉之親，強行切斷了小載湉與其親生父母的日常聯繫。

正是這種潛移默化的辦法，慈禧逐漸地確立起她與光緒之間的「母子」關係，接著再以封建的「孝道」倫理從思想方面把光緒帝攏住。事實上，這是西太后為了把光緒小皇帝一步一步地塑造成為其所用的政治工具所採取的一種控制措施。

到了小皇帝稍微懂點事的時候，慈禧太后又規定光緒帝必須每天向她和東太后問安一次，並將此作為一條不可違犯的條規。這條家規成為慈禧太后在精神上「以威箝制」光緒帝的又一種手段。通過這些條條框框的限制和馴化，光緒帝漸漸養成了對慈禧太后的權威俯首貼耳的習慣。

同時，慈禧太后特別注重對光緒帝進行封建「孝道」的教育，其目的就是使光緒帝從小樹立起對她絕對服從的觀念。為了讓光緒帝在長大成人後仍能夠「孝敬」她，慈禧太后在光緒帝學習期間，特地派人傳諭翁同龢要他格外側重於孝的教育。翁同龢在教授光緒帝時也注重「以聖孝為本」，因此傳統文化中的「孝道」也就成為慈禧太后用來馴育光緒帝的工具。

光緒帝每天都按照慈禧的規定去給她請安，慈禧不讓他起身他就不敢起。如果光緒的做法稍微不合慈禧的心意就被罰令長跪，甚至在慈禧乘輿外出的時候，無論狂風烈日光緒帝也要隨扈左右。隨著光緒皇帝年齡逐漸增長，慈禧為了樹立自己的威嚴，對光緒帝的要求越來越嚴厲，甚至到了虐待的地步。這使得光緒帝更加畏懼慈禧，也就不可避免地產生了逆反心理。

即使翁同龢也試圖為這個日益沒落的王朝培養出一個能扭轉頹勢的聖明天子，他的精心授教和開導也的確對光緒帝的思想發展產生了很深的影響，但是翁同龢的影響與慈禧的禁錮相比只是小巫見大巫，在慈禧太后布下的精神控制網中顯得毫無分量。小載湉在慈禧的一手安排下登上了皇帝的寶座，從此也就完全置於西太后的掌心之中了。

02 皇帝行大婚，還政起風波

小皇帝總有長大的一天，而年齡增長帶來的是權力的紛爭，畢竟他才是愛新覺羅氏的正統掌門人。家族內部的權力鬥爭又開始了，年幼的光緒自然不是慈禧的對手。

光緒皇帝一天天長大，轉眼到了十六七歲，該考慮皇帝的婚事了。清朝皇帝的后妃，分為如下幾等：皇后之下，皇貴妃一人，貴妃二人，妃四人，嬪六人，「常在」「答應」沒有確數。實際上，除皇后只能一人外，其他嬪妃人數並無太嚴格的限制。皇后統率六宮，母儀天下，所以皇后的人選歷來是舉朝注目的大事。

對於慈禧來說，為光緒帝立后更具特殊意義。光緒雖然從四歲入宮，在慈禧的嚴厲管束下成長，但終究不是她的親生兒子。結婚就意味著他已長大成人，「垂簾聽政」也面臨著即將結束。皇帝之後能否完全聽命於太后，誰也說不準。將駕馭全國的大權交出去，對於慈禧來說是一件很痛苦的事。她雖然迫於輿論的壓力，聲稱皇帝大婚之後就將退出政壇，但內心卻在千方百計地打算如何繼續操縱朝政，讓皇帝只是一個傀儡。要使皇帝以後老老實實聽命於自己，就要有人監督他的一舉一動，使他不敢越雷池一步。如果未來的皇后能完全站在自己這一邊，那一定會是監督皇帝的最好人選。

於是慈禧決定立自己的親侄女葉赫那拉氏為后。立后是件大事，須從八旗秀女中一再篩選。經過幾輪淘汰，最後剩下八名大家閨秀，其中自然包括太后的侄女。慈禧吩咐，要這八名秀女暫時留在宮內，進一步仔細考察。

這八名秀女分住各宮，太后的侄女自然就住在姑母的宮中，皇帝每天到太后處請安、稟事就可以經常看到這位表姐了。那七位姑娘雖然住在宮中，卻沒有機會接近皇帝。事情是明擺著的：慈禧給自己的侄女找了一個先接觸皇帝的機會，自然是希望「近水樓臺先得月」。

慈禧的侄女比皇帝大兩歲，姿色一般、性格顢頇，怎麼看也看不出有皇后的儀容。光緒天性聰明，對於「老佛爺」的這種意願心裡一清二楚。在慈禧的淫威下，光緒根本就沒有選擇，他被迫選擇了他不想選的表姐為皇后，而為自己的婚姻生活帶來的悲劇，也使光緒對慈禧更加不滿。

隨著光緒大婚完畢，另一件讓慈禧頭疼的事也隨之來了，那就是還政的問題。自光緒十二年「訓政」至光緒十四年的二年中，慈禧大權在握，與垂簾聽政別無二樣。此時光緒已是一個十八歲的男子漢了，就一般情況而言該舉行大婚了。本來皇帝舉行大婚，做慈母的應該為之高興，但是光緒的大婚反而使慈禧感到不安。有人要問：光緒的大婚不是慈禧一手操辦的嗎？甚至連妻子都是慈禧選定的。決定選后之事確實是慈禧精心策劃的，她要用她的侄女將光緒籠絡住。但是大婚的時間可就大有學問，因為皇帝大婚不僅意味著皇帝成年，而且涉及親政與否的大問題。因此她希望光緒大婚越往後推越好，最好是在她死後再舉辦。

願望只是願望，眼前的事實是光緒的年齡已經很大了，總不完婚會遭非議。因此慈禧決定給光緒完婚，然後再在「歸政」問題上做一些文章。

在歸政的前期，慈禧大批封賞了一批人來籠絡人心。在歸政後，慈禧並未真正放權，而是積極活動繼續攬權主政。正如時人所說：「皇上親政後，遇除授尚書、侍郎、將軍、督撫各缺，仍恭請皇太后懿旨簡用，蓋由聖德謙沖，於用人行政諸大端猶復秉承慈訓，以示不敢獨斷。」可見慈禧把用人的大權牢牢地抓在自己手裡。

這樣實際上就形成了臺前慈禧歸政光緒，臺後光緒歸政慈禧的局面，慈禧仍然在頤和園裡掌管大政、統治天下，歸政便是一場政治騙局。

03 革新挽敗局，失敗困瀛台

大清國面臨的問題表明老的方法和制度已經不合時宜了，如果想找到出路走出困境，只有進行改革。而改革必然要引來維護舊制度勢力的反抗。光緒的改革，面對的是扶他上臺的慈禧及其所代表的勢力，這讓二人之間的矛盾更加激化。這一次，老謀深算的慈禧又取得了勝利，而鬥爭的失敗讓光緒這位名義上權力的代表者徹底退出了權力的舞臺，在囚禁中度過了最後的人生。

年少的光緒不甘受人擺布，他想成為一個有所作為的皇帝。光緒二十年，大清帝國在風雨飄搖中迅速地走向衰亡。這一年，中日甲午戰爭的爆發和《馬關條約》的簽訂更讓光緒痛苦不安，對慈禧更加不滿。同時也使光緒認識到了肩上的責任，他急於要採用一切維新的政策使國家早日強大起來，從而使類似的恥辱不再發生。

維新運動，開始於一八九五年北京的公車上書。當時齊集在北京參與科舉會試的十八省舉人，收到《馬關條約》中割讓臺灣、遼東及向日本賠款白銀二萬萬兩的消息後，一時間群情激動。四月，康有為、梁啟超完成上皇帝的萬言書，提出拒和、遷都及變法的主張，得到一千多人聯合署名。五月二日，康、梁二人、十八省舉人及數千市民集合在都察院門前要求代奏。由於外省舉人到京是由朝廷的公車接送，該事件亦被稱為「公車上書」。雖然公車上書在當時沒有得到直接實質的結果，但卻形成了國民問政的風氣，之後亦催生了各式各樣不同的議政團體。當中由康、梁二人發起的強學會聲勢最為浩大，更曾一度得到帝師翁同龢、南洋大臣張之洞等清朝高級官員的支持。

一八九七年末，山東發生曹州教案，兩名德國傳教士被殺。德國乘機侵佔膠州灣（今青島），俄國侵佔旅順、大連，法國侵佔廣州灣（今廣東湛江），英國侵佔山東威海衛，並要求拓展九龍新界。列強意圖瓜分剛敗於日本的中國，在朝廷中再次敲響了警鐘。

光緒帝雖然於一八八七年（十七歲時）已在名義上親政，但實權仍然掌握在慈禧太后的手裡。面對列強瓜分的危險，一八九八年（戊戌年），慈禧太后同意光緒帝進行朝政的改革。六月十一日，光緒帝頒布《定國是詔》表明變更體制的決心，這亦是百日維新的開始。光緒帝召見康有為，調任他為京章行走作為變法的智囊，其後又用譚嗣同、楊銳、林旭、劉光第等人協助維新。

新政內容主要有：裁汰冗員、廢八股、開學堂、練新軍、滿漢平等，涵蓋教育、軍事等多方面的政策和體制，其最終目標是推行君主立憲制。康有為贈送光緒帝自己的著作《日本變政考》和《俄彼得變政記》，還有李提摩太的《泰西新史攬要》譯本和其他有關各國改革的書。

新政一開始便遭到保守派各大臣的抵制，北洋大臣、直隸總督榮祿更是保守派的頭目。九月十六日，光緒帝在頤和園召見統率北洋新軍的直隸按察使袁世凱，面談後升任他為侍郎候補。當時，直隸總督榮祿以英俄開戰為由，催袁急回天津。據袁世凱的日記，譚嗣同於九月十八日夜訪袁世凱住處，透露皇上希望袁世凱可以起兵勤王，誅殺榮祿及包圍慈禧太后住處頤和園。兩日後（九月二十日），袁世凱回到天津將譚嗣同的計畫向榮祿報告。九月十九日，慈禧太后回宮，九月二十一日臨朝立即宣布戒嚴，火車停駛；並幽禁光緒帝，廢除新政，搜捕維新黨人。時為戊戌政變，結束了僅有一百零三天的維新。維新黨人中，康有為早離開北京，梁啟超逃入日本使館。其他數十人被捕，包括稱為「戊戌六君子」的譚嗣同、楊銳、林旭、劉光第、楊深秀、康廣仁，六人於九月二十八日被斬於菜市口。徐致靖被處以永遠監禁，張蔭桓則被發放新疆。除京師大學堂外，所有新政一律都被廢止。

變法失敗後，光緒被迫頒布了籲懇慈禧訓政的詔書，慈禧再度垂簾，而他卻成了瀛台的囚徒，一直到逝世。

04 奮起宣戰，太后用新政

慈禧打倒光緒之後，對外一味忍讓，但列強的貪欲沒有止境，她的統治地位受到了嚴重的威脅，迫使她進而反抗。同時，她也試著開始進行制度上的改革，以期延續愛新覺羅氏的統治。可惜這一切都已經太遲了，老天留給她的時日已經不多了，在掌握大清帝國近半個世紀後，慈禧迎來了生命中最後的日子。隨著她的去世，一個新的時代開始到來，而這個時代不再屬於愛新覺羅家族。

自垂簾聽政以來，慈禧對洋人採取了妥協與求和的態度，以此來換取可憐的「安定」。但侵略者並不憐憫軟弱者，而是欺凌有加。由於侵略者的步步緊逼，利權不斷喪失，大清王朝日趨衰亡，慈禧的統治地位也受到了空前嚴重的威脅，這就使得慈禧便想尋找機會對洋人進行反擊。就在這個時候，義和團起而仇洋，客觀上提供了反擊的時機。慈禧對義和團抱有非常大的期望，因此她一語道出了數年來一直想說的話：「予四十年來，忍辱含垢，臥薪嘗膽，以謀報復，如越王勾踐之心，未嘗一日忘之。予待洋人，不可謂不寬大，從前我不是請公使夫人到西苑遊玩嗎？現在全國一心，同仇敵愾，必能戰勝無疑矣。」」基於這種想法，慈禧對義和團的態度發生了根本改變，只有這樣義和團才有可能「奉旨」滅洋。

義和團源自義和拳、梅花拳和大刀會等民間秘密結社。最初，以設壇練拳為形式，以「保衛身家、防禦盜賊」為口號。光緒二十三年（一八九七年），冠縣梨園屯村民在閻書勤的領導下拆毀教堂，義和團開始了與教會的衝突。不久，梅花拳首領趙三多也設場練拳，次年在冠縣蔣家屯亮起「助清滅洋」旗幟。慈禧為了報復洋人確有利用義和團的打算，但又怕偷雞不成反蝕米，於是她派人前往山東等地調查詳情之後再做決定。道行喇嘛就是朝廷派出的特使。

道行喇嘛深得慈禧信賴，這不僅是因為慈禧崇拜佛教，還由於她更認為道行是個高僧，因此派他去調查義和團的真偽。但是她沒有想到端莊二王已和李蓮英通了氣。在道行出宮之際，李蓮英特地找到了道行向他傳達端莊二王的意思，道行喇嘛一一記在心裡。

道行喇嘛到達山東義和團本營當即受到熱情的接待，因為首領李來中等早已與端王載漪、莊王載勳掛上了鉤。道行未到，消息已先至。於是李來中便將特使道行奉為上賓，今天去看練操，明天去看練武。

數日之後，道行喇嘛離開山東回京，一方面他既得李蓮英囑託，另一方面又受到山東義和團厚待，於是回京後把義和團說得格外聲勢非凡，彷彿真像神兵天將一樣了。慈禧聽到報告後大喜，用義和團之心益增。

但是用義和團抗擊洋人畢竟非同等閒，在義和團發展到直隸以後，慈禧為求慎重第二次派人前往涿州（今河北涿州一帶）調查，這次派出的人是剛毅和趙舒翹。兩次調查的答案基本一致，慈禧決定招撫義和團。由於朝廷政策的轉變，義和團很快地發展到了京津一帶。義和團發展之速、勢力之大使滿朝文武也很震驚。大學士徐桐給慈禧出了一個主意：「利用反對洋人的義和團給洋人壓力，以收兩敗俱傷之效。」慈禧非常贊同這一建議，傳令召義和團入京。

義和團發展迅速，很快地控制了京津地區。義和團勢力的膨脹，嚇壞了侵華的各國帝國主義。他們先向清政府提出抗議，要求清政府全力剿殺義和團，繼而又組織由德將西摩爾率領的八國聯軍剿殺義和團。清廷為此召開了四次御前會議商定對策，最後決定向八國宣戰，但是義和團並未取得徹底勝利。一方面由於他們「刀槍不入」的神咒不能避開洋槍洋炮，他們在使館區前與西什庫教堂門前留下了大批屍首，加上義和團紀律鬆弛，進入京津之後燒殺搶掠之事時有發生，有失士民之望；另一方面，統治者越來越不信任義和團。慈禧曾毫不隱諱地說道：「後來接著攻打使館、教堂，甚至燒了正陽門，殺的、搶的，我瞧著不像個事，心下早明白他們是不中用、靠不住的。」

榮祿暗揣慈禧轉變之意，也為了留一條後路，他陰通敵人，暗加助之。慈禧在這個問題上，雖未明確表示支持榮祿，但卻事事默許，而對積極參戰的董福祥甚至公開表示反對。這些事實充分證明慈禧的態度有所轉變，由積極支持義和團逐漸轉為陰阻義和團。義和團的行動受到限制，與洋人作戰受到了榮祿一幫人的破壞，而八國聯軍就在此時增兵派將再次進犯北京，終於打敗了義和團，北京成了八國聯軍橫行霸道、擄掠搶劫的地方。

光緒二十六年的夏末，八國聯軍逼近北京，清王朝的統治者冒著酷暑出逃，一行人倉皇逃到了西安。慈禧西行之時，就積極謀求與八國聯軍議和。七月二十六日還在逃跑的路途中便電諭李鴻章與徐桐、榮祿、崇綺立刻與八國議和。為了議和，也為了保持她的權勢地位，她宣布了第一批替罪羊有載漪、載勳、剛毅、趙舒翹等。他們死的死，流放的流放，撤職的撤職，降級的降級，處罰是極為嚴厲的。

經過多方交涉，加之慈禧等按照列強提出的條件而行，接受了他們提出的要求處死或嚴處了與帝國主義作對的官吏，最後和議總算達成了。光緒二十八年八月二十六日，喪權辱國的《辛丑合約》簽訂。和八國達成議和之後，慈禧一行便從西安分批返回北京。

經過義和團運動和八國聯軍之役，不只是全國被剝削、被壓迫的下層百姓感到生活更加困難，就連統治者和剝削者也感到不能照舊統治下去了。慈禧在戊戌政變中奪取了光緒帝的權力，拔除了變法維新的旗幟，而到了此時此刻她也必須重新踏上光緒帝實行新政的老路。

慈禧新政內容涉及較廣，「舉凡朝中國政，吏治民生，學校科舉，軍政財制」諸方面均有。綜其要者，大致有如下幾方面內容。

第一，興學堂，改科舉。學堂是培養人才的地方，欲振興中國挽救危局，人才是急需的。因此，對興辦學堂慈禧給予了高度重視。她認為「人才為政事之本」，「興學育才，實為當今急務」，在此思想指引下積極地頒令實辦。

為了堵住科舉選仕之路，慈禧又下令：「自明年（光緒二十九年，一九〇三年）會試開始，凡一甲之授職修撰編修，二三甲之改庶吉士，用部屬中書者，皆令入京師大學堂，分門肄業，其在堂肄業之一甲進士庶起士，必須領有畢業文憑，始諮送翰林院散館，並將堂課分數，於引見排單內注明，以備酌量錄用。」這樣一來，仕官之途不再是科舉，而是由學堂肄業。到此為止，自隋朝以來一千餘年的科舉制被正式廢除了。

第二，改兵制練士兵，舉辦武備學堂。在同列強的戰爭與鎮壓農民革命中，充分顯露了八旗、綠營兵的腐敗與兵制的落後，故不改兵制不足以振武，不練士兵不足以禦敵。在這種情況下，清政府便開始較前更為積極地改制練兵。在兵制方面，清政府制定了許多營規法規，確定軍制以鎮為經常編制，鎮設統制統領，下轄二協，協置協統統帥；協轄二標，標有標統指揮；標下設三營，營以管帶為長；營轄四隊，設隊官；隊轄三排，排轄三班。在練兵方面，清政府令旨迭出，號令全國認真訓練。光緒二十九年（一九〇三年），京師成立了練兵處，責成其統籌諸地練兵事宜。在地方上，責令各省成立督練公所，負責本省的練兵事宜。通過一段時間的訓練後取得了一定效果。

在改兵制、練士兵的同時，為了更有效地提高軍隊素質與指揮水準，清政府於光緒二十七年（一九〇一年），下令停止武科舉，改由設置武備學堂造就軍事人才。清廷旨令頒發，全國各地陸續設立武備學堂，武備學堂的設立並以嚴格的制度訓練、培養人才，武備學堂代替武科舉可以說是一大進步。

第三，遊學西方，考察西方政治。從中國的挨打受奴役，尤其是對八國聯軍之戰敗逃西安的慘痛歷史中的反省，慈禧方知中國政弱之源，知道中國欲抵禦列強，必須「師夷之長技」。因此，慈禧傳出懿旨：「飭令各省選派學生出洋遊學，以資造就。」慈禧又下旨對不實辦此事官吏的懲處，使遊學西方諸國之人增加不少。這些遊學西方的人對未來中國的建設發揮了重要作用。

慈禧面對中國挨打受欺、任人宰割的現狀，必須考慮中國致弱之因。她感到中國的政治制度似乎有弊病，因此認為應對西方諸國的政治進行考察，力求吸取其有益於中國政治的東西，故特設政務處。並且於光緒三十一年（一九〇五年）十月，派出了端方等五人考察團，「出洋考察各國政治」。與此同時，又設立了考察政治館，目的是「延攬通才，悉心研究，擇各國政治與中國相宜者，斟酌損益，纂訂成書，隨時進呈，候旨裁定」。

儘管慈禧並非真心想改變中國政治，但她從現實狀況中追索政治腐敗的原因，並力求向西方學習，損益中國政治，她所邁出的這一小步也是難能可貴的！

慈禧新政在經濟方面的重要表現，就是興辦商務、礦務。商務、礦務是政府財政收入的主要來源之一，在清政府財力匱乏的情況下興辦商務、礦務極為重要。在責令各地興辦商務、礦務的同時，又於光緒二十九年（一九〇三年），成立商部，加強對商務、礦務的督導。隨後又由商部陸續制訂頒發了許多有關商務的章程，使商務、礦務有了很大程度發展。

與此同時，慈禧在各方的壓力下開始進行其準備立憲的工作，但是直到她病死也沒有頒布憲法、召開議會。各地官紳要求立憲，是要推進中國近代民主化的歷程，發展資本主義經濟，提高資產階級的政治地位。而慈禧的預備立憲則是為了鞏固清政府的統治，把軍政大權愈加集中在以她為首的滿族權貴手中，制止革命黨人的革命活動。慈禧的預備立憲加劇了滿漢矛盾，加劇了清政府與人民群眾的矛盾，起到了加快清政府滅亡的作用，這是她所始料未及的。

第十二章 溥儀 末代皇帝 普通公民

愛新覺羅・溥儀（一九〇六——一九六七年）。在位時間僅三年（一九〇九——一九一二年），道光皇帝曾孫，醇親王載灃長子。光緒死後繼位，中國歷史上的末代皇帝。

他在位期間，一心想恢復祖宗基業，奪回屬於他的天下，不惜與虎謀皮，最後淪落為日本帝國主義控制的傀儡。中華人民共和國成立後，他經過改造成為新人，後患腎癌而死，終年六十二歲。

01 頑童登大寶，祖宗基業堪憂

在愛新覺羅家族的歷史上，年幼登基的康熙取得了彪炳千秋的成績。而在愛新覺羅家族統治的末年，又出現了一個幼年登基的皇帝，可惜他沒有祖宗那樣的能力。讓一個孩子去承擔挽救整個家族和國家的命運是不現實的，然而內憂外患卻不能改變傳統的繼承制度，改變不了那些死抱著祖宗家法不放的人的思維定式。

光緒三十四年（一九〇八年）十月，慈禧太后和光緒同時生了重病。在光緒皇帝臨死前一天，慈禧太后也行將不起。由於光緒皇帝無後，慈禧太后在中南海召見軍機大臣商量立儲人選，軍機大臣認為內憂外患之際當立年長之人。慈禧太后聽後勃然大怒，最後議定立三歲的溥儀為帝，並讓溥儀的親生父親載灃監國。大臣將此事告知光緒皇帝後，由於溥儀是自己的親侄子，又讓自己的親弟弟監國，光緒皇帝十分滿意。接著，光緒、慈禧在兩天中相繼死去。半個月後，溥儀在太和殿即位，由光緒的皇后隆裕和載灃攝政。第二年改年號為「宣統」，就這樣溥儀登上了大清王朝末代皇帝的寶座。

載湉的父親醇親王奕譞有七個兒子，載灃是他的第五子。載灃的嫡福晉瓜爾佳氏是慈禧親自指定的，是其心腹大臣榮祿之女，同時也是慈禧的養女。榮祿，滿洲正白旗人。他先被賞為主事，後升為戶部管銀庫員外郎，因為貪污罪差點被肅順處斬。僥倖逃生後，他花銀買了個直隸候補道的官位。咸豐逃難承德時，榮祿是巡防處的「總其事」，這成為他日後發跡的起點，從此他官路一帆風順。同治初，設神機營，榮祿充翼長，後來又兼任總管內務府大臣。

同治帝駕崩無後，榮祿便向慈禧太后進言，等嗣皇帝光緒有子可承繼同治為嗣，兼承光緒之祧。這樣就捋順了同治、光緒及光緒兒子三者之間難以處理的複雜關係，深得慈禧的歡心。光緒元年，榮祿兼步軍統領，又從左都御史升至工部尚書。光緒二十年，授步軍統領，並上疏建議由袁世凱負責統籌操練新軍。隨後，榮祿授兵部尚書、協辦大學士。四年後，榮祿晉大學士，任直隸總督，又為軍機大臣。尤其是在戊戌政變中，榮祿更是慈禧的智囊，他從袁世凱處獲得機密情報，火速奏報慈禧太后，導致帝黨失敗。事後，又受懿旨捉拿康有為、譚嗣同等「戊戌六君子」。八國聯軍侵入北京，榮祿作為慈禧的心腹留守京城任辦事大臣。慈禧太后回鑾後，給榮祿加太子太保、轉文華殿大學士，榮祿此時身兼將相，權傾朝野。

慈禧愛屋及烏，經常召榮祿之女入宮陪伴。慈禧十分喜愛她，最終認其為養女，並將她指配給載灃，以「敦兩家之睦誼」。當時，載灃的庶母，也就是老親王的世福晉劉佳氏已經為載灃定了親。當他們將此事奏告給慈禧太后時，慈禧卻一意孤行堅持為載灃指婚，劉佳氏只有忍痛將其子已磕頭的未婚福晉退掉。

光緒二十八年（一九〇二年），載灃與榮祿之女完婚，溥儀就是他們的長子。載灃在處理慈禧與光緒的關係上更是小心謹慎，不要說對太后和皇帝，就是對太后、皇帝身邊的近臣也都小心相處。然而，無論載灃如何超脫，他的命運注定隨著溥儀的入宮而改變，他勢必要捲入政治成為一個被寫入歷史的人物。

溥儀登基後，載灃就成了名副其實的臨國攝政王，擔負起處理朝政的重擔。而此時的溥儀還是一個喜歡玩耍的頑童。慈禧這樣安排的本意在於有光緒親兄弟兼國和親侄女裁決「重大事件」，大清王朝江山就會萬無一失了。但是，一個屁事不懂的小孩加才能平庸的攝政王，如何能在列強虎視、內憂外患中保住祖宗的基業？所以在慈禧去世沒多久，這個東方古老帝國終於走到了生命的最後。

02 袁世凱弄權，溥儀被迫退位

在殘酷的鬥爭中，愛新覺羅家族的統治終於走到了盡頭，曾經統治東方的巨人倒在了歷史的車輪中。隨著退位詔書的頒布，愛新覺羅氏徹底退出了歷史的舞臺，新的時代來臨了。

溥儀從繼位到退位，只有短短三年的時間。在年幼皇帝的身後是執掌朝廷政務的攝政王載灃和隆裕太后。三年的時間雖短，但朝廷上下、宮廷內外還是發生了不少大事。

載灃攝政之後，雖然沒有主持大政、統馭群臣的才華，但尚能一心圖治。榮祿死後，袁世凱接替他成了直隸總督，後又成為北洋大臣、練兵會辦大臣。他還在軍機處拉攏了徐世昌作為暗線，隨時掌握王公親貴間的風吹草動。袁世凱掌握實權後繼續擴充勢力的動作，引起了清室王公們的警惕，他和清室親貴們的鬥爭呈現白熱化的態勢。

到溥儀即位時，袁世凱已處於軍機大臣要位，又收買了早已失去皇族的信任卻手握重權的奕劻。袁世凱還把自己的親信提拔成京畿陸軍將領和幾省的督撫重臣。他們相互勾結、實力龐大，而載灃只是單槍匹馬、孤家寡人。縱然回天乏力，載灃還是盡力承擔攝政王的責任，絕不坐以待斃。

眼見袁世凱黨羽成群，為防止他起兵造反，載灃讓他回籍養病終致放虎歸山留下後患。雖然袁世凱已經被罷黜，但他的黨羽依舊支持他。溥儀登基未滿三年，武昌起義就爆發了，革命風暴很快地席捲全國，清廷的統治危在旦夕。清室滿族陸軍在陸軍大臣蔭昌的統率下，奉命出征討伐，卻屢戰屢敗，告急的文書紛至沓來，滿清貴族卻想不出一點辦法。這就給袁世凱提供了機會，載灃被迫再度起用袁世凱。

袁世凱再度掌權之後，出兵打敗了革命軍。不久，袁世凱在南北議和中左右逢源，他依靠北方的勢力與南方國民軍接洽，又利用南方的勢力威脅清廷。他在控制清廷的同時，收買南方國民軍的要人成為自己的朋友，他到了完全可以左右雙方的程度。立憲黨人把立憲的希望寄託在袁世凱的身上，就連外國公使團也表示支持袁世凱，天下大勢全在袁世凱的掌握中。於是國民軍方面做出了一個決議：「只要袁世凱贊成共和，就可以請袁世凱做第一任大總統。」這正符合袁世凱的意願。

袁世凱早就有野心稱霸中國，以前假意效忠清廷不過是欺世盜名的伎倆罷了。如今隨著局勢的變化，他的狐狸尾巴終於露出來了。一方面，他授意駐俄公使陸徵祥聯合各駐外公使致電清室，要求清帝退位；另一方面，又向太后施壓說：「除了實行共和，再沒有別的選擇了……」

聽到袁世凱這些恐嚇的言語，隆裕太后自然失了主張。此時的載灃已經被逼讓位，太后只能向徐世昌詢問事情的真假，徐世昌本是袁世凱的心腹軍師，自然和袁世凱沆瀣一氣。後來，袁世凱在自造的假報紙上又說南方國民軍已在大沽口登陸，京城人心惶惶。足不出宮的隆裕太后再次向徐世昌問明情況，徐世昌一言不發，只是一邊痛哭流涕，一邊不斷地叩頭。隆裕太后見這情景更加急切不斷地追問，徐世昌仍是「臣不敢言」「臣不忍言」那一套。被問急了，他才表明：「國家危難至此，臣不得不言。現在救亡的唯一辦法就是順從民意，贊成共和，下詔遜位。」隆裕一下失了主張，應聲說：「既然再沒有救亡的良策，你就速去草擬遜位詔書來。」徐世昌又說：「京城早已岌岌可危，請賜紙筆，臣就在太后面前擬稿。」詔書寫好後，隆裕太后仔細看過，在上面蓋了御印，立即公布。至此，袁世凱的陰謀大功告成。

一九一二年十二月，隆裕太后被迫代溥儀頒布了《退位詔書》，溥儀退居紫禁城中的養心殿，宣告了清王朝的滅亡，延續了兩千多年的封建帝制至此結束。

03 皇帝夢成空，身陷牢籠成階下囚

作為曾經的皇帝，愛新覺羅氏是不甘心將天下交出去的。為了祖宗的基業，溥儀不惜充當日本人的走狗，但一統四海的大夢已到了該醒的時候了。

儘管清朝已經滅亡，溥儀也已經退位，但溥儀和隆裕根據《優待條約》仍然居住紫禁城內。儘管紫禁城外的世界已是風雲變幻，但紫禁城這個小天地裡仍然看似平靜地維持著清朝的禮儀，溥儀仍在這個小天地中享受著皇帝之尊。

溥儀退位那年已經六歲了。同清朝以往的皇帝一樣，欽天監為溥儀選好良辰吉日開始讀書了。溥儀的師傅既有教漢文的，也有教英文的。在師傅的著力培育下，溥儀隨著年齡的增長逐漸懂得了自己的身分和地位。他知道了天下原本都是他的，只是因為可恨的袁世凱和可怕的孫文才變成了紫禁城裡的「皇帝」，把整個天下都「讓」給了民國。在溥儀心目中天下依然是他的，他要做「真正的皇帝」。

在他十二歲那年，還真的出現了這樣一次機會，在仍舊忠於他的張勳的支持下又一次登上了皇帝之位。

張勳原是清朝的江南提督，統帥江防營駐紮南京。辛亥革命爆發後，革命軍進攻南京，張勳負隅頑抗，戰敗後率潰兵據守徐州、兗州一帶繼續與革命軍為敵。民國成立後，他和他的隊伍頑固地留著髮辮表示仍然效忠於清廷，人們稱這個怪模怪樣的軍閥為「辮帥」，他的隊伍被稱為「辮軍」。一九一三年，張勳因參與鎮壓孫中山發起的「二次革命」有「功」，被袁世凱提拔為長江巡閱使。從此，他擁兵徐州成為一個聲勢赫赫的地方軍閥。

一九一六年，北洋軍閥頭子袁世凱稱帝失敗，黎元洪當上大總統，實權則掌握在國務院總理段祺瑞手中。不久，黎元洪和段祺瑞在所謂「參戰」問題上發生矛盾，段祺瑞主張對德宣戰，黎元洪和國會則堅決反對。張勳因德國支持他的復辟主張而反對和德國宣戰，同時又蔑視黎元洪。當黎、段爭相拉攏張勳，此時的張勳卻另有打算。他偽裝成黎、段之間的調解人，企圖坐收漁利，同時積累實力積極地為復辟作準備。一九一七年五月下旬，當黎、段因解散國會問題爭執不下時，段祺瑞策劃武力推翻黎元洪並解散國會，黎元洪得到消息先下令免去段祺瑞的國務院總理職務。張勳乘機提出「非復辟不可」的主張，於六月七日率「辮軍」北上，黎元洪被迫下令解散國會，十四日張勳到達北京。

經過一陣縝密的策劃，張勳於六月三十日潛入清宮，決定當晚發動復辟。一九一七年七月一日凌晨一時，張勳穿上藍紗袍、黃馬褂，戴上紅頂花翎，率領劉廷琛、康有為、沈曾植、王士珍、江朝宗及幾位辮子軍統領共五十餘人乘車進宮。

三時許，溥儀在養心殿召見張勳，張率領諸人對溥儀行三拜九叩禮。接著，由張奏請復辟說：「隆裕皇太后不忍為了一姓尊榮讓百姓遭殃，才下詔辦了共和，誰知辦得民不聊生。共和不合咱的國情，只有皇上復位萬民才能得救。」溥儀說：「我年齡太小，無才無德，當不了如此大任。」張說：「皇上睿聖天下皆知，過去聖祖皇帝也是沖齡踐祚。」十二歲的溥儀說：「既然如此，我就勉為其難吧！」同日，溥儀發布「即位詔」，稱「共和解體，補救已窮」，宣告親臨朝政，收回大權。他公布九項施政方針，一連下了八道「上諭」，大舉封官授爵，恢復清朝舊制。參加復辟的重要分子均被授予尚書、閣丞、侍郎等要職，康有為任弼德院副院長，張勳為政務部長兼議政大臣，並被封為忠勇新王。張勳還通電各省宣布已「奏請皇上復辟」，要求各省應即「遵用正朔，懸掛龍旗」。

復辟消息傳出後，立即遭到全國人民的反對。孫中山在上海發表《討逆宣言》，段祺瑞在日本帝國主義的支持下組成討逆軍，防守的「辮軍」一觸即潰，張勳在德國人保護下逃入荷蘭使館。復辟醜劇僅僅上演了十二天，就在萬人唾罵聲中收場了。

一九二四年十一月五日，參加第二次直奉戰爭的馮玉祥發動「北京政變」，將清朝小朝廷趕出了紫禁城。至此，溥儀結束了他十五年的「大清皇帝」的生活。溥儀被逐出宮後，先在他父親載灃的北府住了一段時間，接著又在天津的張園度過了八年的時間。在這段時間裡，溥儀隨著年齡的增長，再由於服侍左右的清朝遺老的影響，他開始慢慢滋長了對國民政府的刻骨仇恨，時刻夢想著復辟大清王朝。

「九一八」事變後，日本帝國主義陰謀在中國東北建立偽政權。他們派時任關東軍參謀之職的土肥原到天津面見溥儀，請他到瀋陽去「親自領導」一個「獨立自主」的新國家。溥儀以為這正是自己「恢復祖業」的大好時機，於是他登上日本人為他們準備好的汽艇，開始了他去實現「重登大寶」迷夢的旅途。一九三一年十一月十三日晨，溥儀在營口登陸。稍後，日本人沒有按約帶他去瀋陽，而是以確保「宣統帝安全」為理由，不分晝夜地由日本軍警「保護」起來，不得出居處半步。經過三個月時間的多方慎重磋商，日本軍政各界最終有了共識，決定在東北建立「滿洲國」，由溥儀出任「執政」。

一九三二年三月九日，在日本帝國主義的精心策劃下，溥儀正式出任偽滿洲國執政。在出任「執政」期間，溥儀簽署了日本人為他準備好的《日滿議定書》，出賣了大量的國家主權。並按照日本人的要求，向國聯調查團表明了他「是由於滿洲民眾的推戴才來到滿洲的」，他的國家「完全是自願自主的」。對此，日本人感到非常滿意。

一九三四年三月一日，溥儀似乎如願以償了。這一天是他第三次登基，當上了「滿洲國皇帝」，定年號為「康德」。溥儀第三次登基稱帝後，享有了日本人需要他享有的「尊榮」，同時也遭受了日本人給他帶來的屈辱、痛苦和災難。

溥儀在認識到自己的真實地位和所處境遇後，便由為了「恢復祖業」不惜一切代價，一變而為忍辱卑屈只求保全性命了。自一九三七年「七七事變」前後開始，他一面繼續聽從關東軍的命令，「裁可」簽發大量出賣民族權益，支持日本帝國主義「聖戰」的「滿洲國」政令和軍令；一面戰戰兢兢地看關東軍給他派來的「滿洲國帝室御用掛」吉岡安直的眼色行事。從一九四〇年起，溥儀便不敢再公開祭祀自己的祖先，而是迎請日本天皇的祖先「天照大神」到長春作為祖宗供奉起來。此時的溥儀，從肉體到精神已經全面崩潰了。

一九四五年八月十五日，日本宣布投降，溥儀也最終結束了他痛苦的傀儡皇帝生涯。十六日，他在隨關東軍準備乘飛機逃往日本時做了蘇聯紅軍的俘虜。第二天，作為第二次世界大戰的重要戰犯，溥儀被押往蘇聯。

04 昨日皇帝，今日公民

天下分久必合，大亂必大治，大清帝國成了歷史的記憶，愛新覺羅家族也隨著那個時代的離去而離開了人們的視線。作為曾經的皇帝，溥儀經歷了兩個時代，由皇帝到公民，時間改變了一切。

一九五〇年七月，蘇聯政府將溥儀及其他偽滿戰犯全部移交給了中國政府。從此，溥儀開始了為時九年脫胎換骨的改造。「皇帝」戰犯的脫胎換骨與常人有所不同，溥儀在九年的改造過程中，經歷了一個比普通偽滿戰犯更為艱苦複雜的過程。

被引渡回國之初，溥儀只想到死。從在蘇聯聽到回國的消息起，他就認為這次必死無疑，共產黨絕不會輕饒了他這個「皇帝」加頭號戰犯。然而自從他回到中國後，溥儀所經歷的一切都令他大惑不解：政府沒有當即處死他，而是把他送到撫順戰犯管理所。與別的戰犯一樣，戰犯管理所安排他洗了澡、換了衣服，發給他一些生活必需品，甚至還配給了香煙。朝鮮戰爭爆發時，中國政府出兵援朝抗美，偽滿戰犯們幾乎一致認為美國人會打進來，共產黨會像歷代王朝一樣在關鍵時候要先處理掉所有關押的重大犯人，結果美國人沒打進來，共產黨更未把他們處理掉。

經過長達兩三年之久的默默觀察，到抗美援朝戰爭勝利又回到撫順時，溥儀已經意識到他不會被處死，可以和其他人一樣活下來了。「真龍天子」和常人原本也沒有什麼兩樣，溥儀從此開始考慮如何度過以後的時光。

死的問題解決了，對一般偽滿戰犯來說已不再有過不去的關口，絕大部分人都不再懷疑共產黨的政策，開始努力學習、積極改造爭取得到政府寬大處理。可是對「皇帝」戰犯來說，情況就大不相同了。

溥儀前半生雖然在政治上三起三落，特別是在偽滿的十四年無異於任人擺布的木偶。但在個人生活方面，他卻始終是按照皇帝標準，拿著皇帝的架子，即使是在前蘇聯的五年間，也從不曾自己穿過衣服、疊過被子，甚至連腳都沒自己洗過。成為戰俘前，自然有人服侍。成了戰俘後，他的弟弟溥傑、侄子小秀、小固、小瑞以及岳父榮源，都曾自覺自願地以臣僕的身分為他端飯、鋪床疊被、穿衣洗腳。溥儀在家族中依然是「皇上」，只是這些人不再明著稱他「皇上」，而是悄悄地叫他「上邊」了。

當戰犯管理所為了使溥儀獲得改造而把他與家族成員分開，安排他和其他偽滿戰犯住在一起時，這位「皇帝」便遇到了有生以來未曾遇到的「難題」：他不但要自己端飯、整理床鋪、穿脫衣服、洗腳、洗衣服，而且還要和別人一樣輪流做值日、打掃房間衛生，甚至還要提馬桶！溥儀起初覺得這是管理所故意要他難堪，因為這些事他從未做過也不會做，以致早晨起床還沒穿好衣服，別人已經操練去了，還未洗漱完，別人又開始吃飯了。每當溥儀感到自己無能，為自己事事落後於人而痛苦時，戰犯管理所的同志就來幫助、開導他，同時也慢慢地引導他認識過去，反覆講明共產黨和人民政府的政策，鼓勵他好好改造自己爭取做個新人。

自一九五五年起，戰犯管理所一方面帶著溥儀一行偽滿戰犯到東北各地參觀工廠、礦山、農村、學校，請各方面的人訴說日本帝國主義和偽滿政權的種種罪行；一面在加強思想教育的同時，允許戰犯們的親屬寫信和前來探望，促使他們認識自己的過去，而看到光明的前途。在這一過程中，溥儀慢慢地有了正常人的感情，並學習過上一個正常人的生活。

一九五七年，溥儀與七叔載濤的會見終於燃起了他重新生活的希望之火。時年六十九歲的載濤，是溥儀嫡親長輩中僅存的一人。他告訴十幾年未見面的侄兒「皇上」：愛新覺羅家族的老人在新中國成立後都各盡所長，生活得很幸福，青年一代更是朝氣蓬勃地為建設新中國積極貢獻力量，他這個「皇叔」已當選為全國人民代表大會的代表和全國政協委員，多次見到毛澤東、劉少奇、周恩來等黨和國家領導人，毛澤東主席要他來看看「皇上」……從此以後，溥儀真的變了。

一九五九年，中華人民共和國建國十周年前夕，根據中國共產黨中央委員會的建議，中華人民共和國主席劉少奇發布了特赦令。時年十二月四日，溥儀被特赦釋放。一九五九年十二月九日，離開出生地整整三十五年的溥儀終於回到北京，從此一個新穎、奇特又充滿幻想的公民生活，開始展現在這位中國末代皇帝的面前。

溥儀真誠而坦率地告訴親人說，他想見見周恩來，也想見見毛澤東，他要把獲得特赦的喜悅心情告訴兩位恩人。但他知道這事恐怕實現不了，國家領導人日理萬機，哪有工夫見他這樣的普通公民？何況又是歷史罪人。

當天晚上，溥儀輾轉於床，思緒萬千，久久不能入眠。第二天上午，溥儀由住在同院的同族六弟溥儉陪同來到公安派出所辦理戶籍手續，他終於成為在北京市有正式戶口的普通市民了。下午，溥儀讓五妹韞馨陪著上街，溥儉也一塊兒去了。他們先來到民族文化宮，在高高的塔樓前照了一張相。溥儀說：「我這個滿族人曾給國家造成災難，只有人民政府才能給少數民族帶來幸福生活，這樣宏偉的民族文化宮正是一個象徵。」他們又來到天安門廣場，在背襯天安門城樓西側標語「中華人民共和國萬歲」的金水橋邊又照了一張相。

自一九六〇年三月起，溥儀開始了自食其力的新生活。他先在中國科學院植物研究所北京植物園半日學習，半日做些力所能及的工作，主要是熟悉新的生活環境。一年後，他到了全國政協文史資料研究委員會任專員，負責清理清末和北洋政府時代的文史資料，但仍堅持每週到植物園去勞動一兩天，並利用工作閒暇撰寫自傳《我的前半生》。在人民政府和各方面人士的共同關心幫助下，一九六二年四月二十九日，溥儀與北京關廂醫院的一名普通女護士李淑賢，重新建立起幸福美滿的小家庭。

正當溥儀沉浸在新生活的幸福和歡樂之中時，可怕的病魔悄悄向他襲來。實際上，溥儀前半生長期的非正常人生活早已毀壞了他的身體。一九六二年新婚後不久，溥儀就不時溺血，經名醫診治暫時抑制了病情的發展，加上新生活的愉快沖淡了疾病折磨的痛苦，表面上看身體一直很健康。一九六四年底，溥儀病情開始惡化，儘管在周恩來總理的直接關懷和特別保護下，專家為他進行特殊的精心治療使他減少了一些痛苦，也基本避開了隨後颳起的「文化大革命」旋風的襲擊，但腎癌這一惡魔，終於在一九六七年十月十七日凌晨吞噬了他的生命。

大地叢書介紹

作者：金滿樓
定價：300 元

從虎門銷煙到清帝退位，從留美幼童到革命書生，從剪辮禁煙到開礦修路，本書以豐富的真實史料為基礎旁徵博引、從多重新視角切入，還原晚清歷史鮮為人知的諸多細節，全景式呈現晚清帝國社會各階層的眾生相以及壯闊恢弘的世界歷史圖景。

硝煙四起，三千年未有之大變局下，僵腐的晚清朝廷將如何面對列強的堅船利炮？沉睡的國民如何迎接西潮的連番衝擊？十字路口的古老帝國將何去何從，又將如何破繭重生？撥開迷霧，直擊真相，見微知著，窺斑見豹，深刻剖析百年前的人與事，從細微末節追近代歷史的真奧秘，並對晚清覆亡的原因做了深入探討和富有洞見的反思。

大地叢書介紹

作者：章愷
定價：250 元

還原歷史真相・走出戲說誤區

中國后妃是統治階級中一個特殊階層，本書以客觀的角度，講述大清王朝近三百年歷史中十二位有代表性的后妃生平事蹟，她們當中有人賢德、有人奸佞、有人剛強、有人軟弱、有人善終、有人下場悲慘……

大妃阿巴亥是如何下嫁努爾哈赤，努爾哈赤死後又是為何殉葬？

孝莊文皇后大玉兒，一個花樣年華的少女為何與姑姑同侍皇太極，而後又如何保住兒子順治的帝位，順治死後輔佐康熙除鼇拜、平三藩創建了康熙盛世。

香妃，維吾爾族女子，本名伊伯爾罕。容妃為其封號，她是如何由數千里外的雪原來到繁華的京城，進入神秘的皇宮，進而得到乾隆恩寵享盡榮華。

慈安皇太后，咸豐皇后，咸豐死後同治登基，皇帝年幼與慈禧共同垂簾聽政，後與慈禧交惡，在政治鬥爭下成了犧牲品，死因成謎。

慈禧，一個掌握中國政壇近半世紀的女人，憑藉著高超的政治手腕，兩度垂簾聽政，獨攬大權，抗拒改革，一生極盡奢華，但也因此加速了清王朝的敗亡。

大地叢書介紹

作者：李柏
定價：300 元

那天是西元一八九年、東漢光熹元年，八月二十八日，董卓帶領的軍隊擁著皇帝回到洛陽，回到亂糟糟的皇宮。東漢帝國脆薄的外殼在那天清晨被敲開一個小孔，像照著鍋沿輕敲雞蛋一般。帝國的崩潰開始了。

如同多數三國人物一般，董卓有他的戲劇臉譜：肥胖、好色、殘忍好殺；而歷史上的董卓……沒有翻案，也確實是如此。

事實上，董卓在歷史上活躍的時間很短，也不是什麼翻轉歷史進程的人物(換句話說，沒了董卓還會有千千萬萬個董卓)，但他的出身乃至權傾天下的過程卻是面絕佳的歷史透鏡，使我們得以一窺「中華第一帝國」腐爛乃至崩潰的千絲萬縷。

《亂世的揭幕者：董卓傳》以董卓的生平為經，東漢末年的政治局勢為緯，記述東漢帝國崩解乃至三國開始的過程。承襲前作《橫走波瀾：劉備傳》的敘事風格，作者李柏不強行翻案、不呼熱血口號、不作英雄崇拜，但求奠基於詳實史料之上，以平實流暢的現代筆法，帶領讀者抽絲剝繭，一探歷史謎霧後的真相。

相信透過此書，讀者將能領略更深、更廣、更真實的三國世界。

正說大清十二帝 / 劉雅琳著. -- 一版. -- 臺北市：
大地出版社有限公司, 2022.08
面； 公分. --（History：118）

ISBN 978-986-402-370-7（平裝）

1.CST: 帝王 2.CST: 傳記 3.CST: 清代
4.CST: 中國

782.27 111010657

正說大清十二帝

History 118

作　　者：劉雅琳
發 行 人：吳錫清
主　　編：陳玟玟
出 版 者：大地出版社
社　　址：114台北市內湖區瑞光路358巷38弄36號4樓之2
劃撥帳號：50031946（戶名：大地出版社有限公司）
電　　話：02-26277749
傳　　真：02-26270895
E - mail：support@vastplain.com.tw
網　　址：www.vastplain.com.tw
美術設計：成樺廣告印刷有限公司
印 刷 者：博客斯彩藝有限公司
一版一刷：2022年08月

大地

定　　價：300元